信息技术联盟与大数据挖掘研究系列丛书

新兴技术创新网络下组织嵌入、资源配置与管理策略研究

单子丹　陈晓华　等著

中国财经出版传媒集团
中国财政经济出版社

图书在版编目（CIP）数据

新兴技术创新网络下组织嵌入、资源配置与管理策略研究 / 单子丹等著. --北京：中国财政经济出版社，2021.12

（信息技术联盟与大数据挖掘研究系列丛书）

ISBN 978-7-5223-1054-1

Ⅰ.①新… Ⅱ.①单… Ⅲ.①高技术企业-企业创新-研究 Ⅳ.①F276.44

中国版本图书馆 CIP 数据核字（2021）第 269612 号

责任编辑：牛婧丽　　　　责任校对：胡永立

封面设计：陈宇琰　　　　责任印制：张　健

中国财政经济出版社 出版

URL：http：//www.cfeph.cn

E-mail：cfeph@cfeph.cn

社址：北京市海淀区阜成路甲 28 号　邮政编码：100142

营销中心电话：010-88191522

天猫网店：中国财政经济出版社旗舰店

网址：https：//zgczjjcbs.tmall.com

北京财经印刷厂印刷　各地新华书店经销

成品尺寸：170mm×240mm　16 开　16.25 印张　251 000 字

2021 年 12 月第 1 版　2021 年 12 月北京第 1 次印刷

定价：66.00 元

ISBN 978-7-5223-1054-1

（图书出现印装问题，本社负责调换，电话：010-88190548）

本社质量投诉电话：010-88190744

打击盗版举报热线：010-88191661　QQ：2242791300

本书由以下项目资助：

国家自然科学基金项目：开放式知识网络与高技术服务模式创新——影响机理、动态耦合及路径选择（71402041）

黑龙江省哲学社会科学项目：黑龙江省开放式服务创新平台的嵌入模式与发展对策研究（18GLB026）

黑龙江省哲学社会科学项目：数字经济驱动黑龙江省产业转型升级的机理与路径研究（21JLB085）

山东省重点研发计划（软科学）项目：突变情境下服务型制造网络数字化融合机理及动态路径研究（2021RKY02022）

哈尔滨市科技创新人才研究项目：低碳经济下高端装备制造业服务创新的演化机理与升级路径（RC2017QN014007）

信息技术联盟与大数据挖掘研究系列丛书

编 委 会

摘　要

科技创新已经成为增强综合国力和国家核心竞争力的决定性因素，谁能在科技创新中掌握核心竞争力，谁就能把握主动，就能在全球竞争中获得比较优势和发展空间。随着新一轮科技革命和产业变革的蓬勃兴起，科技创新进入密集活跃期，颠覆性技术创新层出不穷，新产业、新业态和新的商业模式相继涌现，引发了企业之间生存关系和互利模式的重大调整。

我国发展面临的国内外环境发生深刻复杂变化，“十四五”时期以及更长时期的发展对加快科技创新提出了更为迫切的要求。通过全社会共同努力，我国科技事业取得历史性成就、发生历史性变革。重大创新成果竞相涌现，一些前沿领域开始进入并跑、领跑阶段，科技实力正在从量的积累迈向质的飞跃，从点的突破迈向系统能力提升。加之终端消费者对产品的多样化、多元化、个性化需求日益显著，单纯依赖某一类型企业完成整个产品或服务价值链供给已不切合实际要求。融合多类型创新群体，高效整合及转化关键资源、原创性技术已成为未来企业间合作的新形式。由此，企业在进行产品技术创新时，应当与其他创新个体进行深度的精细的交流、共享与合作，避免无效自主研发带来的经营风险，通过提高自主研发的技术水平，并与其他企业形成互补、相辅相成的合作关系，从而形成强大的创新支持网络。

本书通过界定新兴技术创新网络、组织嵌入、资源配置与合作创新绩效等概念和内涵，以服务平台为依托，针对组织嵌入下的生产任务与网络创新资源匹配问题，通过构建资源匹配优化框架、分解任务、建立网络创新资源评价指标、构建网络创新资源选择模型，来对资源匹配过程进行优化设计。首先，分析了生产任务分解目标与原则，明确任务分解应遵循“高内聚、低耦合”的原则，研究任务间信息交互关系，并提出了度量任务内聚性与耦合性的方。其次，基于 BOM 的任务初步分解、任务关联图的建构分析和任务聚类重组方法设计生产任务分解优化过程以及任务分解优化的具体流程。通过聚合评价网络资源的指标体系来构建任务—网络创新资源选择优化模型，引入优化目标函数和模型约束，结合资源需求方的偏好性和模糊性，引入三角模糊、GIOWA 算子，针对资源需求方的模糊需求给出供应算法，对模糊评价数据进行处理。最后，结合多方评价值及模糊评价值，以主观需求确定权重，对网络创新资源进行综合评选，从而确定最优的任务—网络创新资源的匹配方案，证实了优化模型的可行性，并针对优化方案提出保障策略。

本书通过比较不同的设计方法来选择随机 Petri 网构建资源提供方的业务流程，在此基础之上构建关联矩阵以及进行性能分析，从多个方面对资源提供方的业务流程进行改进和优化。然后梳理合作创新绩效的定义、创新绩效的测量及合作创新绩效的影响因素，发现合作行为、网络成员能力和成员关系对新兴技术创新网络中的合作创新绩效有影响，并且在合作创新绩效影响因素分析中，通过 Python 对专利合作数据进行抓取和数据清洗，使用不同方法对组织嵌入中的位置嵌入性、网络中介性、网络可达性、知识溢出、调节作用知识丰富度与创新能力等进行测度。为解决客户需求变化对业务流程产生的影响，通过情景分析将客户需求的不确定性用盒式集合进行描述，以总成本、交付时间和服务质量为优化目标，运用鲁棒优化方法构建制造流程的优化模型，并采用对偶理论对模型进行求解，以此实现对制造流程的动态优化。最后运用了阀门的制造流程对模型进行检验，证实鲁棒优化模型的可行性，并为企业提出了可持续发展对策。

就新兴技术创新网络而言，组织具有网络特征，创新者在研究流和知识流之间形成网络关系，嵌入技术创新网络的组织成员之间的关系促进技术和资本的发展。创新个体相互协作，从而形成合作创新网络，在新兴技术创新的技术发展中发挥着重要作用。在企业间新兴技术创新网络的创建方面，由于组织比其他创建方式更强调网络形式，从而更有利于相关企业在技术产品和知识的开发和传播中形成合作网络，也有利于企业之间技术、资源、知识、信息的传播和利用，从而有助于提高组织实施的效率。

本书从新兴的技术创新网络的角度考察了组织嵌入、资源分配和创新效率等方面内容，这在一定程度上扩大了对新兴技术创新网络中间层创新领域合作有效性影响的研究，并在网络组织、资源配置等方面也制定了管理策略以提高合作效率。这在一定程度上有助于推动我国新兴技术创新网络的引入，提高资源配置过程中的合作效率，为我国创新实体产业领域或平台领域提供现实指导。

关键词：新兴技术；合作创新网络；组织嵌入；创新绩效；管理策略

前　言

在经济全球化和区域经济一体化的快速推进的大背景下，为获得更大的商业利益，各国企业在市场占有、科技优势地位等方面展开了激烈角逐。在竞争过程中，越来越多的企业意识到自主创新的重要价值，并开始探求基于科技创新的发展道路。而现如今，新一轮科技革命和产业变革蓬勃兴起，全球科技创新进入密集活跃期，颠覆性技术创新层出不穷，新产业新业态相继涌现，引发了生产力和生产关系的重大调整，一种新型合作网络——新兴技术创新网络（emerging technology innovation network，ETIN）日益受到国内外专家、学者和企业经营者的关注。科技创新已经成为增强综合国力和国家核心竞争力的决定性因素。谁能在科技创新上下“先手棋”，谁就能在全球竞争中掌握主动，谁就能获得比较优势和发展空间。

伴随产品个性化需求日益明显，创新个体需要采用各类关键技术进行产品或服务创新，获取、利用、维护和整合关键资源成为未来探究的重点。企业在进行产品技术创新时，应当与其他企业进行深度的技术合作与交流，避免闭门造车式的自主创新。通过与其他企业形成优势互补关系，建立起牢靠的创新支持网络，进而提高自主研发产品的技术水平，满足日趋多样化的市场需求。与此同时，面对客户需求的多样性，服务供应商繁多、商业服务平台核心竞争力不强，随之带来的组织结构、资源配置、业务流程也会存在很多不确定性。创新个体相互合作，形成合作创新网络，在技术发展和新兴技术创新中发挥着重要作用。何种组织嵌入结构特征对合作绩效的影响较深，如何在需求不确定下重新配置现有资源，如何通过跨职能网络设计降低业务需求的不确定性，如何为业务流程运行主体提供及时有效的战略决策，以及怎样的网络创新资源配置流程会更好地融入新兴技术创新网络中等尚未明确，这也势必成为服务型平台流程设计、结构布局与模型构建的核心问题。因此，非常有必要从新兴技术创新网络层面探索组织嵌入的网络结构具体特征和网络创新资源配置的影响过程，从而检验其对合作创新绩效的影响，提出相应的管理策略，进而提高组织嵌入合作创新绩效。

本书共分为8章。第1章给出新兴技术创新网络的产生背景，并从网络组织嵌入、创新资源匹配出发，阐述新兴技术创新网络下的组织嵌入、资源配置以及如何制定管理策略之间的相互关联，并对国内外研究进展进行综述性分析。第2章在界定新兴技术创新网络、组织嵌入、资源配置与合作创新绩效相关概念与特征的基础上，揭示组织嵌入的构成、维度、方式与共生关系。第3章以服务平台为依托，针对组织嵌入下的生产任务与网络创新资源匹配问题，通过资源匹配优化框架的构建、任务分解、网络创新资源评价指标的建立、网络创新资源选择模型的构建对资源匹配进行优化设计。第4章将生产任务优化分解问题视为网络创新资源优化匹配研究的基础，根据任务分解的基本原则和相关约束，设计了创新网络下生产任务优化分解流程。然后根据元任务之间的关联关系，建立关联无向图，采用图聚类算法对其实现最优分割，进而得到多个粒度合适的子任务。第5章建立网络创新资源评价指标体系，构建网络创新资源选择优化模型，考虑模糊综合评价对网络创新资源匹配的影响，给出基于三角模糊及GIOWA算子的区间型供应算法，对模糊评价数据进行处理，最终结合多方评价值和模糊评价值，以主观需求确定权重，对网络创新资源进行综合评选，进而得到最优任务—资源匹配方案，证实了优化模型的可行性。第6章对组织嵌入下的网络业务流程重组进行优化设计，借助随机Petri网对其业务流程进行建模分析，应用社会网络理论、扎根理论等方法，借鉴已有研究，提出研究假设，确定变量测度及统计方法，通过S_不变量对其进行分析，而后对除定制生产环节外的业务流程进行优化，通过引入变迁发生速率集，构建了改进业务流程的马尔科夫链，得出最终优化方案。第7章选取新能源汽车产业技术作为研究对象，通过Python获取了相关企业第一手专利合作数据。结合案例数据进行了筛选与整合，通过Stata统计分析软件对样本数据进行了相关的检验与分析，实证分析新兴技术创新网络下组织嵌入与合作创新绩效的影响机理。第8章为解决因客户需求变化对资源配置、业务流程产生的影响，设计资源服务网络平台的功能模块，通过情景分析将客户需求的不确定性用盒式集合进行描述，以总成本、交付时间和服务质量为优化目标，运用鲁棒优化方法构建制造流程的优化模型，并采用对偶理论对模型进行求解，以此实现对资源配置、业务流程的动态优化。以新能源汽车产业新兴技术网络为例，提出组织嵌入与资源配置的优化策略。

从新兴技术创新网络的角度来看，组织嵌入具有典型的网络特征，创新者在技术研发和知识流通中形成网络关系，且新兴技术创新网络中嵌入式组织的成员之间的关系有利于技术和资本。创新个体相互合作并形成合作创新网络，在技术发展和新兴技术创新中起着重要作用。在企业间新兴技术创新网络建构方面，因组织嵌入相较于其他建构方式更能凸显网络形态，所以其更有利于相关企业在产品技术研发和知识流通方面形成合作化的网络关系，更有利于技术、资源、知识、信息等在企业之间的传播和应用，从而促进组织嵌入绩效的提升。

本书从新兴技术创新网络的视角探析组织嵌入、资源配置与合作创新绩效等方面特征，在一定程度上扩展了新兴技术创新网络中观层面对合作创新绩效的影响作用研究，并从网络组织、资源配置方面为提高合作绩效提出了管理策略，在一定程度上有助于在中国新兴技术创新网络下，组织嵌入网络、资源配置流程对合作绩效的提升，为我国创新实体产业或平台提供现实的指导意义。

本书的完成是众多学者共同努力的结果。单子丹负责全书体系设计和统稿，陈晓华负责修改稿的订正和参考文献的校对工作，硕士研究生李慧敏、陈琳、项朝霞负责第1章和第2章的撰写，硕士研究生门丽双、李云竹负责第3章和第4章的撰写，博士研究生王玡琦、硕士研究生赵亚涛、邹映负责第5章和第6章的撰写，硕士研究生侯成、韩姣、王晓燕负责第7章和第8章的实证分析与数据整理。同时，出版得到了诸多专家的支持和帮助，在此向他们表示衷心的感谢，也向参考文献的作者表示衷心的感谢！由于水平有限，书中不妥之处在所难免，恳请广大读者批评指正。

单子丹

2021年10月

目　录

第 1 章 绪　　论

在经济全球化和区域一体化快速推进的时代背景下，为获得更大的商业利益，各国企业在市场占有、科技研发等方面展开了激烈角逐。在竞争过程中，已有越来越多的企业认识到了自主创新的重要价值，并开始探求基于科技创新的企业发展道路。创新是国家命运所系、发展形势所迫、世界大势所趋。世界主要国家纷纷出台加强科技创新的战略部署，积极抢占未来科技创新的制高点。而科技创新是增强国家核心竞争力的必要选择，只有把科技的优势有效转化为经济和产业竞争的“胜势”，才能形成国家之间竞争的战略势差。正因如此，技术创新在增强自身技术能力方面发挥着不可替代的作用。

所谓新兴技术，是指具有很强的时代特征并与人们生活息息相关的，具有创造新产业或改造旧产业潜力的科学技术。在新兴技术发展过程中体现出在不同领域下、不同主体之间的复杂互动，既与技术路径的演进有关，也与多种技术的深度融合有关。由于新兴技术的高度模糊性和不确定性，使得不同领域、不同平台的新兴技术企业建立起合作关系，达成多主体知识协同一致，从而实现新兴技术的创新。正是这种跨领域、跨边界的知识同步，才造就了新兴技术产业强大的竞争优势，而在技术与市场相融合的过程中，企业间的竞争也愈来愈剧烈。如在智能手机技术发展中，各市场运营商、软件开发商、移动终端提供商提供互补资源，共同推动智能手机操作系统技术的发展。在这一系列发展过程中，新兴技术创新的重要性得到体现。新兴产业是关键核心技术突破、科技成果转化和产业化的直接结果。推进自主创新已成为当前全社会的共识。但是，如何实现自主创新，如何处理引进技术、产品与自主创新的关系，全社会并没有形成统一的认识。因此，新兴产业包含了新兴科技的深度融合，这决定了科技政策与产业政策相协调的重要性。就政府而言，要坚持服务国家发展目标与鼓励自由探索相结合，遵循科学发展规律，重视科学家的探索精神，稳定支持产业基础研究；也要提前部署，支持产业应用研究，开展前瞻性、开拓性、探索性的前沿技术研究；还需要突破一批重点产业和战略性新兴产业的核心关键技术，从而形成一批具有自主知识产权和大规模应用前景的科技成果；通过示范项目、政府采购、推广应用等方式，在此基础上以企业为主体，推动社会资金进入，并运用市场化运作模式推动科技成果转化和产业化，从而提高我国产业的自主创新能力和核心竞争力。

1.1 研究背景

如今，技术创新呈现出网络化和全球化的发展势头。在网络化创新发展趋势中，有技术创新需求的企业不仅可以依靠自身所持资源开展创新活动，还可以根据自身的需求和偏好，选择在业态上具有相似性且在技术创新领域处于优势地位的企业或科研组织进行合作创新。但从实践角度看，企业的合作关系分布在各业态中的表现并不均匀，在关系的紧密程度方面也有强有弱。而在互联网环境下，信息数字技术在此实现过程中必定发挥着至关重要的作用：一方面，依托大数据和云计算技术的运用，企业或科研组织更容易捕捉用户的行为特征和个性需求；另一方面，依托数据资源的积累和数据能力的提升，企业或科研组织更方便提炼个性化产品的制造规律[1]。

中国政府在“十四五”国家战略性新兴产业发展规划中提出了包括新能源、新能源汽车等七个战略性新兴产业。从当前中国的产业发展政策中可以看出，未来中国的产业发展重点将逐步由传统产业向新兴产业转移。新兴产业的发展过程实质上就是新兴技术产业化的过程。而新兴技术作为一种科学技术，它不同于传统技术的点是在其发展过程中，由于在各种创新过程所需资源持续增加而呈现出新兴技术的高度模糊性和不确定性特征，即新兴技术在其演化过程中，通过彼此之间的组合和不断进化，从而改变现有的技术生态系统。新兴技术通过与其他组织或平台交换各种创新资源，使得不同技术之间整合得更为普遍，也使得不同技术之间边界变得更为模糊，进而产生更加频繁的知识交换。不同的技术链之间的交叉融合易于形成突破性的新兴技术，从而改变现有的创新网络结构特征。创新网络结构是创新主体之间相互依赖关系、网络内外知识的相互流动、对外开放的技术生态系统，是网络平台和创新主体之间相互渗透的一种基本制度安排，是在新兴技术创新网络服务平台下提高创新效率的有效组织形式。它能够有效地促进创新知识的转移和扩散，从而以快速、低成本等优势开发出新平台。

从世界各国企业发展角度看，后发达国家企业改变了原有发达国家企业的市场占有状况，这造成了企业间日趋紧张的竞争态势，继而导致了基于合作的企业间技术创新网络难以维系的情况。以德国汽车业为例，伴随着中国和日本汽车业的崛起，其不得不调整自身的技术开放政策，减少与生产基地所在国的技术创新以保持其相对技术优势。但与此同时，随着生产工艺与流程的复杂化，企业间又不得不通过合作来应对企业发展的挑战。因此，德国汽车业在技术研发的过程中又与其他企业开展了大量合作，并表现出了一定的技术创新网络特征，这不仅提高了德国汽车的技术质量，还进一步地提高了整个新兴技术创新网络中企业的技术创新水平。

党的十九大报告指出，必须建立以企业为主体，以市场为导向，生产、教育、科研深入结合的技术创新体系。这是因为自进入21世纪以来，以信息技术为代表的科学技术革命为企业生产、经营和研发带来了前所未有的发展机遇。与此同时，在经济发展进入新常态这一基本判断下，我国新兴技术企业也面临着新的竞争压力与研发挑战。一方面，信息技术的快速发展使企业间的联系更加紧密，使其更易获取相关知识技术；另一方面，企业固有的技研路径和管理方法也为企业的可持续发展造成不小的阻碍，这严重地影响了企业在竞争中的相对优势。所以，各个行业企业都在经营方式与技术创新等方面寻求适应性变革。特别是在技术创新方面，在国际分工体系日趋完善和细化的背景下，企业开始认识到独立创新与排除技术合作在实践中是极为困难的，并发现多元合作技术创新方式对于企业技术研发而言的现实可能性以及能够带来的经济效益。所以，越来越多的企业选择通过进行产业链技术合作来开展相应的技术研发工作。

与此同时，在数字经济时代，数据成为驱动创新的基本要素。面向数字化赋能的企业创新，实质上是通过数据要素与传统要素的组合、重配和模式重构等过程以实现企业的价值共创。要进一步探究新兴技术创新网络下组织嵌入、资源配置、合作创新绩效等方面的影响及作用，就离不开数字化赋能。数字化赋能的研究尚处萌芽阶段，学术界对数字化赋能尚未给出明确统一的定义，根据国内外学者从不同层面对数字化赋能新兴技术创新的机制所开展的研究，本书分别从以下三个方面进行阐述。

第一，数字化赋能产品创新的研究。互联网平台作为企业创新的主体引导者，主要负责将数据资源整合为核心要素，并以多种形态呈现给生产者。曾有学者指出数字化赋能使产品设计和生产过程更加灵活，从而加深了创新过程的异质性。这既是数字技术与传统元素渗透融合不断催生的新商业形态，也是数字技术快速移植带来的产品价值迭代。因此，利用数字技术创造价值是服务平台竞争发展的基石。

第二，数字化赋能价值创造的研究。以产品设计为中心的服务平台通过分析新兴技术服务平台关键流程的数字化赋能过程，进而得出数字化赋能在多数情况下通过授予员工、用户更多权利来提高自身数据分析的能力。创新网络下的数字化赋能是数据信息与技术创新的结合，数据要素与用户参与协同驱动企业价值共创，通过彼此间的共同努力，使得价值共创更好地实现。

第三，数字化赋能技术创新的研究。数字技术与传统技术交叉融合是数字经济时代服务平台创新的根本问题。在数字化驱动下的创新生态组织模式和演化路径方面，呈现出不同程度的异质性。数字化赋能的技术创新过程以中心服务平台为核心，通过横向和纵向物理空间将多元化的创新要素相互连接。因此，数字化赋能在技术创新领域有着重大意义。

现有的数字化赋能研究为本书撰写提供了有益启示，使得本书结合当前数字化赋能研究空白点，对新兴技术创新网络作出进一步的研究探索，即透过新兴技术创新网络视角，将数字化赋能更好地应用于组织嵌入、资源配置和管理策略等研究领域中。此外，以社会网络分析理论视角对新兴技术合作创新问题进行分析，不仅对于理解技术创新网络的发展规律，探寻科学有效的合作创新方法具有十分重要的理论价值和实践指导意义，而且可以丰富新兴技术研究和创新网络理论，培育良好的创新网络环境，激发浓厚的技术创新潜力。

1.2 研究目的与意义

1.2.1 研究目的

新兴技术产业创新网络问题受到了学者们的高度关注，技术创新呈现出网络化和全球化的发展趋势。其中，不同产业或平台仅依靠自身的技术资源难以实现技术的完善和市场化，故需借助不同程度联结式的创新网络结构对其进行合作创新。而创新网络需要在一定的环境条件下才易发挥其最大的创造潜力，即一般处于有规则与无规则之间的环境下，创新网络内部才会呈现高密度连接，这有益于创新思维或想法的扩散影响，同时又可以把新生成的有用链接长期保存，一旦这种高密度连接的创新网络形成，创新和发明就会不断涌现。

当下数字信息技术高速发展，数据科学在理论和实践中的应用已经十分广泛，这为新兴技术创新和升级提供了新的机遇。但现有研究相对匮乏，其大多不强调行业背景，主要集中在创新单一层面，缺乏多层面整体性考虑。综合国内外研究现状和研究成果，大多数学者往往以企业节点为研究对象，对网络创新绩效进行研究，而对以个体网络结构为研究对象的合作创新网络绩效研究则略显不足。在嵌入组织研究方面，大多数学者往往较为关注企业在宏观网络中的演化过程，并强调研究其对于企业节点的影响，而从网络中观结构层次进行的分析研究相对较少，对个体网络结构演化特征的研究也较为匮乏。在配置资源方面，国内外学者对于教育、医疗、人力等方面的资源配置研究较为深入，而对于技术创新方面的资源配置研究较少；在合作创新绩效方面，大多数研究使用了主观指标来对合作创新绩效进行衡量，而使用客观指标来进行衡量合作创新绩效的案例相对较少。

本书通过利用社会网络分析法及扎根理论研究法等对新兴技术创新网络中嵌入组织、配置资源和合作创新绩效进行分阶段演化分析，以了解嵌入组织、配置资源对合作创新网络绩效的影响，并提出相应的管理策略。在研究过程中，本书通过量化研究的办法，对所选嵌入组织、配置资源的结构特征以及其对网络创新绩效的影响机理进行研究，从而确定何种创新网络结构会更有助于新兴技术创新绩效的提升，并为构建稳定持续的新兴技术创新网络生态系统提供发展建议。

1.2.2 研究意义

本书以新兴技术创新网络中的嵌入组织、配置资源、合作创新绩效为研究对象，通过社会网络分析对中观层面嵌入组织及配置资源进行分析研究，来探析新兴技术创新网络中组织嵌入、配置资源的特征及演化过程。考虑到知识具有流动性，研究者选择通过对应用组织资源互惠、技术知识在嵌入组织间的知识溢出作为中介变量，对嵌入组织、配置资源网络结构之于合作创新绩效的影响进行研究，并应用扎根理论研究法等对其进行实证分析。进而对新兴技术创新网络嵌入组织、配置资源对新兴技术创新网络创新绩效的影响进行科学评价，促进新兴技术合作创新网络的可持续发展。

1. 理论意义

在企业独立支持技术创新的技术研发模式难以为继的背景下，新兴技术创新网络的出现为企业技术创新绩效水平提升带来了转机。新兴技术创新网络能够对企业创新要素进行外部整合，并能有效破除融合性技术创新中的业态边界。现有研究对组织嵌入网络的关注相对较多，但对合作生态网络的结构特征及其对合作创新绩效影响的关注相对较少。

组织嵌入现象是管理学领域的重要研究内容之一。它关注管理系统中组织嵌入与整体环境间及组织嵌入成员间的关系。但由于研究对象存在差异性，管理学的相关理论无法直接用于解释新兴技术创新网络中存在的问题。与社会学领域的群体功能研究相比，管理学界对新兴技术创新网络中的群体组织嵌入性的研究稍显不足。“社交网络”是社交参与者间关系的集合，其核心组成成分为参与者所构成的“点”和参与者之间构成的“关系”。网络中部分“点”由于互动频繁所以形成了较多“关系”，这种关系最终促成了“子网络”的形成，这就是组织嵌入网络。在新兴技术合作创新网络中，创新主体包括企业、高校和科研院所等，各创新主体的知识背景、行业位置、联系密度互有差异，故不同的创新主体在进行合作时所构成的组织嵌入对主体自身及网络整体影响的结果也有所不同。在社会网络分析中，组织嵌入的划分可用“派系”表达，派系分析是一种基于群体互惠关系和组织嵌入的分析方法。通过派系分析，可以发现合作创新网络中任意两个成员通过双向通信聚集而成的小组。将技术创新网络划分为不同的组织可以反映新兴技术创新网络的总体水平及其内部特征，通过参考社会网络和其他相关领域的研究，可以对技术创新网络进行更加深入的分析，改变当前学术界在此方面研究不足的状况，并为后续相关研究提供经验支持。

2. 实践意义

当前互联网技术已进入另一发展高峰阶段，在这一阶段会产生大量及多种类信息，人类也由此进入大数据时期。伴随着战略性新兴产业技术复杂性不断提升，越来越多的企业将企业网络生态系统的构建视为其重要战略目标之一。在变化迅速、技术密集的生物技术产业中，位置嵌入性与地理邻近性等因素不再是简单的互补关系，企业自身所处的社会网络直接影响着企业的地理位置优势。网络权力能够改变信息、知识和资源在网络空间的移转效果。研究新兴技术企业对加快新兴技术的研发、促进战略性新兴产业的发展和促进国家的技术实力和经济实力的提升具有重要作用。在知识经济时代，新兴技术企业要想在迅速变化的环境中获得持续的竞争力，就必须保持自身的可持续创新能力。随着产业技术水平的不断提升，新技术研发的难度也逐渐增加，依靠企业自身力量完成创新任务的现实可能性正不断降低。这要求企业在技术创新时需集合多个实体及网络内外资源以进行联合技术研发，并需要在此基础上创造一个多主体优势互补、深化协同、持续创新的良好合作创新生态网络。通过探讨新兴技术企业合作生态网络对合作创新绩效的形成机理与作用机制，不仅对创新主体提升创新能力具有较高的应用价值，还能为产业新兴技术创新网络转型升级提供具体思路和发展方向。

此外，本书研究成果对我国新兴技术创新网络下的组织嵌入、资源配置的改进以及合作创新绩效提升策略的制定具有重要的理论和实践指导意义。完整的研究框架有助于从理论角度解析新兴技术创新网络对组织嵌入、资源配置、合作绩效的影响及作用，同时有助于研究者准确寻找理论中的空隙，开展一系列问题研究，对企业管理者和政策制定者具有独特的参考价值。

1.3 国内外研究现状及评述

1.3.1 新兴技术创新网络相关研究

近年来，新兴技术创新网络越来越被学术界关注，现已成为企业技术创新研究的重要切入点。通过对有关新兴技术创新网络的研究成果进行梳理后发现，新兴技术存在着创新性较强、技术复杂程度较高、应用领域相对不确定等特征。

在国外，Hunt（2019）通过调研发现，新兴技术的研发过程相较于传统技术，对于研发路径的依赖程度较低，并指出网络内部企业的可控性竞争与常态化沟通协调能够有效提升技术创新效率并降低研发成本[2]。Kun 等（2019）通过对两种相关新兴技术的研发过程建构关联模型，发现随着技术研发的不断深入，两种技术的关联性与整合程度将不断提高[3]。Lubik（2016）等学者通过对部分顶尖制造业企业的技研方向进行探索，发现市场需求和技术惯性会对技研方向产生重要影响。同时还发现这也将在一定程度上影响企业在创新网络中扮演的角色[4]。

在国内，杨越等（2019）从技术创新网络的发展历程、高频应用行业、技术创新中的人才组织科技研发资金投入管理、成果管理和知识产权保障等多个方面对技术创新网络的发展过程和现状进行了全方位概括[5]。朱桂龙和黄妍（2016）认为技术创新网络的建构和作用发挥，在国家层面能够促进国家科研计划的稳步推进并为其创造有利的社会条件[6]。张维冲等（2019）通过对技术创新网络中的企业在管理、营销和技术研发方面的状况进行关联分析，发现企业在上述三个方面的工作进程会受到同处网络中其他企业的影响[7]。李新宁（2019）结合新兴技术网络在我国的发展状况对其特征进行了概括，同时认为在多企业的技研合作中可运用技术预见的办法，来对其研发状况进行评价[8]。许倩和曹兴（2019）认为，明确技术研发过程中的影响因素，建构起可用于阶段性成果衡量的评价指标体系，并对研发过程和状况进行评估，能够显著提升合作研发的工作效率[9]。

通过对创新网络在新兴技术研发过程中的作用进行进一步探究，可以发现创新网络能够有效促进创新要素在企业间的流动。对此，Turkenburgw（2016）认为创新要素的促进作用彰显在创新链的三个阶段：研发、示范和传播[10]。Foxon（2005）认为，技术创新包括基础研发、特定技术研发和示范、技术市场示范、商品化市场积累和扩散四个阶段，每个阶段都是相互反馈的[11]。在国内相关研究中，大多数学者最初将创新的投入和产出定义视为“两阶段”过程。例如，余泳泽等（2010）将其划分为技术发展阶段和转型阶段[12]，而姜南（2014）则将其分为技术阶段和经济阶段[13]。之后，余泳泽和刘大勇（2014）将创新过程分为知识创新阶段、R&D 创新阶段和产品创新阶段，并为每个阶段建立评估指标[14]。王黎萤等（2017）将创新价值链分为技术产出、物化产出和价值产出阶段，并对其进行了分阶段评估[15]。

随着企业独立创新现实可能性的不断降低，企业需要通过与一系列存在资源互补价值的主体进行合作，才能够创造出更有价值的创新产品或服务。因此，一些学者认为，未来的产业创新过程在很大程度上就是资源整合和企业网络化的过程。Freeman（1991）认为未来创新网络应当作为管理企业的一种普遍机制，来促进关联企业在合作的过程中实现技术创新[16]。高霞和陈凯华（2015）通过对处于同一网络中的企业的共有专利进行研究，依据共有专利在各企业中的比例，认为创新网络的影响边界在不同行业中具有显著差异[17]。

通过对创新网络的演化过程进行研究，彭华涛和 Sadowski（2014）认为，开放式创新网络的建构与发展在未来将有力支持创新网络的发展，并会对其形式与内容产生重要影响[18]。其他学科的学者也从其特定专业视角出发进行了相应分析。蒋同明和刘世庆（2011）认为，技术创新网络的发展与生命体的发展具有很多相似之处，基本遵循S形发展定律，可以被划分为初始、拓展和稳定三个阶段[19]。于明洁等（2013）通过对多个创新网络的演化过程进行分析，发现企业间合作机制的稳定性、开放性及其整个网络在架构上是否合理，会对网络内企业的技术创新效率产生重要影响[20]。王月琴和许治（2017）认为，网络的标度状况会对企业间的创新要素流动和技术知识学习的效率产生影响[21]。此外，曹霞和刘国巍（2015）通过研究认为，企业在进行创新合作时所选择的节点高度会对其合作成效产生影响，选择的节点越高则越有可能获得更好的创新成果[22]。陈伟等（2012）通过对东北地区装备制造企业的创新网络发展与应用状况进行调研后认为，创新网络的结构洞属性与中心性会对企业技术创新的实际成效产生正向影响[23]。

随着创新活动的复杂性与综合性特征的不断凸显，企业在创新过程中对要素的要求也日趋多样。王静等（2018）认为创新需求要素是产业创新过程中的关键因素，结合新能源汽车产业的发展特点，可以将创新需求要素分为市场、技术和资本三类[24]。李佳等（2018）认为，随着大数据、人工智能等新兴技术的加速融合发展，以及消费者在产品技术融合方面需求差异的不断凸显，企业对于能够提供稳定创新支持的技术服务体系的呼声正愈发强烈[25]。洪志生等（2015）通过企业调研，认为企业若想保持其商业异质性和核心竞争力，必须对业务运营模式进行不断优化升级。同时，他还认为核心业务与新兴技术有关的企业在进行运营模式创新时，应特别重视技术支持、产品供需结构和资金支持等现实条件对创新活动的影响[26]。

经过梳理上述研究成果后可以发现，对于新兴技术创新网络的研究主要涉及新兴技术的特征、对传统产业的影响、创新过程、创新网络绩效、创新网络演化与需求等多个方面。以党兴华教授为核心的研究团队，通过对新兴技术创新网络中组织嵌入网络结构对合作创新绩效的影响进行研究，发现这两个问题本质上是存在交叉关系的。总的来看，在内容方面，新兴技术创新网络的相关研究还不够系统，同时针对新兴技术创新网络中的小团体研究还不够深入；在方法上，现有研究往往建立在理论分析基础上，研究成果在指导实践时，在深度和广度方面仍有明显不足。这需要学术界更多地从跨学科视角出发，通过实证主义研究，对新兴技术创新网络中组织嵌入、外部关系对创新网络整体的影响进行进一步的研究。

1.3.2 组织嵌入相关研究

本书通过对组织嵌入的相关研究进行梳理后发现，与社交网络中单个网络的概念相似，社交网络和创新网络中也存在组织嵌入的概念，如派系、圈子、小组、子网络和模块化网络。

1. 组织嵌入特征相关研究

Wasserman 和 Faust（1994）认为，组织嵌入是指参与者之间形成的具有稳定、直接、强大、频繁或积极联系的参与者子集[27]。其与在稀疏网络中具有紧密联系的高度凝聚力的组织（如派系和圈子）在概念上并无显著差异，但是根据其不同的网络特征属性，可以发现其在具体形式上尚存在某些不同。随着有关研究的不断深入，组织嵌入的概念已被广泛应用于诸多研究领域。在技术创新网络的相关研究中，组织嵌入性分析已成为了解创新网络的结构与个体嵌入性的重要工具[28]。Provan 和 Sebastian（1998）也认为，派系可以为创新的效率提升发挥促进作用[29]。

2. 创新网络结构演进相关研究

在有关创新网络结构演进的相关研究中，无论是核心边缘网络、小世界网络还是无标度网络，对组织嵌入网络结构的描述都被视为必不可少的内容，其中小世界网络和网络社群等概念更是吸引了众多学者们的关注。小世界网络是指在多个处于相同行业或彼此联系较为密切的企业间存在的，通过信息交流和技术共享而形成的，由不同子网络和派系共同组成的合作网络[30]。在小世界网络中，跨派系的企业关系有效弥合了不同地区网络中存在的结构性漏洞，可有效加强信息技术资源在不同派系间的流动[31]。网络社区作为不同于小世界网络的另一个网络类型，波特等（2015）认为其作为一种组织形式，是由网络中某些节点间紧密联系形成的嵌入式组织构成的，而嵌入式网络中的节点与其他密集组织之间的连接则相对较为稀疏[32]。Sytch 和 Tatarynowicz（2014）认为，可以将企业间通过技术与资源共享而建立的合作网络社区视为与全球产业网络存在嵌套关系的功能性组织[33]。在组织网络中，在线社区非常普遍，在在线社区当中，社区内成员间的联系比社区外成员间的联系更紧密[34]。由此可以看出，社区是技术创新网络中一个相对独立的中观网络组织结构，而小世界功能组织因为连接较为稀疏而往往被孤立。

3. 集群创新网络相关研究

学术界对技术创新网络进行深入研究后，提出了产业集群概念。产业集群的出现加强了相关企业的联系，对企业的产品研发和技术革新具有促进作用[35]。相较于集群外的企业而言，集群内企业具有以下特征。首先，集群内企业能够更好地观察其竞争对手，并能及时获取其所推出新产品的特征、设计和营销状况等信息。其次，企业员工可通过参加非正式的信息交流来调整产品开发路径和生产流程，从而增强企业产品的创新能力。与此同时，产业集群相邻的地理位置可以为企业员工间交流创造便利条件。因此，集群内企业有足够的机会与其他企业互动并获取相关知识信息。最后，集群中的企业更有可能彼此信任并参与共同的行业活动，如共同开发产品、工具、语言和设计商业行为准则。受企业同质性因素的影响，在产业集群内部企业间的信任感相对较强，更容易对集群产生归属感，这有利于实现集群内部资源、技术和信息的跨主体共享，同时也有利于企业技术水平的提升。值得注意的是，产业集群虽然与嵌入式组织存在着诸多相同点，但两者在定义上是存在显著差异的。产业集群强调互有联系的企业在现实空间中的聚集，并强调通过项目合作的方式在某一具体地点开展创新活动。而嵌入式组织则是由企业间合作关系形成的局部紧密联系子网，属于同一网络下的企业既可以在地理空间上聚集，也可以散布于不同地区。组织嵌入创新网络重视集群内创新企业间协同合作关系的建立，重视组织内企业在战略目标、地理条件、功能结构等层面的关联性[36]。同时，王松和盛亚（2013）认为在技术研发和知识共享方面形成的网络关系，已经成为集群创新网络技术创新活动的重要组织形式[37]。Raffaella 等（2017）认为，由于地理位置相近，企业协同增效的趋势较为明显，这对于产业集群网络的形成具有促进作用，同时这也是产业共生状态形成的基础[38]。在创新资源的互动过程中，要素的跨主体流动可以提高网络内每个主体的创新能力，主客体间的相互作用进一步促进了复杂集群关系网络创新的进程。于晓丹等（2009）认为，高科技产业集群的创新网络建立在研发机构的基础上，旨在实现成果的产业化，其是通过资源共享和增值链互连而构成多维组织连接集合[39]。当前，协作创新模型已被广泛用于产业集群创新网络的建设当中[40]，Srai 等（2016）认为，集群的形成具有集聚效应，集群内部与产业相关的机构受到集聚效应的影响加入网络，会形成特定的网络结构。伴随新兴技术的出现以及消费者对产品需求的日益增多，部分企业在网络中相较于其他企业的地位会发生变化和调整，以促使优势企业能够针对性地提供服务与产品，同时，企业地位的变化也会对整个网络生态及其架构起到整合与塑造作用。产业集群网络结构是在动态演化过程中形成的，产业集群创新网络结构会随着集群网络规模的变化而变化，同时集群规模的过度扩张会导致集群内生风险的产生并对集群网络结构造成不利影响[41]。戴勇等（2018）认为，网络集群下的企业在进行技术创新时，其技术研发的进度与成效会受到网络结构的影响。而企业的知识吸收能力作为网络结构与技术创新间的中介，对不同企业创新成效也会依其行业特征发生相应变化[42]。

1.3.3 资源配置相关研究

有关资源配置的研究，最早始于经济学领域。1662 年，Petty（1662）提出“劳动是财富之父，土地是财富之母”的论点，标志着资源配置理论的萌芽[43]。随后，亚当·斯密用“看不见的手”生动阐述了市场对资源配置的调节作用；Marx（1865）等基于稀有性与价值交换关系，指出资源配置是一种调节手段[44]；Samuelson（1948）等提出一种调和国家干预和市场调节的资源配置二元论[45]；Koopmans 和 Beckmann（1955）认为，资源最优配置理论就是研究在给定技术和消费者偏好情形下，如何将有限的经济资源按照某种规则分配到各种产品生产中，以最大限度地满足需要[46]。我国著名经济学家厉以宁（1993）将资源配置定义为各种经济资源在不同使用方向之间分配，并提出时间、空间和数量是构成资源配置的三要素[47]。随着研究的不断深入，部分学者从管理学角度探讨资源配置对企业生产经营的作用。如 Powers 等（2005）将宏观资源配置引入微观企业层面，将其定义为企业对所需资源进行分配调整，使资源之间能够相互匹配以符合企业具体生产实践情境，并在这一过程中形成独特竞争力[48]。

综上所述，资源配置（resource allocation）是指对相对稀缺的资源在各种不同用途上加以比较作出的选择。其中，资源是指社会经济活动中人力、物力和财力的总和，是社会经济发展的基本物质条件。在社会经济发展的一定阶段上，相对于人们的需求而言，资源总是表现出相对的稀缺性，从而要求人们对有限的、相对稀缺的资源进行合理配置，以便用最少的资源耗费生产出最适用的商品和劳务，获取最佳的效益。资源配置合理与否，对一个国家经济发展的成败有着极其重要的影响。

尽管国内外学者对资源配置的定义尚未达成共识，但资源配置的实质就是保持稀缺资源的最佳比例结构，力图使人与物以最佳比例结构投入新兴技术创新中，提高资源利用效率并最大可能地满足服务平台的现实需要以获取最高收益。因此，本书所提及的资源配置相关研究分别从任务分解和资源匹配两大方面进行国内外研究现状的相关阐述。

1. 任务分解方面国内外研究现状

近年来，国内学者多为实现某一目标，如任务重组、设计流程、匹配资源等，基于服务型平台对任务分解方法进行研究。杨育等（2014）针对产品协同创新设计任务分解问题，提出了基于层次功能—结构—任务映射与协同伙伴模糊搜索匹配相互结合的任务分解模型[49]。凡少强等（2014）提出在知识特征的驱动下，应用马氏距离可以去除子问题的噪点，构建了知识驱动的任务分解模型，认为此种模型不必整合历史特征，可直接将执行任务分解为若干层级的子任务[50]。易树平等（2015）考虑任务—资源的匹配问题，提出分解任务的粒度应符合一定的原则，提出一种聚类算法优化任务的分解，得到合适粒度的子任务[51]。任南等（2016）拓展了 WBS 分解方法，提出了一种产业链下企业的任务分解方法，在确定原任务间信息的交互程度和对需求的相似度的基础上，构建原任务相关矩阵，求解得到初步的分解结果，然后建立执行时间目标函数，得到任务分解结果[52]。荣垂田等（2017）提出了一种基于共享索引的任务分解方法和基于独立引索的任务分解方法，通过实验证明了此种方法有效地提高了任务分解的速度[53]。李洋等（2018）根据任务分解后面向的对象，利用树分解技术将对象分割成独立的集合，提出一种带启发式的深度优化搜索算法，较早地剔除不可能是优解的方案，提高了任务分解的效率[54]。李芮萌等（2019）构建了复杂产品 R&D 网络的形成模型，通过数值仿真阐释了企业合作方式对网络结构与任务分解深度有调节作用[55]。

此外，国外任务分解问题已经有了大量研究文献，主要针对任务相关描述和任务分解方法两个方面。其中，任务相关描述是任务分解的重要前提，Coffey 等（2013）应用 Agent 技术构建任务分解模型，建立了不同规则下任务分解方法，解决了协同制造中任务数量和种类较多时造成的模型求解困难问题[56]。Smirnova 等（2015）针对产品的复杂性，探究产品功能间的耦合关系，合理描述了任务与任务属性之间的关系，应用公理化设计矩阵方法，详细阐述了任务分解的过程[57]。Karl 等（2015）认为，确定总功能、寻找分功能的过程即任务分解过程，为了保证任务的有效性，构建了任务相关性模型，并通过聚类算法对模型进行求解，得到合适规模的子任务集合[58]。Gawali（2018）等设计了评估任务分解方法的原则，以此提出了任务分解模型，考虑了设计任务与变量间的相关关系，将复杂生产任务分解为较简单、粒度较小的执行任务，并以此建立了不同任务团队间的信息交流模型[59]。Ari 等（2019）基于设计参数与需求的映射关系建立了评价指标体系，制定了任务分解的步骤，定量地分析了任务间的依赖耦合关系，应用层次分析法表示和解决了任务间的相关性和任务内部的聚合性问题，并完成了对分解后子任务的评估[60]。

2. 资源匹配方面国内外研究现状

在国外资源匹配方案方面，Marcon 等（2016）提出了一种可预测的网络性能的资源分配策略，对不同的需求进行权衡，降低资源碎片化程度，有效管理资源供应商，增加网络资源[61]。Gould 等（2017）采用 K-means 聚类、遗传算法和蚁群算法等智能计算技术，对可选的资源进行研究[62]。Thekinen 等（2017）认为当前的资源匹配方法是不合适的，因为匹配的目标无论是从服务需求者角度出发，还是从服务提供者出发，都只是从一类参与者角度考虑问题，并且先到先得的匹配原则并不高效。因此，将资源匹配问题归结为二部匹配问题，建立了基于顶部交易周期的资源匹配机制[63]。Tomarchio 等（2020）以机床资源为研究对象，以此进行多智能体的资源匹配问题，提出了一种元启发式遗传算法，在产品质量约束和机床性能约束下，建立以时间、成本为目标的资源匹配模型，并利用帕累托前沿得到最优解，以此得到资源匹配的方案[64]。

此外，在国内资源匹配方案方面，网络创新资源的筛选、任务—网络创新资源的高效匹配为网络创新资源匹配研究的关键点。蒋南云等（2016）以系统成本最低为目标建立了 Jackson 排队网络的资源匹配模型，采用 Pontryagin 极大值原理求解模型，为产品出产检验环节筛选资源池[65]。汪勇等（2016）结合遗传算法和分层序列优势，提出一种遗传分层序列多目标决策方法，建立以时间和成本为多目标优化的多生产任务资源匹配模型，同时提出了基于时间矩阵的多生产任务完成时间的算法求解模型[66]。段世霞和张金茹（2017）考虑多任务并行时资源筛选问题，建立了多任务并行时的资源均衡匹配模型，采用改进的遗传算法求解模型，使得筛选的资源达到更好的状态[67]。吴悦文等（2020）认为当前研究较多采用机器学习的方法求取资源匹配方案，容易陷入局部最优解，提出了基于 Pareto 最优的资源动态优化匹配模型以及基于负载分类的启发式资源匹配方法[68]。

在国外资源匹配优化方案方面，Kong 和 Zhang（2016）设计了能处理动态资源匹配问题的方法，该方法分为修剪和分解两个阶段，通过节制资源来减少搜索空间，通过分解优化将资源网络分成多个独立的部分[69]。Paprtti 等（2019）认为现有的资源评估方法和工具不是基于全面的方法，缺乏具体的关键绩效指标，他提出了一种创新的资源评估方法用于资源优化匹配，称为价值映射，根据精益哲学原理对参与匹配的资源进行映射分类，运用两个效率指标定量地支持资源匹配活动[70]。Chida 等（2019）在众包制造环境下研究资源匹配问题，认为在众包制造中每个参与者共享网络资源，能有效提高资源效率，提出了两个稳定性指标——“阻塞对的数目” “阻塞对造成的损失”，优化了资源匹配模型[71]。Sherzer 等（2020）认为云网络具有不稳定性，偶尔会出现故障或网络攻击，资源匹配问题实质是一个非凸的多维度问题，并提出了基于不确定性基本理论的区间两阶段资源优化匹配模型[72]。

与此同时，在国内资源匹配方案的优化设计方面，李益兵等（2019）针对集团制造企业资源匹配特点，以企业利益为优化目标，充分考虑了有关成本、网络资源、生产效率等关键影响点，构建了分布式资源匹配优化模型，通过运用 Logistic 混沌改进了遗传算法，求解得到最优的资源匹配方案[73]。陈友玲等（2019）构建了以资源提供方为主体和以资源需求方为主体的双方约束模型，并提出了一种具有继承性和跳跃基因的带精英策略的快速非支配排序遗传算法，通过模型求解为需求方筛选出了最优的资源池[74]。王闯等（2019）面向智能车间资源匹配研究了资源优化匹配问题，首先依据种类对网络资源进行详细划分，然后应用 EPCglobal 对资源进行编码，最后实现资源与制造信息的自动关联[75]。

3. 业务流程优化国内外研究现状

业务流程优化是在业务流程再造的理论基础上提出来的。国内学者也对业务流程进行了研究。王明微等（2010）提出了一种基于语义分析的跨组织业务流程构建框架，通过对企业服务能力进行描述，并以此为中介形成一种随需求变化的业务流程构建模式，结合企业实际进行实证研究，证明此方法的可行性[76]。吴国秋（2012）阐述了服务型制造的理论和业务流程设计与优化的理论，并提出服务型制造企业业务流程设计与优化的目标与原则，要在设计中考虑优化，在优化中注重设计，将制造流程与服务流程有效融合，提出服务型制造企业业务流程应以竞争战略为指导[77]。何瑛（2013）认为在信息技术革新和业务流程再造的挑战下，传统的财务流程存在缺陷，为了形成财务信息化的竞争优势和提升财务竞争力，需要对财务人员进行重塑和再造财务流程[78]。赵思萌和李宗平（2018）认为优化业务流程是提高工作效率的重点，以铁路物流中心的卸载流程为例，通过优化原则对业务流程中不合理之处进行分析，而后构建该业务流程的 Petri 网模型，以此对其进行优化，并运用 MATLAB 对优化前后流程仿真，进一步验证了优化措施的有效性[79]。林杭等（2018）针对雅堂电商 O2O 的物流流程，运用随机 Petri 网建立了物流流程模型，找出其运作过程中存在的问题，进一步用物流重组优化方法对流程中不合理的结构进行优化改进，以缩短其处理订单的时间，并且使得其服务能力更强[80]。王薇薇等（2018）研究了离散的服务型制造混合供应链性能，基于系统因果关系图与方框图，构建混合供应链生产服务自动反馈补偿控制模型，并用差分方程及离散 Z－变换为混合供应链系统建立了混合供应链生产服务自动反馈补偿系统的传递函数数学模型，研究服务型制造混合供应链的稳定性和弹性评估，依据企业情况的不同，采取不同的预测方法，进而对企业服务型制造混合供应链的性能进行评判[81]。

此外，国外业务流程优化问题已经有了大量的研究文献。最早提出业务流程优化定义的是 Harringtor，他认为业务流程优化应从业务流程中存在的问题入手，使得流程优化的各个环节都有相应的人员参与，以此来实现管理方法的有效性。Tonmessen（2000）将业务流程定义为在特定时间产生特定输出的一系列用户供应商关系[82]。Dayal（2004）认为进行业务流程优化时，要先确定业务目标，然后对业务流程和资源等进行动态分配[83]。Hussein 等（2009）研究了某面包生产车间出现的一系列问题，对生产流程进行仿真，找出瓶颈工位，通过构建决策支持系统及运用计算机仿真对瓶颈工位进行优化[84]。Bai 等（2011）运用 FlexSim 对某汽车厂生产线进行仿真，并建立其关键工序模型，分析了流程中的瓶颈工序，提出了两种流程优化方案[85]。Foehr 等（2013）提出了一种复杂生产系统工程过程的建模方法，通过实际应用，证明此方法的可行性[86]。Trebuna 等（2014）运用了西门子 PLM 软件中的仿真软件模块对某公司的生产流程进行仿真，通过消除瓶颈工序，缩短生产作业时间，提高产品质量，从而提高经济效益[87]。Debevec（2014）运用了一种基于实际进度计划设计虚拟工厂仿真模型和模型执行的新方法，其主要目的是创建低成本的生产过程模型[88]。Frazzon 等（2016）提出了一种基于混合仿真的程序，用于定义生产物流的最优集成计划[89]。

1.3.4 合作创新绩效相关研究

通过对合作创新绩效的有关研究进行梳理，本书发现当前理论研究界对于合作创新绩效并没有一个准确的定义，大多数学者在研究中将其视为利益攸关、联系紧密的企业在合作过程中所得创新成果的效能评价。因为网络合作创新问题是本书研究的重点，所以本书所指的合作创新绩效主要是网络合作创新绩效。通过查阅文献，本书发现现有研究通常会使用主观和客观两个方面的指标对合作创新绩效进行衡量。由于合作创新具有一定的复杂性和不确定性，且在国内获取相关档案数据存在困难，所以大多数研究使用了主观指标来对合作创新绩效进行衡量，并形成了较为丰富的研究成果。其中最具代表性的和被广泛使用的衡量指标包括合作网络的稳定性、合作关系满意度及合作主体创新能力[90—93]。

1. 合作创新绩效测量相关研究

随着信息技术与数据挖掘技术的不断发展，越来越多的研究开始使用二手档案数据对合作创新绩效进行研究，其所得研究结果也显示出很好的解释作用。由于信息公开程度高和数据库相对完整，外国学者拥有使用二手数据来衡量合作创新绩效的现实可能。但在中国，由于缺乏相应的数据库，大多数学者往往会使用相对容易获得的专利数据来对合作创新绩效进行衡量。Girvan 和 Newman（2001）通过对 153 家企业的合作研究生数量、授权专利数、销售额和出版数量等数据进行收集的基础上，应用结构方程对其进行了路径分析，发现专利合作情况会对其创新绩效产生重要影响[94]。Palla等（2005）通过对部分校、企、研、产合作项目进行研究，发现以专利应用状况作为衡量指标可以有效地反映企业的技术研发水平[95]。宋晶等（2014）在研究过程中选取了可直接量化的指标来对合作绩效进行评价，包括新产品、重点实验室数量、发表论文数量等[96]。王丽平和何亚蓉（2016）从客观角度来对合作绩效进行衡量，指标具体包括合作新产品数量、投入市场的新产品数量、专利数和净利润率[97]。从专利的角度看，现有研究主要采用专利授权数作为绩效衡量标准[98]。除专利数据外，还有一些学者选择了诸如合作创新率等变量对合作创新绩效进行测量。尽管相关研究已从实践层面阐明了主观和客观测量指标的优缺点，但从经验结果角度看，通常有必要根据研究者的观点和数据可用性选择适宜的测量指标。在将企业合作创新绩效状况作为组织嵌入的因变量时，受制于组织嵌入网络指标整体性的影响，可以发现通过问卷方式对数据进行收集是具有适应性缺陷的，所以需要选择更具适正性的数据收集办法来对创新绩效进行衡量，如合作专利数据等。与此同时还应注意到，由于专利授权过程需要耗费一定时间，那么在进行统计时就势必会出现迟滞的现象，这就需要研究者在进行研究时选择更具研究价值的“专利共同申请书”来开展具体研究。

2. 组织网络合作创新绩效相关研究

在组织网络合作创新绩效方面，赵炎等（2016）从合作强度、合作稳定性和知识获取三个方面对组织网络的合作绩效进行了衡量[99]。迟嘉昱等（2015）通过对多个国家的8个产业集群进行实地调查，发现伴随着市场、技术、业态等环境不确定性的提升，组织网络对企业合作绩效的正向影响将不断降低。与此同时，组织网络的开放状况也会对集群内企业和集群整体的创新绩效产生影响[100]。Myerson（1977）认为，创新网络由结构、资源、规则和动力等多种要素组成，其中结构要素以主体间联系的形式和强度来表现。差异化的网络结构会对合作创新状况产生不同的影响[101]。Arranz（2012）认为，通过对创新网络内部结构进行合理化调整，并围绕其核心目标进行治理体系建设，能够为网络内企业创新绩效的提升创造有利于环境。与此同时Arranz发现具有强大技研与管理能力的企业，往往在财务绩效、研发效率和创新能力方面相较于其他企业更具优势[102]。Gebreeyesus 和 Mohnen（2013）从网内主体关联性角度探讨了网络嵌入性对企业创新绩效的影响。研究结果表明，企业间的长期合作有利于提升其创新绩效[103]。周晓阳和王钰云（2014）基于不同学科和主体视角的产学研创新绩效评价，认为合作创新绩效的评估具体表现在投入、过程和产出三个方面[104]。许露元和邹忠全（2019）通过研究发现，产业集群创新网络在技研中所遵循的生产范式，在研发生产过程中，其知识与技术间的边界会变得愈发模糊，知识与技术传播在此过程中会成为跨界网络结构和集群绩效之间的纽带[105]。奉小斌（2017）认为知识搜索与集群创新绩效间存在倒 U 型关系，集群内部和外部的联系对知识搜索与产业集群产品创新绩效的影响不同[106]。Fan（2006）在研究中发现，在企业中建立内部研发和外部嵌入式组织可以提升企业的技术创新绩效[107]。曹兴等（2014）通过研究证实，创新绩效不仅受外部环境和内部组织的影响，还会受到行业自身特征和组织特征的限制[108]。王海军等（2017）提出可以从产业进步、经济效益和可靠性三个维度来对产学研协同创新绩效进行评估[109]。

1.3.5 国内外研究述评

通过对现有研究成果进行梳理后可以发现，国内外学术界从微观层面出发对组织嵌入型创新网络的研究相对较多。学者大多将地理邻近而产生的合作关系或非正式的交流关系网作为定义组织嵌入型创新网络的依据。现有研究对新兴技术创新组织嵌入网络的定义尚未统一，同时也缺乏对新兴技术创新网络中观层面组织嵌入结构特征的相关研究。对社会网络分析成果总结后可以发现，位置嵌入有助于创新个体间产生协同合作，有助于进一步形成组织嵌入创新网络。此外，网络结构的形成也会受到网络规模的影响，要达到发展新兴技术创新组织嵌入网络的目的，必然要经历一场资源配置导向的变革。

从国内外文献上看，国内外学者对流程优化的研究主要还是依赖于仿真建模，通常是建立相应的流程仿真模型，然后运用模拟仿真技术对其进行优化，达到降低成本、提高生产效益的目的。而任务分解的研究起源于协同制造，国内外的学者多是基于协同个体对任务分解的方法进行研究，然而将这种任务分解的方法直接应用于新兴技术网络下嵌入组织任务分解并不理想，主要原因是在协同单元任务分解过程中没有考虑任务的动态性，不适用于复杂的新兴技术网络下嵌入组织任务。因此，新兴技术网络下嵌入组织的复杂任务分解还处于探索阶段，有待深入研究。

而资源匹配早期研究多集中于资源与任务匹配框架的设计，后来研究热点主要是评价指标的选取和资源匹配模型的构建，现在研究热点逐渐转移到高效的资源匹配算法。资源匹配的研究流程已经逐渐统一，大部分文献都采用以下流程进行研究，即通过资源匹配目标建立指标评价体系，然后构建网络资源优化匹配模型，提出或选择相应的算法求解模型，得到资源匹配方案。但在模型构建方面，现有文献大多从资源需求方角度构建网络创新资源评估模型，较少考虑资源提供方，得到资源匹配方案并不是最理想的结果，不利于企业的持续发展。所以，如何选取评价指标、构建资源匹配模型、缩小资源池、提高匹配效率和适用度，还需继续深入研究。

当下，新兴技术创新网络下的组织嵌入是一种特殊的关系网络，一些学者在评价新兴技术创新网络的组织嵌入时，将组织创新、技术创新、营销创新、创新产出力、创新环境等作为评价指标。认为组织嵌入内部的科研能力、知识分享整合能力、创新个体合作水平等都是新兴技术创新网络组织嵌入中，组织结构创新能力的重要衡量指标。

通过对现有研究成果进行总结可以发现，现有合作创新绩效研究主要从动态演化机制、投入、过程和产出的维度来对战略性新兴产业集群创新绩效进行衡量。另有一些研究也将内部和外部环境纳入绩效衡量的维度当中。以创新驱动为中心的战略性新兴产业在产学研多方合作过程中，存在着较为普遍的知识溢出现象。

在新兴技术创新网络时代，以网络结构表现的创新主体间的合作形式更加适应关系密切的创新环境，网络的表现形式、形成机理和变化特征对网络中的行为主体都会产生一定影响。创新主体可通过将组织网络内部的知识进行吸收整合和转移创新，来增强集群网络的创新能力，同时组织嵌入式网络的协同创新能力也会受此因素影响。在此基础上，可以以知识溢出为中介变量，将战略性新兴产业组织嵌入创新网络，评估知识溢出现象是否在组织嵌入与战略性新兴产业合作创新绩效间发挥中介作用，以及组织嵌入网络结构与集群合作创新绩效是否存在关系。网络中的主体作为合作活动的主动因素，其具体包括直接和间接参与活动的个体和组织，通过网络内部发生的知识传递、信息技术交流等传递活动，可以有效促使人力、知识、技术等信息资源的流动与利用。

1.4 研究内容与方法

1.4.1 研究内容

本书在梳理了国内外关于新兴技术创新、组织嵌入、资源配置和合作创新绩效等研究成果的基础上，分别对组织嵌入结构、特征和共生关系展开进一步研究。首先，在揭示组织嵌入下资源配置的流程和方法后，应用图聚类算法对复杂生产任务进行分解，从而优化了生产任务的分解；其次，应用模糊综合评价法对组织嵌入下的网络创新资源进行选择与评价，并基于 GIOWA 算子的优化模型求解从而制定出相应的网络创新资源配置的管理策略，以及对组织嵌入下的网络业务流程重组进行优化设计，并借助随机 Petri 网构建及优化业务流程模型，从而进行仿真分析；最后，针对新能源汽车产业新兴技术创新网络以及对其合作创新绩效的影响因素分析，构建研究指标并对其进行中介调节效应检验，发现合作创新网络部分结构特征对创新绩效产生的实质影响。据此对合作创新网络提出优化策略，主要研究内容如下。

1. 对新兴技术及其要素等相关概念进行具体描述

具体阐述新兴技术创新网络类别、复杂性、自组织性、成员一致性等相关特征；从内涵、维度、分类、网络结构特征等方面对组织关系进行说明，并进一步对合作创新绩效的定义、测量要素及影响因素进行分析，为下一步实证研究奠定理论基础。网络结构所表现出的创新主体间的合作形式更加适应于相对关系密切的创新环境，网络的表现形式、形成机理和变化特征对网络中的行为主体都会产生一定影响。创新主体可通过将组织网络内部的知识进行吸收整合和转移创新，来增强集群网络的创新能力，同时组织嵌入式网络的协同创新能力也会受此因素影响。

2. 对新兴技术创新网络下的资源配置进行详细描述

通过构建网络创新资源配置并从生产任务分解、生产资源提供、生产资源评价三个方面对网络资源配置问题进行解析。在此基础上，从客户需求因素、供应商因素、生产环节因素、配置辅助因素四个方面展开分析网络创新资源配置的因素界定，从而进一步从客户需求、行业属性、业务流程三个方面细化网络创新资源配置流程的影响过程，为生产任务的分解与优化提供一定的基础。

3. 系统分解优化组织嵌入下的生产任务

首先，阐明生产任务分的解目标与原则，明确任务分解应遵循“高内聚、低耦合”的原则；其次，通过研究任务间的信息交互关系，提出度量任务内聚性与耦合性的方法，并发现任务间交互关系会直接影响子任务的执行顺序、粒度大小和执行成本；最后，基于 BOM 的任务初步分解、任务关联图的建构分析及任务聚类重组方法，设计了生产任务分解优化过程及任务分解优化的具体流程。

4. 系统评价与选择组织嵌入下的网络创新资源

首先，阐述组织嵌入下资源选取的目标与原则，并建立评价网络资源的指标体系；其次，根据评价指标的选取聚合评价指标，构建任务—网络创新资源选择优化模型，引入优化目标函数和模型约束，结合资源需求方的偏好性和模糊性，引入三角模糊和 GIOWA 算子，针对资源需求方的模糊需求给出区间型组合供应算法，求取资源需求方模糊需求下网络创新资源的理想值，筛选网络创新资源的供应区间，确定最优的任务—网络创新资源的匹配方案；最后，针对客户需求、供应链问题、生产问题及行业竞争和国家环保政策等方面的问题提出了相应的管理策略，以提高资源提供方的竞争力。

5. 优化重组组织嵌入下的网络业务流程

首先，阐述业务流程重组的定义、原则和目标，并介绍优化模型构建的基本思路，在此基础上对资源提供方业务流程优化步骤进行分析，包括分解资源需求方需求任务、筛选服务供应商、匹配任务与供应商等步骤。

其次，运用随机 Petri 网构建资源提供方的业务流程、关联矩阵并进行性能分析，从而发现流程中存在的问题，为后续的流程优化做好铺垫。最后，基于对资源提供方的组织结构及与合作企业的相互关联的分析，确定从资源需求方参与问题、等待问题及选择问题三个方面对资源提供方的业务流程进行改进和优化，并运用马尔科夫链对优化后的业务流程随机 Petri 网进行特性分析，得出对资源提供方的业务流程改进是有效的。

6. 分析组织嵌入与合作创新绩效关系机理

首先，分析组织嵌入对合作创新绩效的直接影响，引入中介变量分析组织嵌入与知识溢出的关系以及其对合作创新绩效的影响，并依据以上分析结论说明知识溢出的中介作用。其次，从组织嵌入的网络结构特征——网络位置嵌入性、网络中介性、网络可达性在创新绩效中的直接影响，知识溢出的中介作用，创新能力、知识丰富度的调节作用三个方面进行假设。最后，通过 Python 获取专利数据，对其进行筛选和进一步处理后，依据以上数据确定的相关测度指标，对相关数据进行具体分析，包括组织嵌入对合作创新绩效的多元回归分析、创新能力与知识丰富度的调节作用分析及知识溢出的中介作用分析。

7. 系统分析新兴技术创新网络下的合作绩效

分析多种因素对合作创新绩效的影响并提出相应假设，选取新能源汽车产业技术作为研究对象，通过 Python 获取了相关企业的第一手专利合作数据，结合案例数据进行了筛选与整合。基于新兴技术创新网络下组织嵌入对合作创新绩效影响的研究假设，通过 Stata 统计分析软件对样本数据进行了相关的检验与分析，针对组织嵌入相关因素对合作创新绩效的影响进行回归分析，了解创新能力与知识丰富度调节作用分析、知识溢出中介作用等对合作创新绩效的影响，实证分析新兴技术创新网络下组织嵌入与合作创新绩效的影响机理。

8. 系统分析组织嵌入网络设计与实证研究

首先，通过分析云制造网络体系、构成要素和运行模式，设计云制造网络下生产任务与资源匹配优化的具体框架，根据云制造资源匹配优化，建立云制造资源评价指标体系和匹配优化目标。其次，通过情景分析将客户需求的不确定性用盒式集合进行描述，以总成本、交付时间和服务质量为优化目标，运用鲁棒优化方法构建制造流程的优化模型，并采用对偶理论对模型进行求解，以此实现对资源配置、业务流程的动态优化。最后，对新能源汽车产业组织嵌入对合作创新绩效的影响结果进行总结，并结合中国新能源汽车产业新兴技术合作创新的实际情况提出相应的发展建议。

1.4.2　技术路线

首先，基于新兴技术创新网络的产生背景，运用文献分析法分析新兴技术创新网络下的组织嵌入、资源配置以及如何制定管理策略之间的相互关联，并对国内外研究进展进行综述性分析。其次，运用图聚类算法分解优化组织嵌入下的生产任务，运用模糊综合评价法选择评价组织嵌入下的网络资源，并基于随机 Petri 网对其业务流程进行建模分析，应用社会网络理论、扎根理论等方法，借鉴已有研究提出研究假设，确定变量测度和统计方法，通过 S_不变量对其进行分析，对除定制生产环节外的业务流程进行优化，通过引入变迁发生速率集构建了改进业务流程的马尔科夫链，得出最终优化方案。最后，选取新能源汽车产业技术作为研究对象，通过Python对专利合作数据进行抓取并进行数据清洗，通过 Stata 统计分析软件对样本数据进行了相关的检验与分析，实证检验新兴技术创新网络下组织嵌入与合作创新绩效的影响机理，并提出组织嵌入与资源配置的优化策略。具体的技术路线图如图 1－1 所示。

1.4.3　研究方法

1. 文献综述法

通过查阅国内外期刊、学术专著等文献资料，对与所研究的问题有关的文献资料进行了系统化梳理，并进行了研究现状呈现。分别从新兴技术创新网络、组织嵌入、资源配置、网络知识溢出、网络位置嵌入性、网络中介性、网络可达性、创新能力、知识丰富度及网络合作创新绩效几个方面进行研究，分析整理和总结现有研究成果并进行评述，列出了现有研究的不同观点和结论，为后续的模型构建和实证研究提供了理论支撑。

新兴技术创新网络下组织嵌入、资源配置与管理策略研究
研究步骤
研究内容
研究方法
国内外研究现状
绪论
新兴技术创新网络
组织嵌入
资源配置
合作创新绩效
文献综述法
基本概念
基本概念
新兴技术创新网络
组织嵌入
组织嵌入网络的结构特征
组织嵌入网络的共生关系
相关概念及特征基础研究
新兴技术创新网络下的资源配置
资源配置
网络资源配置的构建
网络资源配置的问题解析
网络资源配置的因素界定
网络资源配置的影响过程
组织嵌入下的生产任务分解与优化
任务分解与优化
生产任务与资源配置过程
信息交互分析
生产任务与分解优化流程
图聚类算法
组织嵌入下的网络资源的选择与评价
选择评价
评价指标建立
优化模型求解
管理策略
模糊综合评价法
组织嵌入下的网络业务流程重组
优化设计
业务流程设计方法选择
基于Petri网的业务流程模型
需求不确定的业务流程优化
随机Petri网建模方法
新兴技术创新网络下的合作绩效
关系模型
关系分析
理论分析与假设
研究设计
数据分析与检验
扎根理论研究法
社会网络分析法
网络框架设计
组织嵌入网络
资源匹配的仿真
业务流程的仿真
需求不确定情况下平台的流程优化
网络设计
MATLAB仿真分析法
实证检验
新能源汽车产业新兴技术网络组织背景
网络组织嵌入现状
合作创新绩效现状
实证研究法
实证检验结果分析
基于组织网络结构的合作绩效提升策略

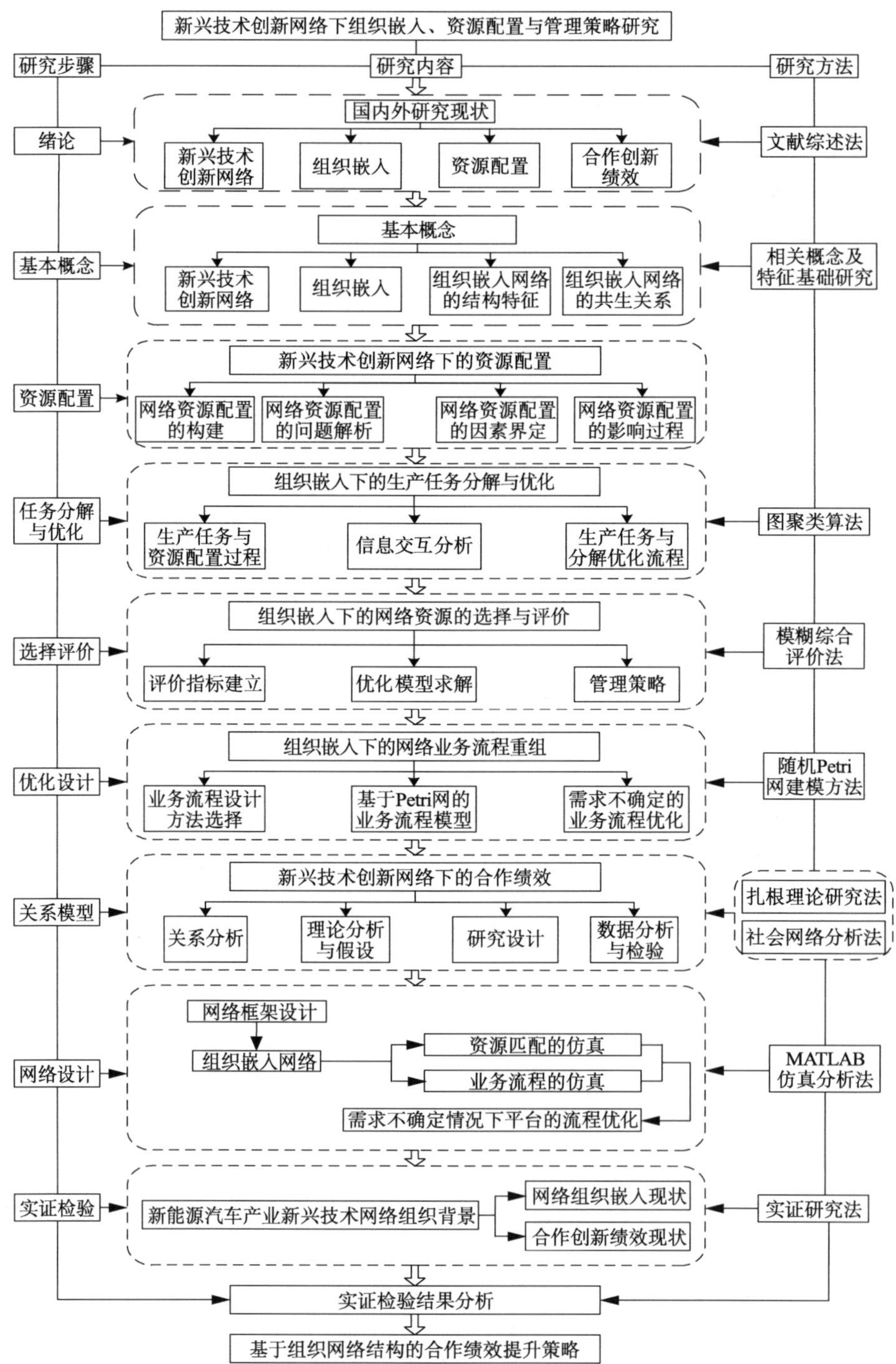

图 1-1 技术路线图

2. 图聚类算法

该方法是一种极具竞争力的聚类算法，是一种基于图划分理论的算法。本书根据任务间的交互关系和约束关系，以及任务粒度的大小对任务重组的影响，应用图聚类算法聚合元任务，将生产任务分解为可执行的子任务，降低资源匹配的难度。

3. 情景分析法

该方法是假定某种现象或某种趋势将持续到未来的前提下，对预测对象可能出现的情况或引起的后果作出预测；通常用来对预测对象的未来发展作出种种设想或预计，是一种直观的定性预测方法。这里在考虑客户需求多样性给业务流程带来不确定性的情况下，运用情景分析法，对客户需求进行分析。通过统计分析，对未来可能发生的事情进行预测，在此基础上建立需求不确定情景集合，以便于鲁棒优化模型的建立。

4. 随机 Petri 网建模方法

Petri 网是对离散并行系统的数学表示，适合于描述异步的、并发的计算机系统模型。Petri 网既有严格的数学表述方式，也有直观的图形表达方式；既有丰富的系统描述手段和系统行为分析技术，又为计算机科学提供坚实的概念基础。这里运用随机 Petri 网对组织嵌入下的网络业务流程进行建模，并对流程中的并行与冲突环节进行优化改进。

5. MATLAB 仿真分析法

在对组织嵌入下的网络业务流程优化后，构建生产任务分解模型和网络创新资源选择模型，并运用相关算法进行求解和数据仿真，包括优化后的效果分析，均运用了 MATLAB 进行辅助运算和仿真分析，从而证实优化模型的有效性。

6. 算例对比分析法

该方法通常把两个相互联系的指标数据进行比较，从数量上展示和说明研究对象规模的大小、水平的高低、速度的快慢以及各种关系是否协调。本书在分析、建立企业的资源匹配流程现状的基础上，通过分析优化节点，构建优化后的网络创新资源匹配具体框架，并对组织嵌入下的网络业务流程优化前后进行仿真，然后根据仿真结果作对比分析，从而达到更清楚的优化效果。

7. 模糊综合评价法

该方法根据模糊数学的隶属度理论把定性评价转化为定量评价，即用模糊数学对受到多种因素制约的事物或对象作出一个总体的评价。本书通过考虑资源需求方动态模糊需求对网络创新资源匹配结果的影响，给出基于三角模糊及 GIOWA 算子的区间型供应算法，对网络创新资源需求方的模糊评价进行处理，结合评价指标和模糊评价值对网络创新资源进行综合评选。

8. 扎根理论研究法

该方法主要通过开放编码、主轴与选择性解码的方式来对所研究问题的总体脉络进行分析归纳，进而形成对研究对象的总体观感，完善实证分析，并最终实现理论推广。扎根理论研究法是一种自下而上的归纳研究方法。首先，根据相关理论对新能源汽车产业新兴技术创新网络嵌入组织的合作创新绩效影响进行假设。其次，根据所获数据进一步对所需变量进行测量。最后，进行实证研究得出相应结论，自下而上地归纳出新兴技术创新网络下组织嵌入对合作创新的影响机理。在将企业合作创新绩效状况作为组织嵌入的因变量时，受制于组织嵌入网络指标整体性的影响，可以发现通过问卷方式对数据进行收集是具有适应性缺陷的，另有一些研究也将内部和外部环境纳入绩效衡量的维度当中。所以，需要选择更具适应性的数据收集办法来对创新绩效进行衡量，如合作专利数据等。

9. 社会网络分析法

该方法强调通过建构模型，实现对各行动者节点间的关系建立，之后在总体网络架构的基础上继续深化完成局部网络建构。社会网络的研究单元具体存在于两个层面，首先是节点层面，主要由研究对象组成；其次是关系层面，指研究对象间因互动而形成的纽带。网络中部分“点”由于频繁互动而连接构成亲密“关系”，这种亲密关系最终会形成一个特定的“子网络”，即组织嵌入。在新兴技术合作创新网络中，创新主体包括企业、高校及科研院所等，各创新主体的知识背景、行业位置、联系密度等均有差异，故不同的创新主体在进行合作时所构成的组织网络对主体自身及网络整体会产生不同影响。除此之外，在社会网络分析中的网络组织划分可用“派系”来表达，派系分析是一种基于团体互惠并嵌入组织中的分析方法，通过派系分析可发现新兴技术创新网络中的任何两个成员的“派系”表达，并为下一步实证研究奠定基础。

10. 实证研究法

作为本书研究的对象，中国新能源汽车行业的合作创新网络利用其合作专利申请的二手数据来分析其合作创新的现状，并使用 Stata 12.0 测量工具，实证检验新能源汽车嵌入组织网络结构对合作创新绩效的影响，最后为新兴技术创新网络嵌入对合作创新绩效影响机理提供相关理论依据支撑。

第 2 章

新兴技术创新网络下的组织嵌入

世界经济正受到新一轮新兴技术革命和新冠肺炎疫情等多重因素的影响，新兴技术发展的不确定性、不稳定性显著增强。在新形势下，我国必须通过持续的创新活动推进核心技术和新兴技术创新升级，从而增强环境的应变能力。

在新兴技术发展演化过程中，由于创新网络结构发生变化，其主体在创新网络中的地位也会随之发生改变，进而影响创新网络下新兴技术演化过程及其创新绩效。其中，产业集群当前被视为新时期技术创新的重要资源和手段。受制于独立创新现实可能性不足等因素影响，处于同一创新网络下的企业特别重视维系与网络中其他企业的合作关系。2016 年 5 月 20 日，中共中央和国务院发布的《国家创新驱动发展战略纲要》明确了技术创新在国家总体发展中的重要作用，并强调了其核心地位。国内新兴产业中嵌入式组织的迅速发展也同样证明了合作之于技术创新的重要性。科学研究表明，新兴技术创新网络中丰富的异质性主体和结构洞的存在，能显著地提高技术创新绩效。随着大量异质性知识的流入流出，使得知识间互相嵌入。网络中的创新主体一方面会发生知识渗漏或溢出，另一方面也会受益于在网络中吸收的其他知识，创新主体间距离越近，发生知识重组、知识融合的概率越大。创新网络的结构影响着新兴技术的形成、扩散和融合，知识、信息等资源在不同产业之间的扩散为技术间融合提供了条件，使技术进入壁垒逐渐消失，技术边界趋于模糊，最终促使产业融合产生。

在新兴技术创新网络中，企业信任关系的存在对创新网络的构建起到了至关重要的作用。随着新兴技术创新网络结构改变，创新网络逐步呈现网络边界模糊、网络连接方式灵活、创新主体异质和知识资源易流动等特征，新兴技术创新网络呈现出不规则的发展趋势。以全球智能手机产业为例，若将全球智能手机产业视为一个整体网络，则围绕 IOS 系统的合作创新网络可视为以 Apple 为核心的合作组织。通过对已经形成的合作创新网络进行观察可以发现，嵌入式组织形态在现有网络中较为常见。在发明专利申请上，部分企业可能因为有着较为良好的互信与合作关系，所以在申请专利时会采取联合申请的方式进行专利申请。通过对其他行业企业间的专利新兴技术创新网络发展状况进行研究，部分学者发现其网络中也存在着大量的嵌入式组织。其中，大型组织中的嵌入式组织相对较少，但相对却更为稳定，其组织内部的分工水平也更高。

因此，本书分别从新兴技术创新网络的类别、特征，组织嵌入的构成、结构特征和共生关系等方面去进一步探究新兴技术下组织嵌入网络的一系列特征和影响，从而进一步丰富新兴技术研究和创新网络理论，对培育良好的创新网络环境、激发技术创新潜力，具有十分重要的理论和现实意义。

2.1 新兴技术创新网络

新兴技术是指在类别级别上与现有技术存在明显不同的技术或知识。新兴技术的技术范例尚不明确，技术创新的潜在途径较为多样，包括新材料的应用或新知识的重新整合等。新技术创新网络通常包含多个层级，所以由此引发的技术创新往往是多方面的。在现实生活中，新兴技术创新通常出现在跨学科技术领域。自 1990 年以来，以模块化生产为代表的先进制造业开始兴起，其内涵随着制造技术的不断进步和全球制造业的发展而不断拓展。其表现出了基于现有技术的再创新功能，这种创新具体表现在新兴技术的演化模型创新和新兴技术网络创新两个方面。

2.1.1 新兴技术创新网络类别

在物联网、大数据、区块链等新兴技术快速发展的背景下，已有越来越多的企业认识到新兴技术创新网络对于企业技术创新的重要价值。这同时也引起了学术界的关注，并成为新兴技术创新发展领域的前沿课题之一。现有研究表明，传统技术在进行创新时受特定范式影响更为显著，往往在问题取向、轨道和边界等方面受到抑制，而新兴技术创新相对受范式的约束更小，所以其往往具有以下生态特征。

（1）前景多元

与传统技术创新中明确的发展方向相比，新兴技术创新的方向性更加多元化，其中还存在的技术视野模糊的情况，即很难预测新兴技术创新的发展趋势。下一个创新将是什么？这项创新将来会造成什么样的业务变化？这是一个“难题”。

（2）进程跳转

由于新兴技术的发展历程较短，且尚处于初始阶段，所以其在发展面向上存在着多元性、波动性和非预见性等特征。这在一定程度上也使得新兴技术相较于成熟技术更易取得突破性创新。在创新途径方面，传统技术通常在遵循特定创新范式与技术轨迹的前提下进行，通常以显性知识编码和逻辑重构的方法来推进技术创新进程。由于新兴技术的知识积累水平较低，所以其不能单纯依靠上述途径实现技术创新，而需通过对知识进行进一步挖掘，在交叉学科的融合研究中实现其创新目标。

（3）离散资源

由于新兴技术本身的学科融合性较强，所以很难对其知识边界进行明晰，这种情况既存在于显性知识中也存在于隐性知识中。这也意味着新兴技术的知识分布处于离散状态，所以研发人员在进行技术创新时，需要更多地对跨行业、跨学科知识进行整合，在健全多种知识效能的前提下开展研发工作。网络组织拥有的知识通常被视为创新资源的主要形式和动力来源，这构成了技术创新的“知识基础”，其包括存储在编码中的显性知识和非编码的隐性知识。与显性知识相比，研发人员在隐性知识技术创新过程中扮演着更为关键的角色。另外，从技术创新角度来看，编码的显性知识水平可直接由企业的专利存量和专利所属的行业类别来衡量。但是，隐性知识缺乏相似的衡量标准，只能通过其载体——研究人员的特征来进行衡量。通过对新兴技术创新的特征进行梳理和总结后可以发现，知识和研究人员可以为技术创新的有序推进提供强大动力。通过比较发现，新兴技术创新对库存知识的依赖程度显著低于传统技术。

根据上述新兴技术创新的特征，可以发现新兴技术创新网络中的个体更加关注“自我”，网络合作体则关注网络的整体结构，两者之间还存在一个中间网络，可定义为局域网络。如果将这些网络结合起来并根据不同的标准进行分类，那么“新兴技术关系网络”可被分为三种类型，如图 2－1所示。

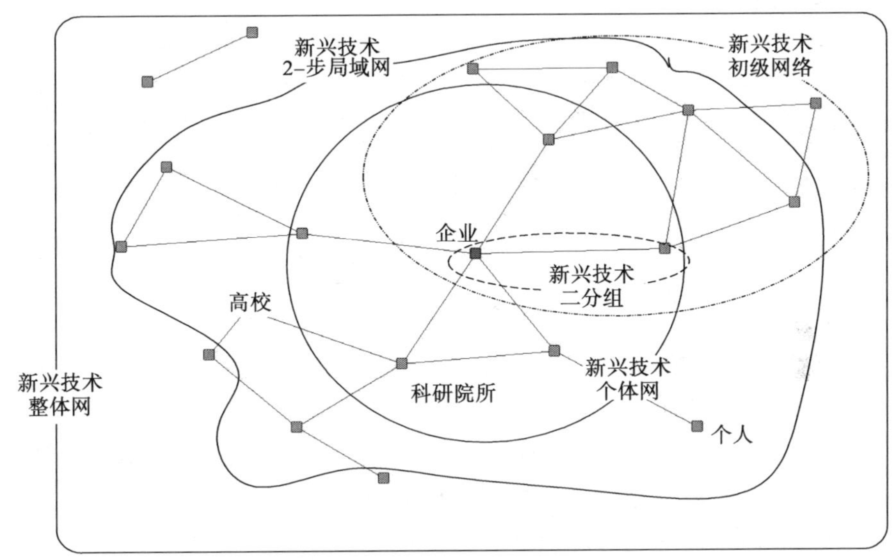

图 2－1　新兴技术创新网络分类图

（1）按照新兴技术创新网络的网络规模划分

在图 2－1 中，“新兴技术二分组”指的是由两个行动者构成的小群体。“新兴技术个体网”是指围绕一个个体的某个关系网络的成员。“新兴技术 2－步局域网”是指围绕“核心点”且距核心点的距离不超过 2 点的网络。这个概念的含义比较广泛。它可以包括到核心的距离为 2 的所有点或到核心的距离为 2 的一些点的集合。新兴技术创新网络的 3－步局域网或者 n－步局域网同理。

（2）按照新兴技术创新网络中的创新主体划分

如果按照新兴技术创新网络中的“参与者”类别进行分类，那么新兴技术创新网络也可被分为很多类型。例如，如果参与者是个人，那么相应的新兴技术创新网络就相当于许多“个人”之间的“新兴技术关系网络”；如果参与者是组织或法人，则新兴技术创新网络为“新兴技术组织网络”；如果参与者是国家、城市、乡村等，则相应的新兴技术创新网络则是“国际新兴技术创新网络”“城市新兴技术创新网络”和“乡村新兴技术创新网络”等。

（3）按照新兴技术创新网络中的主体关系划分

根据新兴技术创新网络中参与者之间关系的内涵，可将新兴技术创新网络分为多种类型。例如，就“国际关系”的具体内容而言，国际关系网络可分为“国际贸易网络”“国际科学技术网络”“国际政治关系网络”等；在“企业关系网络”方面，可分为企业之间的“营销联盟网络”“财务联盟网络”和“战略组织网络”等。另外，由多个参与者组成的网络组成多个小组，也就是“联盟网络”，也可以看成新兴技术创新网络的一种形式。

2.1.2 新兴技术创新网络特征

由于新兴技术的发展存在不确定性、复杂性和异质性，管理人员需要建设更具动态调节能力和适应能力的组织保证新兴技术的开发，以实现技术创新目标或任务，进而降低研发与管理成本。在新的组织形式下，适合新兴技术企业的组织结构与一般传统企业相比具有显著差异。

具体来说，其主要体现在以下几个方面。

（1）新兴技术创新网络功能学习

20 世纪 80 年代，壳牌企业曾对全球 500 强企业进行过一次调查，调查发现在后续的 10 年中有三分之一的企业销声匿迹。通过进一步估算发现，这些企业的平均寿命往往不超过 40 年。而导致其衰败的重要原因之一就是存在组织学习能力障碍。在瞬息万变的市场环境中，学习能力尤其是组织学习能力，是企业应对新兴技术发展中不确定性、复杂性和破坏性的基本手段。组织的学习功能正在成为企业生存和发展的重要影响因素。相比之下，新兴技术企业所面临的竞争压力远远高于传统企业。已有越来越多的新兴技术企业认识到组织学习能力之于企业发展的重要价值。新兴技术企业认为建立学习组织能有效促进企业技术水平的提升。这要求企业在建立学习组织的基础上不断优化其组织学习功能，根据明确的学习目标策划学习流程。只有这样其才能保证自身在所属行业中的相对优势，进而在竞争中保持优势地位。因此，促进组织学习功能、建立学习型组织，以组织内强大的学习能力和更新能力确保企业在竞争中的主导地位，将成为21 世纪新兴技术企业组织发展的新方向。

（2）新兴技术创新网络组织结构扁平化

新兴技术的不确定性、复杂性和颠覆性要求新兴技术企业能够对环境做出快速响应，并实现组织各个层级间更快、更顺畅的沟通。更低的信息失真、更高的组织运营效率和平坦的组织结构可以满足新兴技术企业的现实需求。扁平的组织结构缩短了决策与行动之间的时间间隔，提高了工作效率，充分发挥了研发人员的主动性和创造力，同时还在一定程度上提升了组织的自主性与灵活性。在新兴技术领域，扁平化组织结构与新兴技术企业具有较高的契合性，这主要是由于其与互联网信息技术发展的共生关系所促成的。其首先在互联网信息企业中被广泛应用，现在又被广泛地应用于其他新兴技术企业。这在一定程度上使得信息的上传和分发更加快捷方便，在某些层面取代了传统企业中层管理者的部分职能，可以使组织更高效地运行。

（3）新兴技术创新网络组织边界模糊化

任何企业的资源都是有限的，因此需要企业在合理利用这些资源的同时寻求外部资源支持。随着计算机网络技术的不断发展，每个企业都需要最大限度地共享其他企业的资源，同时充分发挥自身优势，提高组织的开放性。在新兴技术领域组织边界的模糊化更加突出，面对新兴技术的不确定性、复杂性和破坏性等特征，企业必须不断优化自身资源的使用方式，同时还需进一步分配风险并尽可能地避免不确定性。在这种环境下，新兴技术企业的组织结构必须从传统的封闭型转变为开放型。为了响应这种需求，出现了各种新的组织形式，如网络组织和虚拟组织。这些新的组织形式赋予企业更加灵活的边界，不仅能使企业更加充分有效地利用各种外部资源节省运营成本，而且还可以更好地监控环境变化并提供更多选择，从而为用户提供高质量服务。

（4）新兴技术创新网络组织联盟战略化

企业战略联盟已在许多行业和企业中广泛存在，在新兴技术企业中，它们的应用范围更广、影响更大，也更有效。如何将自身发展嵌入其所属行业联盟已成为很多新兴技术企业的发展选择，这一比例远远高于传统行业。在1980—1989年这10年中，仅生物技术和新材料行业就建立了1277个战略联盟，而同期传统行业只有99个战略联盟。随着新兴技术产业发展速度的显著提升，战略联盟数量也快速增长。在此过程中，尽管有些企业并非主动参与其中，但面对其发展的现实要求和技术需要，在某种程度上也必须将自身纳入联盟战略框架下，因为这可以帮其降低因技术不确定性等因素造成的非预期风险。因此，与其他合作伙伴结成联盟以共享资源和信息已经成为企业应对技术不确定性、复杂性和破坏性特征时，获得必要的资源和知识的重要途径。它不仅是合作组织形式，而且也是新兴技术企业广泛采用的技术创新策略。

（5）新兴技术创新网络的环境复杂性

不可否认的是在组织内外，网络都面临着复杂的环境，环境因素会对企业创新活动的开展造成重要影响。在组织内部，其需要根据个体企业的价值设定和需求来对自身发展目标和途径进行调整。在组织外部，还需应对当前不确定性的全球化趋势以及技术整合所带来的外部挑战。而只有不断优化网络内部结构，协调好网络内部各节点间的关系才能确保其在双重不确定的内外环境中实现自身的可持续发展。

与此同时，新兴技术创新网络必须在与环境的互动中响应环境变化。不断调整自身内部结构，使其更加符合经济效益原则。并在内外环境快速变化的过程中，通过自我重组来提升自身对内外需求的契合能力。由于分层组织在节点间具有严格但数量较少的连接，对于内外环境而言，它的反应非常迅速，但是缺乏对多样性环境因素的应变能力。新兴的技术创新网络是一种组织模型，可对任务和环境作出灵活性和适应性反馈。新兴技术创新网络环境的复杂性为新兴技术创新网络的发展提出了更高的要求。新兴技术创新网络与环境互动能够从环境中学习并匹配环境，以促进自身的发展。

2.2 组织嵌入的构成

2.2.1　组织嵌入的内涵

关于组织嵌入概念有很多解释，在实践中也具有较为丰富的形式。新兴技术创新网络下的组织嵌入应该是通用且具有前瞻性的概念，所以应从组织嵌入的特定形式中提取其本质特征，进而对其概念进行描述。

组织嵌入是由活动节点网络形成的有机组织系统。信息流驱动组织的嵌入式运营、组织嵌入协议确保了新兴技术创新网络的正常运行。新兴技术创新网络通过重组来适应外部环境，并通过组织嵌入式成员的协作和创新来实现新兴技术创新网络的目标。通过对上述情况进行分析，组织嵌入可以被理解为具有决策能力的活动节点及节点间互动纽带共同组成的系统结构网络。节点间可以通过信息资源流通为自身功能发挥提供支持。组织嵌入具有节点活动自主性和决策系统性两个基本特征。其中，节点处理信息的能力及其对新兴技术创新网络的贡献决定了节点在组织嵌入中的地位，同时也是技术授权的重要依据。在运行过程中，新兴技术组织网络可以围绕特定目标促进节点间信息的实时共享与沟通。在信息传递方面，新兴技术创新网络组织可在不同级别和功能的节点间不受阻碍地进行信息通信，并能以信息流驱动组织运作。在资源整合方面，组织嵌入不仅能够对实体资源进行整合，还能通过网络核心能力建设挖掘组织内部成员的潜在能力进而促进网络虚拟资源的整合。这里的组织嵌入是指在依据社会网络分析软件中的派系划分法所确定的合作较为密切的凝聚子群。

2.2.2　组织嵌入的构成要素

新兴技术创新网络组织嵌入的构成要素是新兴技术创新网络的节点及节点之间的连接。其既反映了每个节点内的运行机制，也反映了整个新兴技术创新网络的运行、管理和创新机制。值得注意的是，组织嵌入在法律上不一定为独立实体，也有可能是针对特定目标而形成的临时性组织。节点的增减将根据组织的嵌入过程、目标完成状态或项目进度发生调整。组织嵌入可以根据组织目标形成节点，组织嵌入的核心功能、互补优势和节点的集成确定了具有特定领域并专注于特定目标的组织的嵌入式超级功能。而超越节点、时间和空间及核心功能是其作为超级组织模型组织嵌入的特征，也是组织嵌入对环境适应性的保证。

本书所选取的初始研究对象包含高校、企业、科研机构等，由这些成员共同构成了组织嵌入中的各个不同的节点，这些不同的节点会在组织嵌入中承担不同的角色，部分企业会成为资金支持者，而高校科研机构更多是承担科研角色，因此，任何一个组织嵌入并不是单一的某种类型组织嵌入，而是交汇着不同作用的成员个体共同形成的创新网络。

2.2.3 组织嵌入的维度

本书从下面三个维度考察嵌入组织，这三个维度也恰恰体现了组织嵌入的位置嵌入性、可达性和中介性。

1. 建立在互惠性基础上的嵌入组织

社交网络学者主要对小型面对面群体中的积极关系（如朋友关系、喜欢的关系等）进行组织嵌入分析，目的是找到可以“分配”的嵌入式组织。实际上早期社交网络学者已经在研究中提到了“派系”思想。霍桑的实验中涉及的“非正式团体”可以视为派系之一。一般而言，对于二进制有向关系网络，“派系”通常是指这样的子网，即其成员间的关系对等、不能添加成员，否则就将改变其性质。“派系”是最基本的组织嵌入概念。对于二元无向关系来说，利用图论语言可以给派系作出如下定义：新兴技术创新网络中的“派系”是“最大的完全子图”，也就是说，在该点集中，任何一对点之间都有一条直接连接的线，并且该派系不能包含在任何其他派系中。不同规模的组织嵌入派系如图 2-2 所示。

新兴技术创新网络派系拥有的性质如下：组织嵌入派系的密度为 1；一个包含 n 个点的组织嵌入派系中任何一个成员都与其他 $n-1$ 个成员相连；新兴技术创新网络派系中任何两点之间的距离都是 1；组内关系与组内外关系的比例达到最大值；新兴技术创新网络派系中的所有组合都是传递性三方组。如果可以通过某种方式连接任意两个点，则这种点簇称为

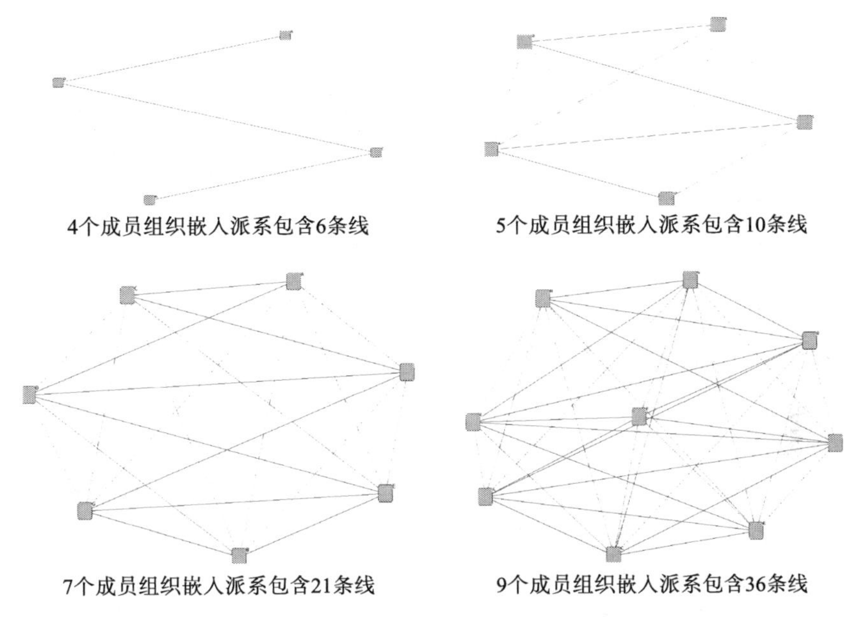

图 2－2　不同规模的组织嵌入派系图示

“组件（component）”。在新兴的技术创新网络组件中，“派系”和“组件”的内涵是不同的。“派系”的概念比“组件”更严格。“组件”中的所有创新人员都不必相邻，但“派系”中的点必须全部相邻。

2. 建立在可达性和直径基础上的组织嵌入

彼此间不是非常紧密的小组也可以称为“组织嵌入”。这样一个组织的成员必须彼此相邻。当然，它们之间的距离一般也不会太远。这时建立在可达性（reach ability）基础上的两个组织嵌入概念，即 n －派系组织嵌入网络和 n －宗派组织嵌入网络。对于一个无向二值关系组织嵌入网络而言，若其下子网络能达成下列条件，则可将其命名为 n －派系组织嵌入网络：在该网络中，任何两节点间在整个关系网络中的距离最大值不超过 n。从表现形式方面看，若令 d（i, j）代表两点 n_i、n_j 在合作创新网络的距离，那么，一个 n－派系的形式化定义就是一个满足如下条件的拥有 N_s 的子图，即：$d(i, j) \leq n$，对于 n_i，$n_j \in N_s$，且子图中任意两点间的可达距离均不超过 n。如图 2－3 所示的规模为 4 的组织嵌入 n－派系。

图 2－3　规模为 4 的组织嵌入 *n*－派系

3. 建立在点度数基础上的组织嵌入

一个 k－丛新兴技术创新网络是满足下列条件的一个组织嵌入，即：在这样的一个嵌入组织中，每个点都至少与除了 k 点之外的其他点直接相连（邻接）(adjacent)。也就是说，如果一个新兴技术创新网络组织的规模为 n，那么只有当组织嵌入中的任何点的度数都不小于（$n-k$）这个值的时候，称之为 k－丛。如果 $k=1$，根据定义，1－丛组织嵌入中的每一个成员都与其他 $n-1$ 个点相连，那么，一个 1－丛组织嵌入等于 1－派系组织嵌入，也当然是一个派系，是一个最大的完全子图。当 $k=2$ 的时候，其中，所有 2－派组织嵌入至少与 $n-2$ 个其他点相连。如图 2－4 所示，图（a）是一个 3－派系组织嵌入，因为所有个体之间的距离都不大于 3。然而，它却不是一个 3－丛组织嵌入，因为与点 A、C、E、F 相连的成员的数目都少于 3；图（b）则既是一个 3－派系，也是一个 3－丛技术创新网络组织嵌入。

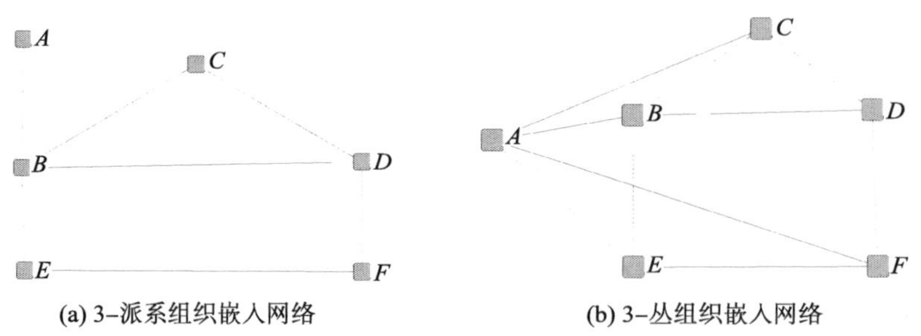

图 2－4　组织嵌入 3－派系与 3－丛

2.3
组织嵌入网络的结构特征

1. 资源禀赋（natural resources）

资源可以细分为焦点成员与合作伙伴投入的共享资源以及各自拥有的非共享资源。专注创新的个人可以直接使用投资组合中的共享资源来创造价值，也可以使用非共享资源来创造价值。但在资源整合中，资源禀赋更强调组织嵌入式网络中核心成员可支配的资源量。

2. 伙伴多样性（partner diversity）

核心成员合作伙伴在功能、行业、系统属性、技术、治理结构、地理和组织特征方面的个体特征的差异，是由不同类型、行业、系统和地区的网络节点提供的。由于合作伙伴具有多样性，所以其更加关注可供组织成员所支配资源的性质。组织成员可根据其职能划分为供应商、客户、竞争对手和政府，核心成员的机构属性可以是国有企业、私营企业、外资企业或集体企业。

3. 规模（size）

直接连接到一个点的点数的总和是该点的度数，该度数是对该点邻域尺度的直接度量。度数越高，则该点的网络尺度越大。网络的规模通常代表组织网络中嵌入的大量资源。

4. 密度（density）

网络密度是指连接数与图中实际点的比率。网络密度反映了嵌入式组织中各个伙伴节点间的整体关联度和凝聚力。网络密度通常可以用来确定嵌入式组织网络的紧密程度。

5. 网络中心度（network centrality）

网络中心度可以衡量网络中节点的集中趋势。它可以反映出网络中心的重要性、优越性、社会声誉、组织中嵌入的各个节点的吸引力、合作创新的表现，以及获得和控制资源的能力。

6. 结构洞（structural hole）

指两个关系主体间的非重复关系。如果两者之间没有直接连接，则可以使用第三方建立连接，而采取行动的第三方将在关系网络中占据结构性漏洞。结构洞中的主体将获得非冗余资源并加强对这些资源的控制，从而在竞争中保持优势。嵌入式组织是与核心成员直接联系的嵌入式组织网络。因此，核心成员应该是占据最大结构洞的网络节点。这种位置优势赋予了核心成员计划、控制和使用嵌入式组织的能力，同时也能使合作创新网络在充分发挥信息和资源作用的过程中实现自身创新能力的提升。

7. 强连接（strong tie）与弱连接（weak tie）

强连接和弱连接的概念来自 Granovetter（1987）的开创性研究。他通过“在连接上时间消耗、情感投入的程度、亲密程度（信任）和对等服务的程度”来定义链接的强弱程度。具体而言，牢固的联系是指行为者之间长期、频繁和紧密地互动而形成的联系，包括高度的信任、成员互惠和社会资本共享等，其存在可以促进核心成员与合作伙伴间复杂而隐性的知识交流；薄弱的联系是指参与者间的短期、罕见和深入联系，可帮助核心成员联系陌生和新颖的知识领域，从而提高创新绩效。

8. 潜在连接和隐式连接

潜在连接是核心成员在扩大网络合作伙伴关系，并进一步建立正式组织关系时确定的连接；隐式连接是由核心成员建立但暂时不活动的嵌入式组织，随着内部和外部环境的变化，合作伙伴将重新开放频繁且密集的互动。

2.4
组织嵌入网络的共生关系

新兴技术创新网络下多元主体通过分工协作形成以用户需求引导的数据流通、服务交换和资源整合的共生纽带，一同参与系统服务创新与价值创造的全过程，为价值创造主体提供共生能量，满足服务生态场景下多元用户需求。

2.4.1　共生元素构成

新兴技术创新网络合作伙伴专注价值活动，逐渐形成自身的核心优势，伴随系统成熟集聚形成自主角色分化。识别与划分价值共创主体是协调参与者交互关系的基础。显然，主体间由竞争优势逻辑向共生共创的逻辑关系转变，源于产品主导逻辑下群体分类很难体现生态系统内利益相关者角色的动态性，且价值共创主体间易形成松散的时空耦合结构，模糊了系统内供应商、生产者与顾客间的界限。基于此，这里将新兴技术创新网络内的主体划分为服务提供单元、服务整合单元、服务促进单元和服务接收单元，它们与共生环境、共生界面等交互影响，如图 2 – 5 所示。各共生单元围绕核心价值在交互界面上进行业务往来与服务交换，伴随着数字化赋能的共生能量在合作体间流转，不仅共生主体间出现频繁的业务交互与优势互补，共生系统与环境间的要素交互也处于动态平衡状态，激发主体与环境在有限的时间与空间相互作用，进而催生高阶态新兴技术创新网络形成。

1. 共生单元

共生单元是在共生行动中基本的能量供给、交换和接收单元。其中，服务提供单元是产品生产与使用性能上服务价值凝聚的企业或组织，其作用在于提供基础性产品和服务。服务整合单元是具有较强服务连接能力的知识密集型或技术密集型的单元个体，其作用在于弥补知识缺口或开放市

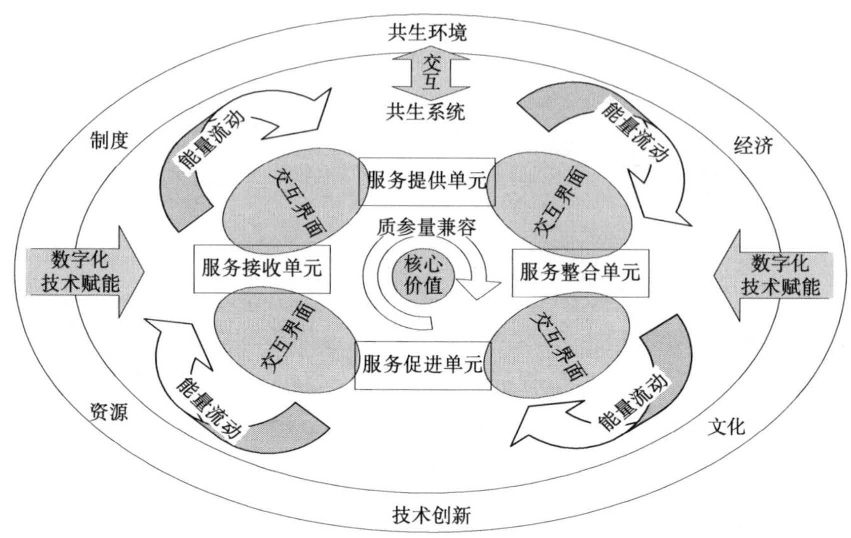

图 2－5 新兴技术创新网络共生要素分析框架

场窗口。服务促进单元是在新兴技术创新网络中提供优惠政策或资金支撑的政府或金融机构，是系统价值创造的关键支撑。而服务接收单元则指新兴技术创新网络中的终端用户群体，是价值转换的最终流向。共生单元之间的内在联系可以表达为共生物质和能量。由于数据在新兴技术创新网络业务交互过程中多向生产、流动、存储和转化，其流转方向代表着核心共生能量于系统内的流动趋势。

2. 共生环境

共生环境指共生单元在价值共创过程中外部条件集合，主要包括制度环境、技术环境和经济环境等。在制度环境方面，一系列政策指向推动技术创新向数字化、服务化方向转型，为构建互惠共生新兴技术创新网络提供战略方向。在技术环境方面，互联网、大数据、云计算等数字化技术的快速发展，拓展了新兴技术创新网络业务类型、交互渠道和服务架构。在经济环境方面，在数字赋能下新兴技术创新网络发展的核心在于多样动态需求的满足，科技进步促使经济数据成为企业间竞争的新战略资源，助力新兴技术创新网络共生演进速度。

共生交互界面是共生单元进行资源交互、业务往来的甬道，为共生关系的形成与发展提供基础的核心要素，由新兴技术创新网络中服务平台、可视化 UI 界面、API 接口、技术兼容标准等部分构成。

3. 共生关系

共生关系指共生单元相互作用方式或结合方式。从新兴技术创新网络主体关系行为角度，结合数字化赋能共生演化特点，可将共生关系划分为独立共存关系、寄生共生关系、偏利共生关系、竞争共生关系和互惠共生关系五种类别。在独立共存关系中，共生单元相互独立，共生主体只进行基本的业务往来，不生成共生能量。在寄生共生关系中，数据价值与能量单方向由低能量型流向高能量型，共生单元依存式生存，且共生价值非自发形成。在偏利共生关系中，各共生单元合力投入人力、物力、财力等资源，共生能量或利益易倾向流入某一合作单元内，而其他共生体所得相对价值被削减，价值共毁状况较少出现。在竞争共生关系中，各共生单元存在数据资源存量同数字技术成本投入在核心价值界定之争，彼此间存在抑制性行为，故易形成竞争共存态。互惠共生关系含有对称性与非对称性互惠共生，各共生主体间以双方共同利益为目标进行资源整合与服务交换，互惠对称程度与利益分配效率呈现正相关。

4. 三要素之间的互动

系统演化不仅受共生要素的影响，价值因素同样会改变系统共生演化的最终形态。数字化赋能新兴技术创新网络体现在共生单元赋能、共生界面赋能和共生关系赋能。共生单元赋能强调的是组织权力下放与外部用户权利提升双重赋能，如海尔集团“人单合一”的经营管理模式通过构建面向用户的开放性平台赋能价值共创的全过程。共生界面赋能将数据平台、业务平台和技术平台视为共生能量流动的载体、延伸共生群体能量流动的带宽。共生关系赋能经由数字化技术降低跨界搜索成本，拓宽单元共生的交互渠道，扩展主体交互的服务类型。各种平台交叉联动扩充共生能量在空间的流动范围，提升共生成果的转化绩效，如图 2 –6 所示。

新兴技术创新网络中因共生单元吸收消化能力的不同，会产生不同的价值创造结果，即价值共创和价值共毁/减少，且价值活动导向推动主体间共生关系的形成。当赋能不当或基础设施不匹配、数字化技术衔接成本过高、单元之间不能有效地消化吸收先进知识与技术时，价值创造活动中会出现价值共毁/减少的状态。价值共毁将导致新兴技术创新网络直接进

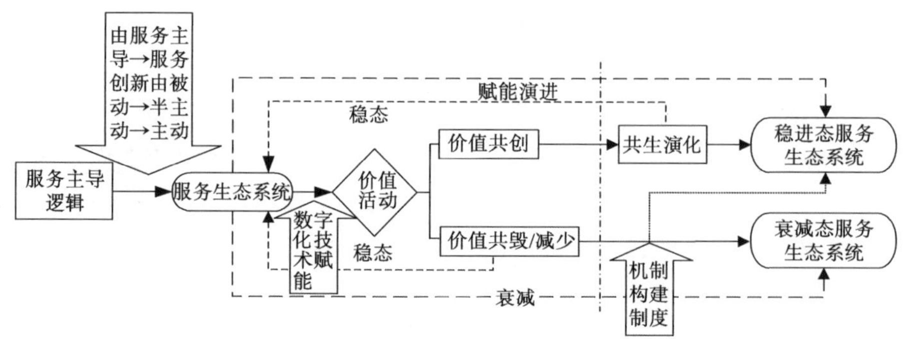

图 2-6 新兴技术创新网络共生演进逻辑分析框架

入衰减状态，价值减少则导致新兴技术创新网络维持稳态或进入衰退状态。此时，内部学习机制、消化吸收机制、敏捷响应机制可以调控新兴技术创新网络演化方向。内部学习机制是共生单元为提升自身接纳新事物、应对突发危险的能力，不断理解、采纳新知识和新技术。多轮交互后，在共生单元之间形成更高阶连接形态的耦合结构体。消化吸收机制是新兴技术创新网络吸纳更多外部组织嵌入或技术嵌入，实现外部资源的内部融合。它可以强化共生单元之间的关系结构，且与内部学习机制形成的循环迭代触发敏捷响应机制。三种机制是新兴技术创新网络共生单元、共生环境和共生关系互动的原动力，引导价值共毁/减少状态向价值共创的结果演进，进而推动高阶演化态新兴技术创新网络的形成。

2.4.2 共生模式划分

新兴技术创新网络具有动态性、复杂性、自组织性和适应性等特性，数字化赋能创新系统共生的过程与自然生态系统中种群演进相似，这里借鉴生态学研究方法采用 Lotka - Volterra 模型模拟共生单元的关系演化。Lotka - Volterra 模型是 Logistic 模型的衍生，最初用来模拟生态系统中种群间的捕食与被捕食关系，后被拓展至各种领域，用以描述主体之间或主体与环境之间的竞合或共生。

1. 基本假设

假设 1 经济学领域内对于种群密度的解释可表述为参与者的某种表现型特征。服务生态系统中共生能量流动受数据生成、传递、存储和转化方向的引导。在数字化赋能下，系统主体价值共创的过程主要表现在共生单元间数据价值创造的过程，数据渗透于主体资源整合、服务交换的各个环节。选取数字价值增加所得额 x_i 作为价值创造主体 i 的种群密度，x_i 是按照价值共创主体在共生过程中对数字价值挖掘的贡献度而分配到的利益，包括用户需求、数字化技术、平台构建水平、数字化基础设施建设等各种外生性影响因素对于价值共创者增加数据价值所产生的影响。由于市场技术经济发展的约束和社会有限资源的制约，价值共创主体间对数据价值的挖掘是有限的，即 x_i 是有限的。

假设 2　价值共创主体的策略空间是固有不改变的，即在新兴技术创新网络中不存在新的发展策略，故可用 $x_i = x_i f_i(v,x)$ 表示。其中，v 表示种群策略，代表价值共创主体 i 的某种特性或相应的制度变化；$f_i(v,x)$ 表示物种 i 的适应度，代表其密度在一段时间内的平均变化。则新兴技术创新网络以数据价值挖掘为核心的多主体共生演化的动态模型如公式（2－1）所示。

$$\begin{cases} x_1 = x_1 f_1(v,x) = r_1 x_1\left(1 - \dfrac{x_1}{K_1} + \displaystyle\sum_{j=2}^{n} \dfrac{\alpha_{1j}x_j}{K_1}\right) \\ x_2 = x_2 f_2(v,x) = r_2 x_2\left(1 - \dfrac{x_2}{K_2} + \displaystyle\sum_{j=2}^{n} \dfrac{\alpha_{2j}x_j}{K_2}\right) \quad (i,j = 1,2,3,\cdots,n) \\ \cdots\cdots \\ x_i = x_i f_i(v,x) = r_i x_i\left(1 - \dfrac{x_i}{K_i} + \displaystyle\sum_{j=1,j\neq i}^{n} \dfrac{\alpha_{ij}x_j}{K_i}\right) \end{cases} \tag{2-1}$$

其中，r_i 表示价值共创主体 i 的内生增长率；K_i 表示主体 i 所处环境的资源最大承载量，即最大的数据价值所得收益额；α_{ij} 表示主体间的共生系数，若 $\alpha_{ij} > 0$，代表价值共创主体 j 对 i 的促进作用；若 $\alpha_{ij} = 0$，表示价值共创主体 j 对 i 无影响；若 $\alpha_{ij} < 0$，表示价值共创主体 j 对 i 的阻碍作用。

假设 3　忽略新兴技术创新网络内价值共创主体在数据价值挖掘过程中不存在时滞因素，即数据价值创造产生的作用是瞬时的，没有时延。

2. 共生演化模型构建

价值共创的核心在于数据价值的挖掘，而数据的产生、流动、存储和转化发生在服务提供、整合单元和接收单元之中。可见，将数据价值挖掘的核心驱动单元作为系统共生演化的研究主体具有可行性与合理性。设定 $r_1(t)$、$r_2(t)$ 和 $r_3(t)$ 分别是服务提供单元、服务整合单元和服务接收单元的内生增长率，表示共生单元发展速度；$x_1(t)$、$x_2(t)$ 和 $x_3(t)$ 分别是服务提供、整合单元和接收单元在单位时间内数据价值挖掘过程中所获得的效益；α_{ij} 是价值共创主体 j 对 i 效益增长的影响系数；K_1、K_2 和 K_3 分别是服务提供、整合单元和接收单元在特定环境下的数据价值挖掘的最大收益值。三者构建多共生体间的生态关系模型，如公式（2－2）所示。

$$\begin{cases} \dfrac{dx_1(t)}{dt} = r_1(t)x_1(t)\left[1 - \dfrac{x_1(t)}{K_1} + \alpha_{12}\dfrac{x_2(t_1)}{K_2} + \alpha_{13}\dfrac{x_3(t)}{K_3}\right] \\ \dfrac{dx_2(t)}{dt} = r_2(t)x_2(t)\left[1 + \alpha_{21}\dfrac{x_1(t)}{K_1} - \dfrac{x_2(t)}{K_2} + \alpha_{23}\dfrac{x_3(t)}{K_3}\right] \\ \dfrac{dx_3(t)}{dt} = r_3(t)x_3(t)\left[1 + \alpha_{31}\dfrac{x_1(t)}{K_1} + \alpha_{32}\dfrac{x_2(t)}{K_2} - \dfrac{x_3(t)}{K_3}\right] \\ x_1(0) = x_{10}, x_2(0) = x_{20}, x_3(0) = x_{30} \end{cases} \tag{2-2}$$

3. 新兴技术创新网络共生模式类型与适用范围

服务提供、整合单元和接收单元的关系模式取决于共生作用系数的范围，具体共生模式如表2－1所示。

表2－1　依据共生系数划分共生模式类型

系数取值	共生模型	解释说明
$\alpha_{12}=0$，$\alpha_{13}=0$，$\alpha_{21}=0$ $\alpha_{23}=0$，$\alpha_{31}=0$，$\alpha_{32}=0$	相互独立	两类种群之间互不影响，各自独立发展
$\alpha_{12}>0$，$\alpha_{13}>0$，$\alpha_{21}>0$ $\alpha_{23}>0$，$\alpha_{31}>0$，$\alpha_{32}>0$	互惠共生	共生单元间互利共赢，当共生系数相同时，为对称性互惠共生；当共生系数不相等时，为非对称性互惠共生；且共生单元的价值都会增长
$\alpha_{12}\alpha_{21}<0$，$\alpha_{13}\alpha_{31}<0$，$\alpha_{23}\alpha_{32}<0$	寄生共生	共生体一方收益（共生系数为正），另一方则受到抑制（共生系数为负）；存在一方价值增加，一方价值下降
$\alpha_{12}=0$，$\alpha_{21}>0$ 或 $\alpha_{12}>0$，$\alpha_{21}=0$ $\alpha_{13}=0$，$\alpha_{31}>0$ 或 $\alpha_{13}>0$，$\alpha_{31}=0$ $\alpha_{23}=0$，$\alpha_{32}>0$ 或 $\alpha_{23}>0$，$\alpha_{32}=0$	偏利共生	共生体一方受益（共生系数为正），价值将会增加；另一方无影响（共生系数为零），所获得价值不变
$\alpha_{12}<0$，$\alpha_{13}<0$，$\alpha_{21}<0$ $\alpha_{23}<0$，$\alpha_{31}<0$，$\alpha_{32}<0$	竞争共生	两共生体之间相互竞争，当共生系数相同时为公平性竞争；当共生系数不同时为恶性竞争

为了探讨新兴技术创新网络中服务提供、整合单元和接收单元间共生演化结果，令方程组（2－1）为0，推导得到方程组（2－3）。

$$\begin{cases} r_1(t)x_1(t)\left[1-\dfrac{x_1(t)}{K_1}+\alpha_{12}\dfrac{x_2(t_1)}{K_2}+\alpha_{13}\dfrac{x_3(t)}{K_3}\right]=0 \\ r_2(t)x_2(t)\left[1+\alpha_{21}\dfrac{x_1(t)}{K_1}-\dfrac{x_2(t)}{K_2}+\alpha_{23}\dfrac{x_3(t)}{K_3}\right]=0 \\ r_3(t)x_3(t)\left[1+\alpha_{31}\dfrac{x_1(t)}{K_1}+\alpha_{32}\dfrac{x_2(t)}{K_2}-\dfrac{x_3(t)}{K_3}\right]=0 \end{cases} \tag{2-3}$$

对微分方程组（2－3）求解，得到新兴技术创新网络共生演化的8个均衡点，分别为$P_1(0,0,0)$、$P_2(K_1,0,0)$、$P_3(0,K_2,0)$、$P_4(0,0,K_3)$、$P_5\left(\dfrac{K_1(a_{12}+1)}{1-a_{12}a_{21}},\dfrac{K_2(a_{21}+1)}{1-a_{12}a_{21}},0\right)$、$P_6\left(\dfrac{K_1(a_{13}+1)}{1-a_{13}a_{31}},0,\dfrac{K_3(a_{31}+1)}{1-a_{13}a_{31}}\right)$、$P_8\left(\dfrac{K_1(a_{12}+a_{13}+a_{12}a_{23}+a_{13}a_{32}-a_{23}a_{32}+1)}{(1-a_{12}a_{21}-a_{13}a_{31}-a_{23}a_{32}-a_{12}a_{23}a_{31}-a_{13}a_{21}a_{32})},\dfrac{K_2(a_{21}+a_{23}+a_{13}a_{21}+a_{23}a_{31}-a_{13}a_{31}+1)}{(1-a_{12}a_{21}-a_{13}a_{31}-a_{23}a_{32}-a_{12}a_{23}a_{31}-a_{13}a_{21}a_{32})},\dfrac{K_3(a_{31}+a_{32}+a_{12}a_{31}+a_{21}a_{32}-a_{12}a_{21}+1)}{(1-a_{12}a_{21}-a_{13}a_{31}-a_{23}a_{32}-a_{12}a_{23}a_{31}-a_{13}a_{21}a_{32})}\right)$、$P_7\left(0,\dfrac{K_2(a_{23}+1)}{1-a_{23}a_{32}},\dfrac{K_3(a_{32}+1)}{1-a_{23}a_{32}}\right)$。并求得新兴技术创新网络雅克比矩阵如下。

$$\boldsymbol{J}=\begin{bmatrix} r_1\left(\dfrac{x_2a_{12}}{K_2}-\dfrac{2x_1}{K_1}+\dfrac{x_3a_{13}}{K_3}+1\right) & \dfrac{a_{12}r_1x_1}{K_2} & \dfrac{a_{13}r_1x_1}{K_3} \\ \dfrac{a_{21}r_2x_2}{K_1} & r_2\left(\dfrac{a_{21}x_1}{K_1}-\dfrac{2x_2}{K_2}+\dfrac{x_3a_{23}}{K_3}+1\right) & \dfrac{a_{23}r_2x_2}{K_3} \\ \dfrac{a_{31}r_3x_3}{K_1} & \dfrac{a_{32}r_3x_3}{K_2} & r_3\left(\dfrac{a_{31}x_1}{K_1}-\dfrac{2x_3}{K_3}+\dfrac{x_2a_{32}}{K_2}+1\right) \end{bmatrix} \tag{2-4}$$

对系统内8个平衡点进行局部稳定性分析，已知$r_1>0$，$r_2>0$，且$r_3>0$，依据特征值判定服务生态系统演化稳定性结果，如表2－2所示。

表 2-2 新兴技术创新网络的演化稳定性分析表

平衡点	特征值	稳定条件
$P_1(0,0,0)$	均为正值	不是均衡态
$P_2(K_1,0,0)$	均为负值	$\alpha_{21}<-1$，$\alpha_{31}<-1$
$P_3(0,K_2,0)$	均为负值	$\alpha_{12}<-1$，$\alpha_{32}<-1$
$P_4(0,0,K_3)$	均为负值	$\alpha_{13}<-1$，$\alpha_{23}<-1$
$P_5\left(\frac{K_1(a_{12}+1)}{1-a_{12}a_{21}},\frac{K_2(a_{21}+1)}{1-a_{12}a_{21}},0\right)$	有正值	不是均衡态
$P_6\left(\frac{K_1(a_{13}+1)}{1-a_{13}a_{31}},0,\frac{K_3(a_{31}+1)}{1-a_{13}a_{31}}\right)$	有正值	不是均衡态
$P_7\left(0,\frac{K_2(a_{23}+1)}{1-a_{23}a_{32}},\frac{K_3(a_{32}+1)}{1-a_{23}a_{32}}\right)$	有正值	不是均衡态
$P_8(\rho_1,\rho_2,\rho_3)$	均为负值	$\begin{cases}\frac{a_{12}+a_{13}+a_{12}a_{23}+a_{13}a_{32}-a_{23}a_{32}+1}{a_{12}a_{21}+a_{13}a_{31}+a_{23}a_{32}+a_{12}a_{23}a_{31}+a_{13}a_{21}a_{32}-1}<0\\ \frac{a_{21}+a_{23}+a_{13}a_{21}+a_{23}a_{31}-a_{13}a_{31}+1}{a_{12}a_{21}+a_{13}a_{31}+a_{23}a_{32}+a_{12}a_{23}a_{31}+a_{13}a_{21}a_{32}-1}<0\\ \frac{a_{31}+a_{32}+a_{12}a_{31}+a_{21}a_{32}-a_{12}a_{21}+1}{a_{12}a_{21}+a_{13}a_{31}+a_{23}a_{32}+a_{12}a_{23}a_{31}+a_{13}a_{21}a_{32}-1}<0\end{cases}$

注：均衡点 $P_8(\rho_1,\rho_2,\rho_3)$ 中存在 $\rho_1=\frac{K_1(a_{12}+a_{13}+a_{12}a_{23}+a_{13}a_{32}-a_{23}a_{32}+1)}{(1-a_{12}a_{21}-a_{13}a_{31}-a_{23}a_{32}-a_{12}a_{23}a_{31}-a_{13}a_{21}a_{32})}$，$\rho_2=\frac{K_2(a_{21}+a_{23}+a_{13}a_{21}+a_{23}a_{31}-a_{13}a_{31}+1)}{(1-a_{12}a_{21}-a_{13}a_{31}-a_{23}a_{32}-a_{12}a_{23}a_{31}-a_{13}a_{21}a_{32})}$，$\rho_3=\frac{K_3(a_{31}+a_{32}+a_{12}a_{31}+a_{21}a_{32}-a_{12}a_{21}+1)}{(1-a_{12}a_{21}-a_{13}a_{31}-a_{23}a_{32}-a_{12}a_{23}a_{31}-a_{13}a_{21}a_{32})}$

本书以上海大众汽车（以下简称上汽大众）新兴技术创新网络为例，2019 年年初上汽大众提出展开渠道升级与服务创新的战略布局，与高德、喜马拉雅、腾讯合作，将 4S 店升级为整合“Smart 智能体验”“Share 共享服务”及“Social 互动社群”的展厅。将用户体验从线下迁移至线上，实施建设“7S 体验终端”与“7E 智能云端”等，客户可通过线上的官方商城、官方微信、上汽大众超级 App 完成车辆配置与下订，体验实车，预约服务。此后，上汽大众通过构建企业与用户之间的数字化渠道，增强与多方企业协作，打造汽车商业服务生态系统。在整个汽车制造技术创新网络构建过程中，以上汽大众为领头者的服务提供单元，以高德、喜马拉雅、腾讯等数字化提供服务商为核心的服务整合单元，以及上汽大众 App 中所蕴藏的消费者作为服务接收单元，共同为用户提供优质的服务解决方案。通过数据收集、优选，采用 MATLAB R2016b 版本软件，对共生单元间不同的共生演化关系进行数值仿真。按照仿真参数设置的规则[116]，对算例参数进行设定：服务提供单元数据价值挖掘的最大收益 $K_1=1000$，初始值 $x_1(0)=200$；服务整合单元的最大收益值 $K_2=1000$，初始值 $x_2(0)=100$；服务接收单元最大收益值 $K_3=1000$，初始值 $x_3(0)=150$；并设定迭代次数为 1000 次。由于新兴技术创新网络中服务提供单元、整合单元、服务促进单元和服务接收单元的行业属性不同。服务提供单元包括资产提供商、车辆和车队提供商、汽车出行服务提供商与全面出行提供商等，它是创新网络中，为用户提供服务解决方案中所需基础硬件设施的企业群体，设定服务提供单元的平均增长速度 $r_1=0.078$；服务整合单元意指网约车加盟平台、出行服务平台、数字化服务平台等，是拥有对大数据分析处理技术和软件设施的平台或企业，设定服务整合单元的平均增长速度 $r_2=0.055$；服务接收单元是创新网络中的终端消费者群体，包括异质性需求的用户或参与到企业生产、制造中的领先用户群体，设定服务整合单元的平均增长速度 $r_3=0.063$。

需要强调的是，由于生态系统自我调节的能力有限，在生态体系内可能形成以某一共生单元为利益核心的战略性措施。各主体在共生系统内遵循质参量兼容与共生能量生成原理，共生模式即共生系统中各主体内在关联的过程，也是共生系统内共生能量形成的过程。

（1）独立共存模式

在上汽大众新兴技术创新网络中，服务提供、整合单元充分发挥自身的独特优势与影响力，展现对接收单元需求与偏好数据的分析能力。例如，服务提供单元面向出行数据与车辆等数据的收集能力，服务整合单元面向手机数据与互联网等数据的综合转化能力。当汽车新兴技术创新网络内各共生单元之间没有共生能量生成与流动时，结合参数设置的标准惯例，将三类共生单元的共生系数均设置为 0。此时，主体之间各自独立运行且互不干扰，当增长至最大生物量后保持稳定，且增长速度由内生增长率决定，仿真结果如图 2－7 所示。

（2）竞争共生模式

在新兴技术创新网络资源整合与服务交换的过程中，合作冲突将对共生关系产生不同程度的阻碍。依据参数设置的标准惯例，在其他参数保持不变的情况下，设定 $\alpha_{12}=-0.45$，$\alpha_{13}=-0.35$，$\alpha_{21}=-0.35$，$\alpha_{23}=-0.25$，$\alpha_{31}=-0.25$，$\alpha_{32}=-0.15$。此时，三种共生单元彼此间存在相对

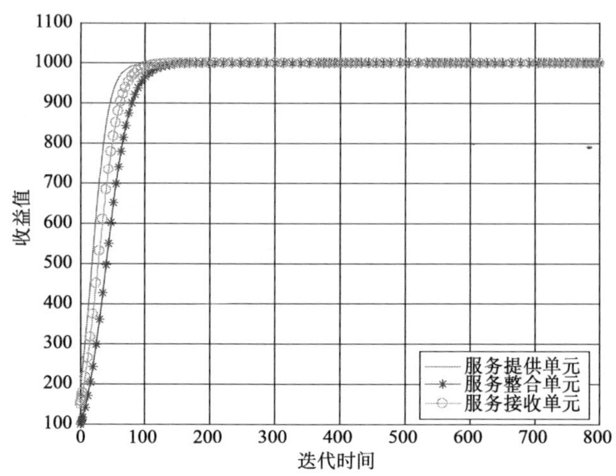

图 2-7 独立共存模式

较弱的阻滞关系，但共生态不会破裂，即竞争共生状态。在竞争共生模式下，各主体的数据价值产出均有所降低，且服务提供单元对于竞争的敏感系数相对较高，服务整合单元相对次之，服务接收单元对于竞争因素的敏感度最低。故处于竞争共生模式下，不利于服务提供单元对于数据价值的挖掘，会降低其利益。这种模式一般出现在宏观环境的开放度低、数字化技术不发达的时期，多为新兴技术创新网络构建的前期状态。仿真结果如图 2-8 所示。

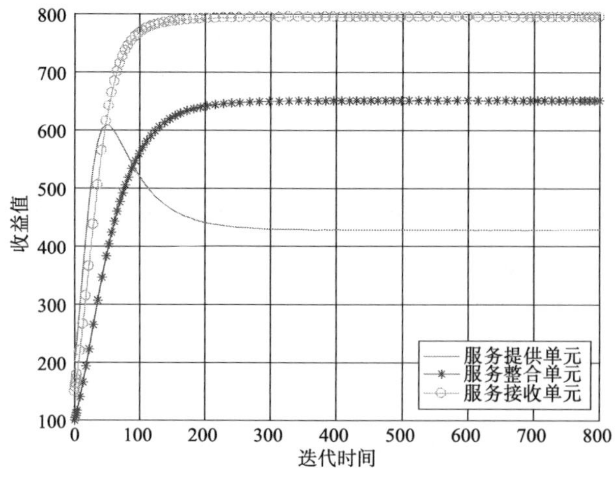

图 2-8 竞争共生模式

(3) 互惠共生模式

依据参数设置的标准惯例，在保持其他参数不变的情况下，设定 $\alpha_{12}=0.45$，$\alpha_{13}=0.35$，$\alpha_{21}=0.35$，$\alpha_{23}=0.25$，$\alpha_{31}=0.25$，$\alpha_{32}=0.15$。此时，主体间的数据价值产出皆高于独立共存下的稳定值，且服务提供单元数据价值产出的增加幅度最大。各主体彼此间有促进价值提升的作用，且形成良好的资源协调、业务合作的关系，即非对称性互惠共生，如图 2-9所示。同理，在保证其他参数不变时，令 $\alpha_{12}=\alpha_{21}=\alpha_{13}=\alpha_{31}=\alpha_{23}=\alpha_{32}=0.45$，此时的均衡状态称为对称性互惠共生模式，如图 2-10 所示。此时，共生单元之间的关系呈现高度协调一体化，各主体分摊数据红利的状态达到最高级别，形成了最佳的资源配置与互利共赢的局面。

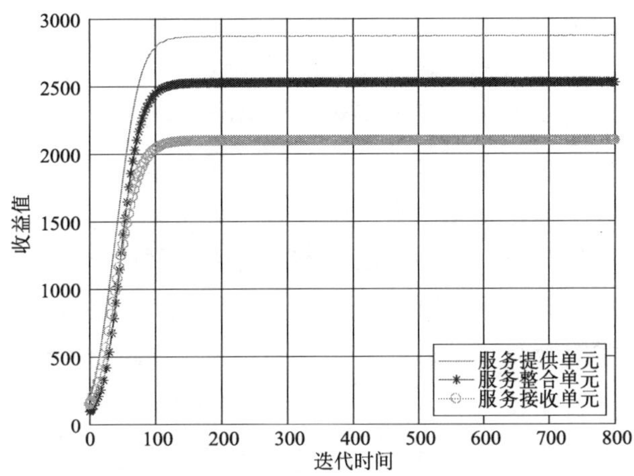

图 2-9　非对称性互惠共生模式

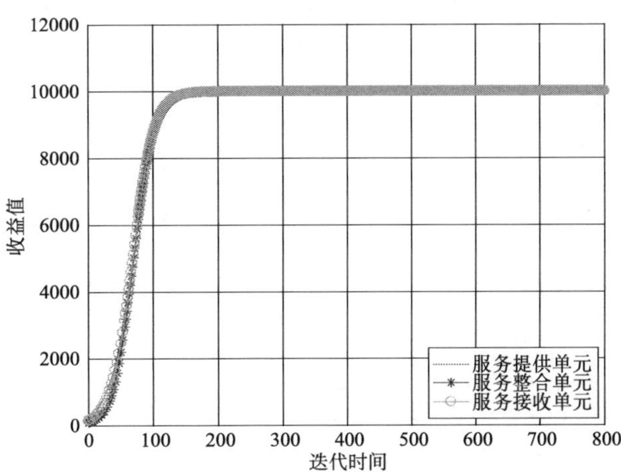

图 2-10　对称性互惠共生模式

2.5 本章小结

首先，本书通过对新兴技术创新网络及其组织嵌入内涵进行界定，从而引出了新兴技术创新网络结构的基本特征。通过对新兴技术创新网络的类别和特征进行了描述，发现新兴技术创新网络可以按不同标准划分成多种类型，且具有功能学习、网络结构扁平化、边界模糊化等特征。

其次，将新兴技术创新网络下的组织嵌入定义为：由子网络内部创新主体间的方式和关联强度构成的一种具有小世界性和复杂性的关系网络，其是在组织嵌入内部创新主体合作过程中形成的，是创新网络中创新主体合作关系的集合，在创新主体类别中占据一定比例。即在组织嵌入的内涵的基础上，分别从组织嵌入的维度、构成要素和网络结构特征对组织嵌入作进一步详细阐述，之后在创新个体间的互惠性、可达性、路径距离和点度数的基础上，对新兴技术创新网络下的组织嵌入进行类别划分，从而更好地梳理新兴技术创新下的组织嵌入网络的影响及作用。

最后，将组织嵌入网络的共生关系划分为独立共存模式、互惠共生模式、寄生共生模式、偏利共生模式、竞争共生模式五大模式。进一步说明新兴技术创新下组织嵌入网络对其依赖性，这种相辅相成的共生关系促使组织嵌入网络变得越发重要。因此，本章通过对新兴技术创新网络下的组织嵌入展开研究，在进一步阐明两者内涵、特点的同时，也揭露了两者内部关系的本质特点，对未来类似研究提供了理论指导。

第 3 章

新兴技术创新网络下的资源配置

在经济全球化和区域经济一体化快速推进的大背景下，为获得更大的商业利益，各国企业在市场占有、科技优势地位等方面展开了激烈角逐。在竞争过程中已有越来越多的企业认识到了自主创新的重要价值，并开始探求基于科技创新的企业发展道路，积极开拓新兴技术创新网络下的产业模式。

新兴技术创新网络成为智能化时代与 5G 时代规避创新风险和提高创新能力的重要选择。在技术复杂、环境动荡及市场不确定性环境下，单一的企业依靠自身的资源难以实现技术的创新和市场化，难以拥有促进企业及时创新的关键能力。因此，企业在进行产品技术创新时，应当与其他企业进行深度的技术合作与交流，借助正式或非正式联结的创新网络进行合作创新，避免闭门造车式的自主创新，通过与其他企业形成优势互补关系，建立起牢靠的创新支持网络，满足日趋多样化的市场需求。

在新兴技术创新网络下，激发企业的资源配置水平从较低层级向较高层级的转化是至关重要的。新兴技术的发展情况与传统技术水平不同，增加了更多呈现模糊性和不确定性特征的资源。新兴技术创新网络平台中的企业组织界限越来越模糊，供应链网络越来越复杂，趋于跨领域、跨界的多连接、多主体的协同作用，合理的资源配置会产生复合效应，加速平台内各子系统间资源和信息的转换与流通，不仅促进创新网络中知识的转移，还增强了组织与外界资源环境之间的交流。

3.1 网络资源配置的建构

经济发展日新月异，物质需求与日俱增，各行各业都在积极探索由传统运作向新兴技术创新平台管理的运作模式转型。新兴技术、创新网络主要由核心企业、政府组织、科研机构等若干非核心企业组成。新兴技术创新平台上的企业形成了一个庞大的新兴技术创新联盟，可以通过新兴技术创新平台互通有无，提高生产效能和网络资源的利用率。

新兴技术创新网络是企业相互连接形成的一个产品生产网络平台，汇聚了各利益相关者上传的资源。新兴技术创新网络平台资源配置构建的目的就是以生产任务为核心优化匹配平台中的资源，共同完成网络系统平台所确定的战略生产目标。

在实际生产过程中，为保障企业的生产运作效率和品牌效应，企业应该在充分满足消费者需求的前提下，有效地分解生产任务，合理地规划网络资源配置的流程。首先，以核心企业为中心将复杂的生产任务分解成较小粒度的执行任务；其次，按照执行任务的功能分类封装，形成资源分类模块，以保证执行任务与平台内网络资源的高效匹配。

3.1.1 资源配置的内涵

1. 网络资源配置的实质

资源配置是指在一定范围内，组织对其所拥有的各种资源根据不同用途进行分配。资源的稀缺性决定了任何一个组织都必须通过一定的方式把有限的资源合理分配到组织的各个领域中去，以实现资源的最佳利用，即用最少的资源耗费生产出最适用的商品和劳务，获取最佳的效益。

网络资源配置的实质就是在“核心企业主导、政府参与、市场导向”三位一体的运营模式下，利用关键技术以及整合相关信息，将任务和相匹配的资源合理分配到平台中的各个企业，以保障整个平台的协同运作，达到合理化的竞合状态。网络资源配置的模式突破了以往传统的配置模式，以新兴技术创新平台为依托将资源集中起来，通过合适的匹配规则分配到各个需求端。

新兴技术创新网络平台中资源配置合理与否，对整个平台的运作效率和准确性都有着至关重要的影响。一般来说，资源如果能够得到相对合理的配置，经济效益就会显著提高，经济就能充满活力；否则，经济效益就会明显低下，经济发展就会受到阻碍。

2. 网络资源的类型

资源包括的物理或概念对象包括人、财、物、信息、知识等。为研究新兴网络技术创新网络平台中资源配置的流程，本书首先对新兴网络中资源的类型进行分析，如人力资源、技术资源、设备资源、信息资源、资金资源和时间资源等。

人力资源是指参加产品设计、研发、生产、销售、售后服务等过程中的所有人员。在新兴技术创新平台的支撑下进行运作，涉及的人员会更加广泛，来自多学科、不同企业或不同地域、具有不同能力级别的开发人员和支持人员均会参与到过程中。因此，对人员进行有效的协调和管理是实现网络资源配置的关键之一。

技术资源的概念更加具有自身的特点，一般包括各种技术文档资料、原始数据等。新兴技术创新平台下的企业会把内部的一部分技术进行共享，尤其是核心企业的作用更加明显。当然，对于属于企业核心竞争力的技术资源应该注意保密工作的开展，只需要在执行任务时，以提供关键技术的企业为中心协调工作、执行生产任务即可。对资源的技术管理可以大大加快开发进程，提升产品质量。

设备资源一般包括整个生产过程中必须具有的计算机设备、生产设备、仓库、运输车辆等。设备资源具有重要的作用，尤其是基础设施，无论是对于产品生产还是对于员工的工作体验，都是工作展开必不可少且必须存在的资源。因此，应合理地管理这些资源，把资源分配合理化，从而不至于影响进程。

信息资源一般包括产品的功能、原理、结构、技术参数等信息，同时还包括平台内其他企业、供应商和客户的相关信息。物料资源一般是指在生产过程中所需要的原材料、半成品和成品等资源的集合。服务资源是在产品开发过程中支持人员执行任务的支撑性资源，包括各种办公用品等。

资金资源和时间资源是指在生产过程中应用到的成本和时间因素。对于一个产品项目来说，每一个产品都有相应的财务预算和时间预算。新兴技术创新平台内的企业界限模糊，这就需要明确的管理与协调模式，合理分配资金与时间，进而提升产品的经济效益。

其他相关资源包括未归纳到上述资源类型里的其他生产资源的集合，包括市场供求信息、相关政策法规、相关标准等。

3. 网络资源配置的作用

传统的资源匹配方案在面对复杂生产任务时，常出现资源种类不足、资源调度困难、执行任务不达标等情况，导致出产的需求产品无法满足消费者的期望。基于新兴技术创新网络构建新的资源配置体系，为生产任务优化匹配资源，解决因平台复杂性、模糊性及产品多样性导致的资源配置问题，对现阶段企业的平台化运作模式转型、开放式创新以及网络化的供应链互联等方面具有明显的作用。

（1）实现产需衔接，提高客户的产品服务体验

新兴技术创新平台引导企业按照市场需要优化生产要素组合，实现产需衔接。新兴技术创新平台服务模式是对传统生产模式的创新发展，其根本服务目标是相同的，均是为满足客户多样化的产品定制需求。社会的进步和科技的发展促使人们对于单一的产品性能需求不再强烈，高性能、智能化、人性化的产品需求是现阶段人们的主要关注点，新兴技术创新平台的管理与应用，打破了传统企业和零部件供应商的生产能力匮乏、生产成本高、质量合格率低下等困境。基于新兴技术创新平台的资源配置研究能够将传统资源配置方案的成果进行整合并附加以客户需求为主导的新型互联网技术及计算机技术，以提供优质的产品服务体验，进而提高客户满意度。

（2）保障配置精度，提高网络资源的利用率

新兴技术创新平台的资源不仅仅局限于传统物理实体资源，更具有物理资源与知识、信息、数据和互联网技术相结合的虚拟资源，资源种类众多、服务对象广泛，解决了传统生产模式资源种类匹配不足的权限。同时，新兴技术创新平台能够对产品定制任务进行数据分析和任务分解，针

对不同的任务匹配不同的制造商和资源组合优选方案，从而提高整体生产资源配置的精准度，保证整个产品的服务质量。

(3) 提高生产效率，降低企业的生产运作成本

新兴技术创新平台的产生从根本上解决了生产资源配置效率低下、生产成本过高、资源浪费严重等难题。新兴技术创新平台将资源的一对一服务模式转变为一对多或者多对一的全面资源匹配模式，生产任务所对应的制造商和供应商不再是单一的，而是多个企业单位的协同运作。新兴技术创新平台的运作能够降低资源储存成本、管理成本和时间成本，根据客户要求进行资源匹配，保证了可能因为某一单位生产故障而导致的整体制造的延迟，保障了产品生产运作的技术路线。

(4) 促进技术发展，提高社会行业的开放式创新

多元分层的国内市场可为新兴技术创新平台的发展提供前提条件，网络资源的配置研究可以为科学技术的发展提供保障。新兴技术创新平台内的企业在共同分担任务、承担责任、配置应用资源的同时，企业之间的界限越来越模糊，集成供应链的衔接程度增大，生产运作趋于智能化，信息共享趋于网络化，使得科学技术得到共创式的发展。除此之外，所配置的网络资源同时使用了核心企业内部和外部的资源，综合利用了内部和外部“两条”市场渠道，拓展了市场机会，提高了行业的开放式创新。

3.1.2 资源配置的过程

对于新兴技术创新网络内的企业而言，合理地配置网络资源于组织竞合关系的发展有着不可忽略的作用，而进行合理的网络资源配置就需要先了解资源配置的过程。新兴技术创新平台的存在为平台内的企业提供了一个更灵活的模式环境，在新兴技术创新平台上的企业可以通过平台共享自己的生产信息，同时可以获取其他企业的资源及能力的剩余或需求情况。新兴技术创新平台的运作为核心企业拓展了生产能力、拓宽了生产范围。

不确定性生产任务所需资源与为保证生产持续进行所需要的资源不同：保证生产持续进行所需的资源通常依据生产计划、物料计划等能够提前规划，需求量和需求种类均稳定；而不可提前规划的生产任务，不仅复杂程度高，而且对生产资源的需求具有随机性和不确定性。只有这一创新平台按照既定的服务标准开展服务，合理地配置资源，才能真正发挥它的作用。

1. 平台网络资源配置的特点

（1）不确定性

新兴技术创新网络是由多个核心企业参与的新型网络组织形式，生产任务趋于复杂导致生产任务不可提前规划。当生产任务突然增多，且各不相同时，生产资源的需求因生产任务的不确定性和复杂性呈现出极大的随机性。因此，资源匹配的结果会随着需求的改变和生产任务的改变而发生变化。

（2）系统性

生产任务所需的资源种类繁多，生产任务实施各阶段所选的资源不尽相同，生产任务与资源的匹配是一个完整的系统，各环节紧密结合，共同完成整个系统的任务。同时生产资源与资源提供方是一对多的映射关系，没有规则的约束，资源提供方可以随机地组合，形成多个资源匹配结果。同样，新兴技术创新平台可以保证资源的快速重组以响应任务的要求，尽量避免因配置不及时所导致的时间资源浪费和风险。

（3）集聚性

生产任务所需资源分散，资源对生产任务响应速度各不相同，生产任务大相径庭，形成多种资源匹配组合。要实现生产资源优化匹配，需要考虑不同资源间的关联关系，设置不同资源的到达时间，缩短工序等待时间，避免造成库存浪费，形成以生产任务为中心的资源匹配网络。

（4）多样性

为生产任务匹配资源，明确资源的各项信息是前提，包括评价信息、关联信息、状态信息等。生产任务为结构化的零件类型的任务，所需生产资源是指在生产运作系统中制造某种产品的零部件类型的资源，该种资源是产品生产中必不可少的、基础的、最常用的资源，是支撑生产任务的关键，具有相对独立和分散性、多样性、开放性和异步协作性的特点，如表 3 – 1 所示。

表 3 – 1 零部件类型执行任务所需资源特点及描述

特点	描述
相对独立和分散性	物料资源为某个企业或车间所拥有和操作控制，而资源持有者分布在异地的多个企业或者不同路径的车间

续表

特点	描述
多样性	不同企业拥有同一种资源，由于企业经营策略不同、企业工艺水平高低或人员技能差异，同样的加工设备产出的零部件质量和精度不尽相同。因此，相同资源对外表现出来的能力是多样的
开放性	资源面向不同行业、不同用户，产品上下游各阶段均有资源提供者，资源提供方不局限于大中型企业，还包括中小型企业
异步协作性	为快速响应资源需求方需求，生产任务往往是分类、异步进行的，而单一资源并不能满足复杂的生产任务，复杂的生产任务必须通过集合分散资源才能实现

（5）动态性

新兴技术创新网络平台的运作是动态灵活的，相应地，网络资源的配置也具有动态性的特点。平台内的共享资源设计产品整个生命周期的各项资源要素为了追求更加有效的利用及新兴技术的助力，所配置的资源具有动态组合的特点。

2. 平台网络资源配置的过程

在进行新兴技术创新网络平台的资源配置时，首先，以市场调研为起点、提高市场占有率为导向，考虑消费者的需求，提高顾客的满意度；其次，确定平台的战略生产任务，在充分考虑平台企业内部条件和外部环境的条件下，以核心企业为中心，从上到下、从下到上，上下结合、反复协商来明确平台的短期或者长期目标；再次，进行执行任务的分解，并且成立项目小组，构建正确的项目组织结构对于资源配置的合理性具有明显的影响；除此之外，进行产品全生命周期的资源整合，包括材料资源、软件资源、设备资源、人力资源等，并且统计资源提供商和资源需求商的情况，以方便后续工作的展开；最后，完成平台内网络资源的配置，核心企业进行优先的选择，并且由核心企业考虑其他资源的调控，在该过程中，需要考虑成本（货币成本、交易成本）和效益（显性收益、隐形收益）两大主要方面的影响。平台网络资源配置的流程如图3－1所示。

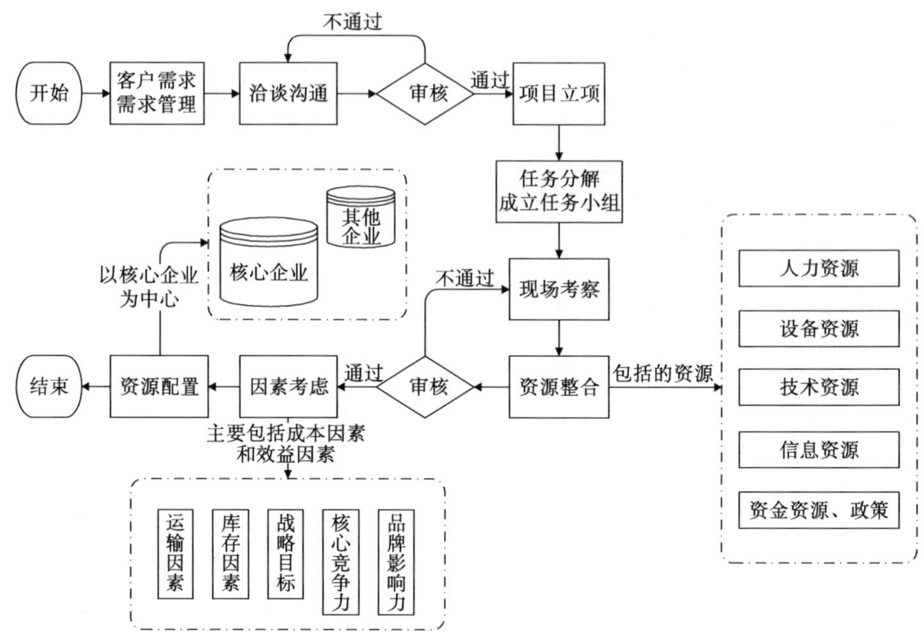

图 3－1 新兴技术创新网络平台资源配置的流程

3.1.3 生产任务与资源匹配

1. 生产任务与资源匹配的定义

随着新兴技术创新网络平台的不断发展，任务的复杂性和资源的多样性不断增加，任务与资源的匹配问题已引起众多学者、专家和企业的关注。通过分析近年来关于任务与资源匹配的相关研究，可以将生产任务与资源匹配概括为以下几个方面（见表 3－2）。

表 3－2 生产任务与资源匹配的概括

匹配层面	任务与资源的匹配概述
匹配内容层面	主要包括任务的需要与资源的能力匹配、数量匹配和质量匹配等
匹配过程层面	将开发任务配置给合适的开发人员的同时配备合理的其他资源，实现任务与资源之间综合性优化匹配
匹配效果层面	最终目标是达到任务与资源整体满意的状态，进而提升资源的利用率和加快产品的生产运作效率

任务与资源匹配，首先需要围绕战略目标、内容来明确相应执行任务的需求，然后根据任务单元的需求、特征对资源进行选择以实现产品的功能。然而，该选择过程的实现并不是任务与资源的简单组合，由于不同资源具有不同特性，任务与资源的匹配不能一概而论，需要有针对性地进行分析研究，使得资源的能力与水平得到充分发挥，产品的功能得到最佳实现，以此来达到适应市场行情、提高产品消费者满意度的准则。

在新兴技术创新网络平台下，生产任务与产品全生命周期资源匹配的定义可以概括为：新兴技术创新平台内的企业尤其是核心企业，为完成确定的战略生产任务，综合考虑任务、资源、环境等要素，通过对任务特征、资源特征以及任务—资源的匹配特征等分析，将任务与不同类型的资源进行双向动态性匹配，实现任务—资源特征、能力与数量等相匹配，形成一种良好的稳定状态，更高效率、更便捷地完成目标的一种优化途径。

2. 任务与资源的匹配框架

在新兴技术创新网络下，网络资源配置的构建应该注重以下环节：其一为任务分解环节，旨在提高任务的可执行程度，为网络资源选择奠定基础，高效匹配制造资源；其二为新兴技术创新网络资源选择环节，综合分析资源需求方的需求清单，识别可供给资源，研究执行任务与产品全生命周期资源的匹配过程。网络资源配置流程主要包括任务分解、任务—资源匹配两个过程。本书以平台内核心企业为例，来介绍生产任务与资源的配置框架，如图3-2所示。

（1）任务立项

核心企业在充分分析网络平台外部环境及内部条件的基础上，确定生产任务后立项归档，作为战略生产任务。

（2）任务分解

根据新兴技术创新平台中各个企业尤其是核心企业的核心竞争力以及目标市场的占有情况，来对战略生产任务中各个单元信息关联关系和约束关系进行分解，得到可被执行的最小任务单元，并对各个元任务进行归档。

（3）生产资源搜索

首先，对新兴技术创新平台的生产资源进行虚拟化研究，通过计算机技术、物联网、无线终端、互联网等先进技术将物理资源与知识、信息、

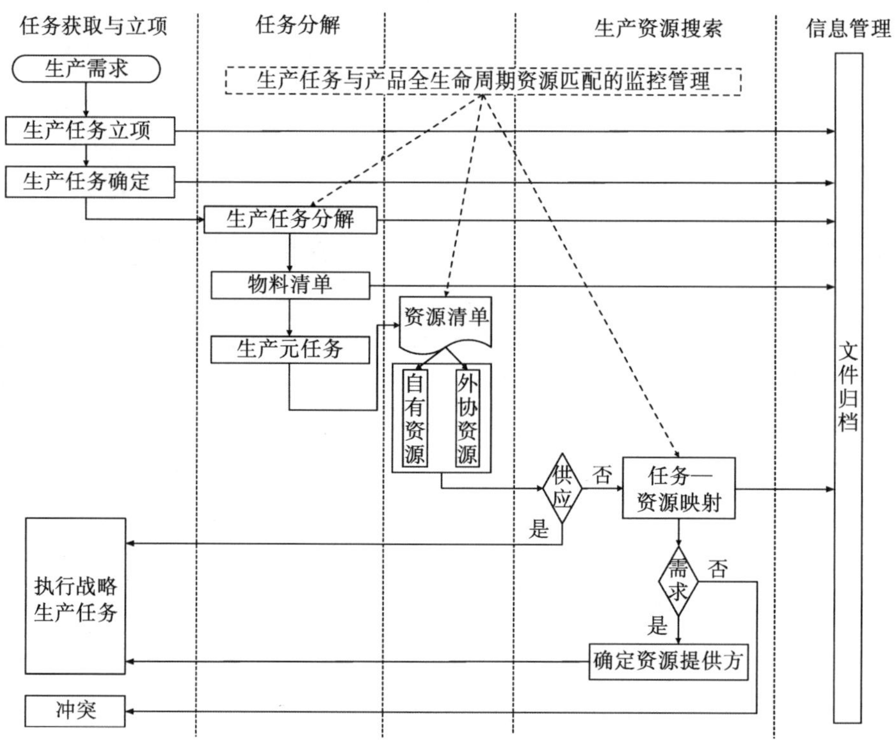

图 3-2 核心企业生产任务与资源的配置框架

数据进行整合，转变成可以描述的虚拟资源并上传至虚拟资源云池。其次，为元任务单元搜索匹配的生产资源并形成清单，明确自有资源与外协资源情况，以一对多的映射关系，判断外协资源是否有相应的供应企业，然后对资源提供方进行归档。

（4）网络生产资源匹配

将执行的元任务与生产资源进行合理化匹配，依据资源清单，为元任务寻找合适的生产资源提供方，完成战略生产任务，同时使得整个新兴技术创新平台的生产资源得到最充分的利用，使这个系统达到利益最大化。

3.2 网络资源配置的问题解析

新兴技术创新网络资源的配置问题是新兴技术创新运作模式在服务和满足客户需求过程中的一个动态运作过程。其最终的目的是以客户需求为导向，结合产品特性及应用模式运用适当的云计算技术、物联网、模拟仿真技术、信息数据集成等对现有资源进行整合与配置。保证各种资源之间的相互协同、相互利用与补充，以提高整体新兴技术创新平台下各种资源的高效利用，减少资源浪费以求最大利用效率的一系列方法的集成。其根本是持续改进与保证新兴技术创新网络平台整体系统的合理化运行。新兴技术创新网络资源的配置可以从生产任务分解、生产资源提供、生产资源评价三个方面来进行问题解析。

3.2.1 生产任务分解问题

生产任务分解是产品全生命周期资源配置的重要前提，生产任务具有层次性，需要逐层递进完成，或者在充分准备的前提下进行并行生产，另外，任务的执行又具有时序要求。因此，新兴技术创新网络平台的资源配置系统需注意将生产任务分解为多个粒度合适且符合逻辑的子任务，以有效提高资源匹配效率。

1. 忽视子任务间交互关系

将生产任务分解为可执行的较小粒度子任务，保障分解后的任务粒度能够与新兴技术创新平台的资源粒度进行匹配。当分解后的子任务粒度过小时，子任务间的信息交互就会相对广泛，导致出现重复匹配资源的情况，进而影响资源匹配系统的执行效率和管理程度。因此，应保证分解后的子任务内部具有较强的互通性。

2. 忽视子任务间具有相对独立性和时序性

子任务之间具有多种关联关系，比如物料转移、功能关系、工序之间的串行、并行、选择和循环配合关系等，这种关联关系会显著影响任务执行时间、难度和成本，还会影响任务与资源匹配精度。因此，为提高资源匹配效率、减少资源浪费，资源配置系统应合理确定子任务的粒度和分解个数。

3.2.2 生产资源提供问题

产品生产具有需求不确定性、类型多样性和构造复杂性的特点，单个企业有限的资源难以完成生产任务，需要外部企业提供资源进行支持，这也体现了建立新兴技术创新平台的必要性。平台内企业组织、消费者和资源提供方不单是买卖关系，更是命运共同体。例如：对于生产发动机的厂家，生产任务本身具有生产难度大、工艺复杂、所需资源众多等特点，随着发动机生产任务和生产难度的增加，所需资源的种类将会越来越多；同时，同类资源可选择的企业越来越多，关于资源提供问题可以从资源分散、资源信息闭塞两个方面进行阐述。

1. 资源分散

新兴技术创新网络平台的企业可能来自不同的地域、具有不同的市场方向定位、具有不同的 ERP 系统或者不同的 ISC 系统，因此，无论是企业内部资源的共享，还是各个企业可以获得的相对的外部资源，在物理资源（设备、人力等）方面都是不容易调度的。当生产任务经分解为多个子任务后，每个子任务都有与之对应的多种多样的资源，倘若新兴技术创新网络平台中缺乏集中化的管理和灵活性能高的调配系统，会对子任务单元与资源的匹配造成不利的影响。

2. 资源信息闭塞

新兴技术创新网络平台内的企业在进行资源配置前会进行资源的集成，只有将平台内的资源和外界环境可用的资源在合理性的前提下进行透明化的共享，才可以确保企业衔接的紧密性，确保生产的效率。供应资源信息包括资源的空闲情况、制造能力、所处的地理位置等，这些信息直接影响着资源需求方生产任务完成时间、成本和产品质量。新兴技术创新平台进行生产时出现相关资源信息闭塞的情况，会导致资源需求方不能及时掌握资源的情况，进而对生产任务完成效果作出错误判断，降低企业服务效率和质量。因此，新兴技术创新网络平台应该建立信息系统（包括资源信息管理系统、资源信息共享平台、资源信息公共服务系统、专门化的资源信息维护团队和维护机制四种子系统），并利用数据库技术、物联网技术和区块链技术加强信息资源的保密度以及获取、解析、提取、储存利用的广度和精度。

3.2.3　生产资源评价问题

除去资源集成环节外，资源评价是新兴技术创新平台进行网络资源配置的关键节点。资源与子任务之间具有多对多的映射关系，且子任务与资源的数据量都较多，因此，子任务与资源的匹配是一个复杂的过程，在对平台内部和外界资源进行集成后，不能急于分配，需要对资源进行综合评价并选择。

1. 资源时间成本较高

新兴技术创新网络平台内的每个子任务均需要匹配相应的资源，而同类资源的提供方较多，因此对每个子任务均需要花费较多的时间选择资源。当同一时间涌入大量生产任务时，缺乏资源时间约束和任务—资源匹配规则，会造成大量的时间浪费，增加资源配置的时间成本。

2. 个别资源质量差强人意

新兴技术创新网络平台在进行资源整合的过程中，难免会遇到若干资源质量不满意的情况。尤其是在外界环境不稳定、创新能力要求高的当下，对于集中资源的创新性要求也会增高，说明新兴技术创新网络平台中的企业要注重于市场调研和核心竞争的创新，以提高共享资源的质量。

3. 任务—资源的匹配不合理

资源评价的核心即对生产任务与产品全生命周期资源的合理性进行评价，新兴技术创新网络平台应该成立专业的匹配度管理小组，进行匹配度技术需求的确定，上报给研发部，以丰富平台专门化的任务—资源匹配度测量。任务—资源的评价可以用于与控制工作的反复循环展开，即：评价—控制—再评价—再控制，再评价过程应充分结合控制环节的反馈信息。

3.3 网络资源配置的因素界定

新兴技术创新网络平台应该具有灵活自如地应对市场各种变化的能力，实现对服务与知识有效整合以及满足客户需求并提供系列增值服务的能力。在供应链网络高度衔接的今天，平台中企业与客户、供应商与销售商之间的关系也不再是原来简单的买卖关系，而是利益共同体关系。市场消费者的需求、创新平台内的资源服务提供商、平台内资源服务需求商、生产环节中的全生命周期控制环节以及人才培养、市场竞争等都会对网络资源的配置产生一定的影响。本书接下来从客户需求因素、供应商因素（资源服务提供商、资源服务需求商）、生产环节因素、配置辅助因素四个方面对网络资源配置的因素进行界定。

3.3.1 客户需求因素

随着市场经济的发展，客户对产品需求的个性化和不确定性增加，快速响应客户多样化和个性化的需求是企业赢得市场的关键。企业产品的开发与设计应以客户为中心，在产品全生命周期管理跨度上准确获取客户需求，并将其映射转换为企业相应的开发设计资源，从而快速准确地生成可实现的产品开发设计方案，满足多变的市场需求。多样化的需求需要多样化的设计方案，即多样化的生产任务，由此可见，客户需求对于网络资源的合理化配置是极其关键的一种因素，平台应该予以专注化的研究和重视。

以增材制造（即3D打印）为例探讨客户需求因素与网络资源配置的影响。3D打印现已得到我国高度重视，在国内广受欢迎，它突破了传统制造所存在的一些缺陷，给客户提供个性化、一体化产品，已广泛应用于制造业生产和医疗行业，产业预计在2021年年末销售额将突破200亿元，年均增长率在30%以上。国内3D打印市场看好的主要原因是随着人们生活水平的提高，其物质需求和消费观也在发生着变化，追求时尚、追求差异化已经逐渐成为大多数客户的消费取向。以前，人们对于物质的需求是满足实际应用即可，而今，为增加生活色彩和满足对自我个性体现感，人们对个性化产品的需求已经进入一个快速增长的时期，因此在未来几年内，3D打印产品将具有广阔的市场。近几年的3D打印市场需求如图3－3所示。

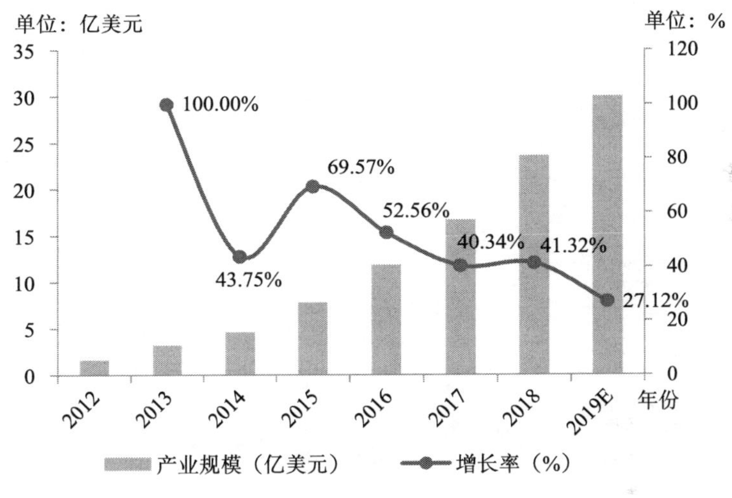

图3－3　3D打印市场需求

中国引入3D打印时间较晚，与其他发达国家的打印技术存在一定差距，但从2012年开始，3D打印逐渐掀起热潮，应用范围也逐渐从简单消费品扩大到航空航天等领域。据数据显示，2012—2018年，3D打印规模在逐年增加。早在2012年，我国3D打印产业规模才1.6亿美元，而到2018年，市场规模已经增加到23.6亿美元，同比增长41.32%。随着国内打印技术逐渐成熟，其应用领域也更加广阔，初步预估2019年中国3D打印行业市场规模将近30亿美元。3D打印行业规模的扩大预示着人们对于增材制造产品的青睐程度在逐渐增强。生活质量的提高对人们追求个性化起到了促进的作用，在这个快速发展的时代，个人审美的差异将影响着其购买趋势。客户在市场上对于消费品的需求会随着潮流更替发生变化，这种需求往往是多样的、不确定的。在这个追求个性化的时代，对于同一类型的产品，每个人的审美也不同。为突出个性，显示个人差异，不同客户对于同一类型产品的各项性能指标都或多或少存在差异。

新兴技术创新网络平台中的企业，尤其是核心企业，在不能及时预测客户对于个性化产品的需求时，给产品定位和设计带来影响，出现企业生产与客户需求反应不及时等问题，就无法对产品全生命周期的资源进行预判，无法进行资源的集成与评价环节。

3.3.2 供应商因素

新兴技术创新平台的服务提供商提供一定的设备资源、软件资源、人力资源、管理资源等，供应平台内终端用户的生产加工需求、设计服务需求、多元服务需求等各个运营服务环节。现对新兴技术创新平台中资源提供商和服务需求商的运作模式进行探索，如图 3－4 所示。

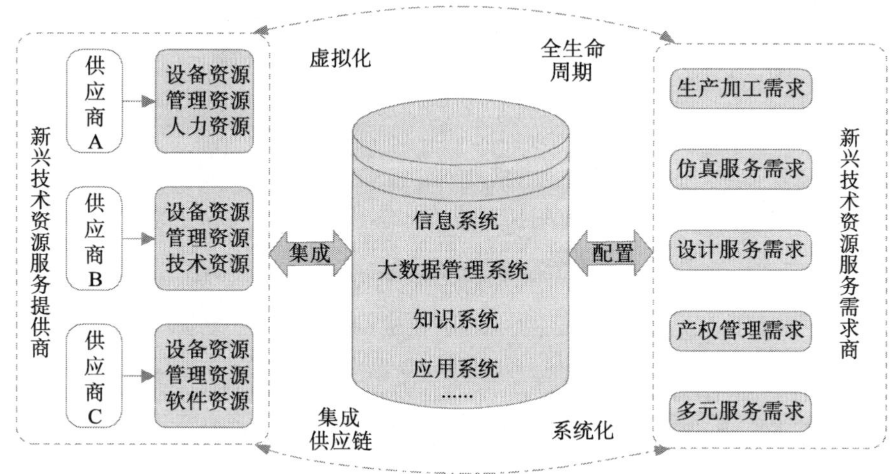

图 3－4 新兴技术创新网络平台下的运作模式

创新网络平台中的核心企业在整个供应链中既是需求者也是供给者，作为需求者，其供应商的不确定性将直接影响到其生产销售；而作为供给者，其生产的不确定性将会对客户产生不良影响，客户的反馈将会使企业荣誉受损，进而影响企业的生产绩效。

1. 资源服务提供商

在新兴技术创新平台的资源配置过程中，对于核心企业来说，其他资源都可以归入供应资源，供应资源选择的好坏关系着企业整个生产流程能否良好地运作。新兴创新网络平台中的企业组织界限模糊，减小了组织内部的界限。在进行生产任务、完成战略目标的过程中，新兴技术创新网络平台中的所有企业以及其他利益相关者形成的整个产业链条，各级之间相互联系。当某一级供应商的供应情况产生波动时，这种不确定性将会影响到下一级的供应情况并进行传播，以至于最后，各级供应商的问题叠加起来对整个新兴技术创新网络平台的运转产生巨大的影响，增加了网络资源配置的风险。

2. 资源服务需求商

资源服务需求企业对于新兴技术资源服务提供商来说是需求商，而对于客户来说是供应商，其在生产中可能遇到的问题跟客户在生产中遇到的不尽相同。新兴技术核心资源服务需求企业主导了新兴技术创新网络平台中的战略生产任务，处于资源服务提供商和客户的中间地位，不仅需要评价与选择供给资源的情况，还需要对市场作出一定的把控，对消费者承担相应的责任。在一般状态下，新兴技术创新网络平台中的核心资源提供商和核心资源需求商为同一个企业，但不排除例外的情况。虽然后期会进行协商并确定一个合理的物理资源和信息资源的匹配，但在实际的操作中还是会存在一些不确定因素。资源服务供应商和平台内资源服务需求商这种不稳定的战略合作关系难以保证一切行动都按照计划进行，对网络资源的配置产生直接性的影响。

新兴技术创新网络平台的所有企业，无论是作为资源提供商还是资源需求商的角色，为了平台内网络资源的架构，都必须发挥实时可靠性的作用，能够在网上发布供求信息及需求信息，并参与网络化的资源调度与分配。除此之外，如果企业不能实现对紧急业务的快速响应，会丧失许多商机，也使企业与客户的联系分隔，使开发、产品和服务等创新受阻，会使企业在新兴技术创新网络中又相对成为一个个新的信息化孤岛，不利于网络资源的配置。平台内的企业应该在新兴技术创新网络平台各个集成化供应链和网络系统应用的前提下，具有应对外界变化、快速响应的能力。

3.3.3 生产环节因素

新兴技术创新网络平台进行资源的配置主要还是为了生产任务的高质量、高效率完成。在进行生产之前和生产过程中的不确定性因素都会对网络资源的配置产生或多或少的影响。

1. 进行生产之前

新兴技术创新网络平台内的核心企业都会定制生产计划，前期的分析工作基本是建立在历史数据之上，根据以往很长一段时间的订单情况，进行预测而后定制出生产计划。虽然历史经验在一定程度上能对生产情况预测起作用，但这个时代发展太快，潮流更替变幻莫测，客户们的消费需求无法仅依靠历史数据来预测；并且分析人员对这些需求的认识具有局限性，这就使得预测的结果可能与现实需求有所偏离，具有不确定性。生产前进行的各种研究对生产预测起到了很大的作用，当企业一旦投产，其就不能迅速地对预测所带来的不确定性进行反应和调控，致使企业在生产中无法避免不确定性的存在。

2. 生产过程中

在生产实际中，其生产状况也是难以预料的，由于设备故障或者其他突发性问题，都将对生产过程产生影响，这种生产不确定性无法提前控制。库存资源是对企业生产非常重要的资源因素，从企业生产、经营活动的全过程而言，库存是指企业用于生产和服务所使用的以及用于销售的储备物资。库存既是生产、服务系统合理存在的基础，又为合理组织生产、服务过程所必需。库存量过小会造成生产系统原材料供应不足，影响生产过程的正常进行，也会使订货间隔周期缩短，订货次数增加，使订货成本提高，影响生产过程的均衡性和装配时的成套性，造成服务水平的下降，影响销售利润和企业信誉。另外，为满足客户需求的多样化，企业也会进行新产品、新型材料和新设备的研发。研发是一个漫长的过程，成功与否具有不确定性。造成生产不确定的因素还有很多。如市场需求变化、原材料供应改变，企业生产能力和技术进步也会使技术设备和生产工艺发生变化，还有未来经济发展变化等，以上这些都将对企业的生产情况产生影响，其带来的不确定性无法预料。

3.3.4 配置辅助因素

1. 竞争不确定性

竞争的不确定是不可避免的，企业的资源具有异质性。说明相互竞争的企业资源集合存在差异，即便是同一产业中的不同企业部门，也会因为资源禀赋、历史演化以及未来预测的不同而形成不同的资源。正是企业内部资源的异质性导致每个企业具有独特性，那些拥有独特资源的企业更容易获取持续的超额盈利和竞争优势。竞争的不确定性主要表现在两个方面：第一是现有厂商之间的竞争，为赢得市场，他们的竞争战略是实时变化的，这样核心企业就难以快速反击；第二是潜在进入者的威胁，我国实行支持创新创业的方针政策，潜在进入者的进入必定会增强核心企业的竞争压力。

2. 人员流动不确定

人才是企业发展中最重要的因素之一，无论科技怎么发达，都需要由知识型人才去维护整个生产运作流程。人力资源是可以投入经济活动中去创造财富的生产要素，每一个生产要素都应与其他要素结合成一种合理的配比关系，以求得到充分的利用和获得最大的生产成果。对新兴技术创新网络平台来讲，人力资源配置是指平台以人力资源配置规划为基础，通过人员流动使获得的人力资源合理布局，实现人力资源合理使用及合理配比关系，提高其使用效益，从而实现平台最大经济效益的过程。从区域协同角度来看，就需要新兴技术创新平台的核心企业整体把握、通盘考虑，通过合理、有效的配置，将人员配置与企业的相关信息要素进行综合、系统分析，实现协同工作下的最优配置。

3.4 资源配置流程的影响过程

基于新兴技术创新平台的资源整合或配置使得企业间的合作具有短期性的特征，并且新兴技术创新平台上的企业之间有竞争和合作的双重关系。企业为了追求收益最大化的本质影响了企业在新兴技术创新平台上的行为决策，因此可能存在为了追求个体利益最大化而降低整体最优的情况。为了在新兴技术创新平台上做到资源的最优配置，节约成本并提高资源使用效率，需要了解资源配置流程的影响过程。

新兴技术创新平台中的企业可以围绕产品来组织资源，围绕产品组织资源是指将特定产品所需的所有不同人力资源和设备集中在一起，并使这些资源和设备专门用于该种产品的生产。资源配置的流程存在很大的波动性和不确定性，核心企业在为客户提供服务、实施业务流程时，会出现一些无法预测的直接或者间接的因素导致其业务流程面临困难，而导致整个生产成本增加等问题。需求的不确定性将致使供应端对需求量无法作出准确判断，进而存在一定的偏差，随着供应链的逐渐增加，这种偏差将会被放大，于是产生牛鞭效应。现本书对新兴技术创新网络平台的资源配置流程的影响过程进行分析。

3.4.1 客户需求影响

客户需求的不确定性是致使业务流程具有波动性的主要因素之一。随着社会的发展，客户对于产品的喜好和购买能力等都在发生着变化，并且客户对于某一产品的需求量也是极为不稳定的，很多突发性因素对客户需求产生影响。

高新技术创新服务平台更加注重于客户的购买体验，注重为客户提供独特的个性化产品服务。在为客户服务时，其须根据客户需求来选择合作的供应商，这样一来，针对不同客户的个性化需求，其合作的供应商会有所不同，这种不紧密的合作也会给网络资源配置的实施流程带来影响。个性化的服务需要客户参与生产过程，当客户对于生产提出改变时，企业则需根据客户的要求来调整生产任务的分解单元，进而必须根据新兴技术创新平台的内外环境做出平台中网络资源配置流程的改变。

3.4.2 行业属性影响

新兴技术创新网络平台中的企业尤其是核心企业自身所处的行业特征会对平台的网络资源建构产生影响。新兴技术创新网络平台要想建立良好的资源配置体系，必定离不开对所处行业的研究与分析。只有对平台所处的外界大环境有所研究，分析行业未来的发挥方向，才可以明确新兴技术创新平台的使命，进而确定短期或者长期的战略发展目标，确定所执行的任务，最终为网络资源配置体系的构建打好前提、铺好道路。行业研究方法主要有四种，分别是：市场结构分析法、行业竞争结构理论、行业生命周期理论和经济周期相关性分析。现对行业研究方法进行描述，如表3－3所示。

表 3－3　　行业研究方法的描述

<table>
<tr><th>行业研究方法</th><th>特点</th><th>分类</th><th>具体描述</th></tr>
<tr><td rowspan="4">市场结构分析法</td><td rowspan="5">节点
剖析</td><td>完全竞争</td><td>理论化抽象的市场结构</td></tr>
<tr><td>垄断竞争</td><td>企业数量多，产品差异化，竞争激烈</td></tr>
<tr><td>寡头垄断</td><td>企业数量少，一家企业影响其他企业</td></tr>
<tr><td>完全垄断</td><td>行业壁垒高</td></tr>
<tr><td>行业竞争结构理论</td><td>“五力”模型</td><td>供应商、采购商、潜在进入者、替代商品、本行业竞争者</td></tr>
<tr><td rowspan="4">行业生命周期理论</td><td rowspan="4">动态
考察</td><td>幼稚期</td><td rowspan="4">收入水平和面临的风险成正比</td></tr>
<tr><td>成长期</td></tr>
<tr><td>成熟期</td></tr>
<tr><td>衰退期</td></tr>
<tr><td rowspan="3">经济周期相关性分析</td><td rowspan="3">波动
对比</td><td>周期型</td><td>经营情况与整体经济周期同频率波动</td></tr>
<tr><td>防御型</td><td>产品需求弹性小，刚性的需求能够抵御周期的扰动</td></tr>
<tr><td>增长型</td><td>依靠技术革新、产品更新推动成长</td></tr>
</table>

1. 市场结构分析法

分析市场结构有助于理解核心企业的竞争策略，作出行业发展的预测，从而确定正确的生产任务，作出任务的合理分解和网络资源的合理配置。市场结构中的完全竞争市场是理论化抽象的市场结构，现实中很少见到，与初级产品的市场结构比较接近；纺织服装等轻工企业多数满足垄断竞争的市场结构；资本密集、技术密集的有较高壁垒的行业多为寡头垄断的市场结构，如钢铁、汽车、有色金属、石油开采等行业；完全垄断和完全竞争一样，是理论模型，电力、自来水、天然气等公用事业行业接近完全垄断市场结构。

2. 行业竞争结构理论

行业竞争结构会影响新兴技术创新网络平台核心企业运行的各个方

面。例如，核心企业对上下游相关行业的话语权越是大，越是可以延长原料金额支付周期，并以低廉价格获得原料。同时，能够以较高的价格拿到多的预付款项。核心企业的生命周期与行业内的竞争关系密切，因此，行业的竞争属性从宏观上作用于新兴技术创新网络的资源配置流程。

3. 行业生命周期理论

行业所处的生命周期阶段决定了本行业内企业的盈利水平，在不同的生命阶段，行业内无论是参与竞争的企业数量、所面临的市场规模还是产品盈利水平都是大相径庭的。高新技术创新网络平台应该充分把握所涉及行业所处的生命阶段，避开衰退期，尽量保持市场新鲜度，使平台抓住更多的机会，为平台内的企业带来收益，起到激励创新的作用，激励各个企业可以提供更加创新的技术资源、知识资源等。

4. 经济周期相关性分析

行业的运行会受到国民经济总体周期波动的影响，金融、房地产、大宗原材料等需求收入弹性较高的行业属于周期型行业；食品制造业、公用事业等产品需求弹性小的属于防御型行业；如计算机、新媒体行业，主要依靠技术革新、产品更新来推动成长，与经济周期的关联不大，属于增长型行业，即使在萧条阶段也能有一定增长。新兴技术创新网络平台内的企业来自的地域会有差别，主要生产产品和占有的市场也会有所差别，为了保证资源配置体系运行的灵活性，应该确保资源分散、信息不透明的各个企业之间可以通过新兴技术创新网络平台进行密切的沟通，甚至可以在平台内建立专门化的行业属性分析板块，定期分阶段进行所有企业的行业分析。

3.4.3 业务流程影响

通过实证调查证明，业务流程导向的企业与不注重业务流程的企业相比能够直接取得更好的非财务绩效，同样，业务流程影响着网络资源配置的流程。优秀流程的建立可以促进新兴技术创新网络平台资源的合理配置，同时可以吸引利益相关者为网络资源的合理化流程构建发挥作用。业务流程对网络资源配置流程的作用机制主要体现在两个方面。

1. 流程填补跨职能的生产业务空白方面

职能空白使得跨职能流程中的许多职责没有对应的负责部门，这容易导致部门之间难以协调和互相推诿，则会出现平台内业务分配的混乱，这使得企业难以找到网络资源配置流程和业务分解流程平衡的关键控制点。

2. 业务流程标准化方面

业务流程标准化对网络资源配置过程具有决定作用和正面影响。业务流程标准化对网络资源配置过程有决定性的影响，其中对配置过程的时间、成本和质量的影响最明显。把业务流程标准化引进网络资源配置过程管理体系，则可以消除部门的职能空白，打破部门之间森严的壁垒，合理配置新兴技术创新平台内的网络资源，减少企业内部交易成本，提高业务效率。首先，通过业务流程优化，可以重新界定部门职责。基于业务流程标准化的部门职责设计，可以改善原有不合理的职能设置，进而确定合理的网络资源配置过程。其次，企业实施基于业务流程标准化的网络资源配置过程管理体系，能够规范部门之间和岗位之间的协调方式和标准，强化部门沟通和协调，改进新兴技术创新平台的网络资源配置流程。

3.5 本章小结

在传统模式下，企业只能根据自身占有的资源进行生产，由于制造资源的占有量一定，则在一定的生产周期内，有可能存在某些制造资源有剩余，导致资源浪费的现象；也有可能存在某些资源不足以满足生产，导致企业不能满足市场需求，造成利润的减少。而在新兴技术创新网络平台的支撑下，企业可以适应市场对产品组合需求的不同来进行快速响应，通过平台合理配置其制造资源和能力，实现企业的最优效益。

本章研究的是在新兴技术创新网络下，由于企业的高度衔接和平台系统的应用，实现了网络制造资源的深度可视性和便利可得性。从生产任务分解、生产资源提供、生产资源评价三个方面对网络资源配置问题进行解析，从客户需求因素、供应商因素、生产环节因素、配置辅助因素四个方面对网络资源配置的因素进行界定，并且从客户需求、行业属性、业务流程三个方面对网络资源配置影响过程进行研究，进而得出新兴技术创新网络平台下网络资源配置的建构框架。

第 4 章

组织嵌入下的生产任务分解与优化

关于组织嵌入概念有很多解释，在实践中也具有较为丰富的形式。新兴技术创新网络下的组织嵌入应该是通用且具有前瞻性的概念，所以应从组织嵌入的特定形式中提取其本质特征，进而对其概念进行描述。组织嵌入是由活动节点网络形成的有机组织系统。信息流驱动组织的嵌入式运营、组织嵌入协议确保了新兴技术创新网络的正常运行。通过对上述情况进行分析，组织嵌入可以被理解为具有决策能力的活动节点和节点间互动纽带共同组成的系统结构网络。

组织嵌入节点活动具有自主性和决策系统性两个基本特征，节点间可以通过信息资源流通为自身功能发挥提供支持。其中，节点处理信息的能力及其对新兴技术创新网络的贡献决定了节点在组织嵌入中的地位，同时也是技术授权的重要依据。在运行过程中，新兴技术组织网络可以围绕特定目标促进节点间信息的实时共享与沟通。在信息传递方面，新兴技术创新网络组织可在不同级别和功能的节点间不受阻碍地进行信息通信，并能以信息流驱动组织运作。在资源整合方面，组织嵌入不仅能够对实体资源进行整合，还能通过网络核心能力建设挖掘组织内部成员的潜在能力，进而促进网络虚拟资源的整合。

4.1 组织嵌入下生产任务与资源匹配过程

利用互联网、物联网将资源虚拟化，并集中统一封装在新兴技术创新平台中，按需组织使用新兴技术创新网络资源，提供给相应的需求方。新兴技术创新网络降低了生产任务与资源的空间和时间约束，生产任务首先分解为多个子任务，然后为子任务匹配资源。由此可见，生产任务与资源匹配的基础和关键是生产任务合理分解，然后以一对多的映射关系，集合新兴技术创新资源，最后根据相应的资源评价指标筛选资源，进行资源的选择。新兴技术创新网络下生产任务与资源匹配过程包括两个步骤——任务分解、新兴技术创新网络资源选择。

1. 任务分解

任务分解包括任务初步分解和任务聚类过程。在任务初步分解阶段，任务均具有特定的物料清单，且通过分析任务执行流程，发现任务间具有关联关系。因此，任务分解不能仅根据任务结构、任务功能或任务设计流程进行工序级的划分。在进行任务分解之前，首先，确定任务间的各种关联关系及关联程度。任务间的关联关系主要包括物流关联关系、信息关联关系，信息关联矩阵可用于量化并直观描述任务间的关联关系。其次，由任务内部关系和任务特点以任务执行次序为导向，自下而上逐层分解任务为可执行子任务。最后，应用项目工作结构分解原理将生产任务初步分解为元任务。

在任务聚类过程，得到若干子任务。通过上一节任务间信息交互分析，建立关联矩阵，贯穿“高内聚、低耦合”的原则，采用以关联权重进行聚类的算法，将元任务聚类重组，得到若干个相对独立的子任务，以此形成的子任务间关联关系较弱，且子任务内部又保持较强的关联关系。

2. 新兴技术创新网络资源选择

根据生产任务映射的新兴技术创新资源，对网络资源进行综合评选，包括任务—新兴技术创新资源映射、新兴技术创新资源初步筛选、新兴技术创新资源非功能属性评选。新兴技术创新资源初步筛选即排除硬件条件明显不符合要求的资源，筛选范围包括新兴技术创新网络平台上所有制造资源。一般根据分解后的任务属性要求进行筛选，如原材料、精度、规格等，以一对多的映射关系，得到任务—新兴技术创新资源池，新兴技术创新资源初步筛选得到了满足任务执行需求的所有新兴技术创新资源，为下一环节资源选择奠定了基础。

经过第一个阶段，任务已经被分解为具有特定执行序列的若干个子任务；在第二阶段中，新兴技术创新平台为每个子任务匹配资源池，任务—新兴技术创新资源形成一对一的映射关系。从新兴技术创新资源池中进一步选择，通过建立相应的评价指标体系，并根据任务间逻辑关系组合各评价指标，得到整个新兴技术创新资源组合评价指标体系。在资源需求方模糊评价指标数值中，确定具体的评价指标数值，最后将新兴技术创新资源池中满足特定需求的资源与任务进行绑定，得到匹配结果，完成各任务—新兴技术创新资源的匹配，如图 4 - 1 所示。

4.2 生产任务分解目标与原则

4.2.1 生产任务分解目标

1. 子任务可独立执行

产品的不确定性决定了所需部件生产任务具有不确定性和多样性，新兴技术创新平台聚集各种资源及供应链的各个环节，核心企业将缺乏资源的生产任务均发布到新兴技术创新平台，并在生产任务执行后结束退出。

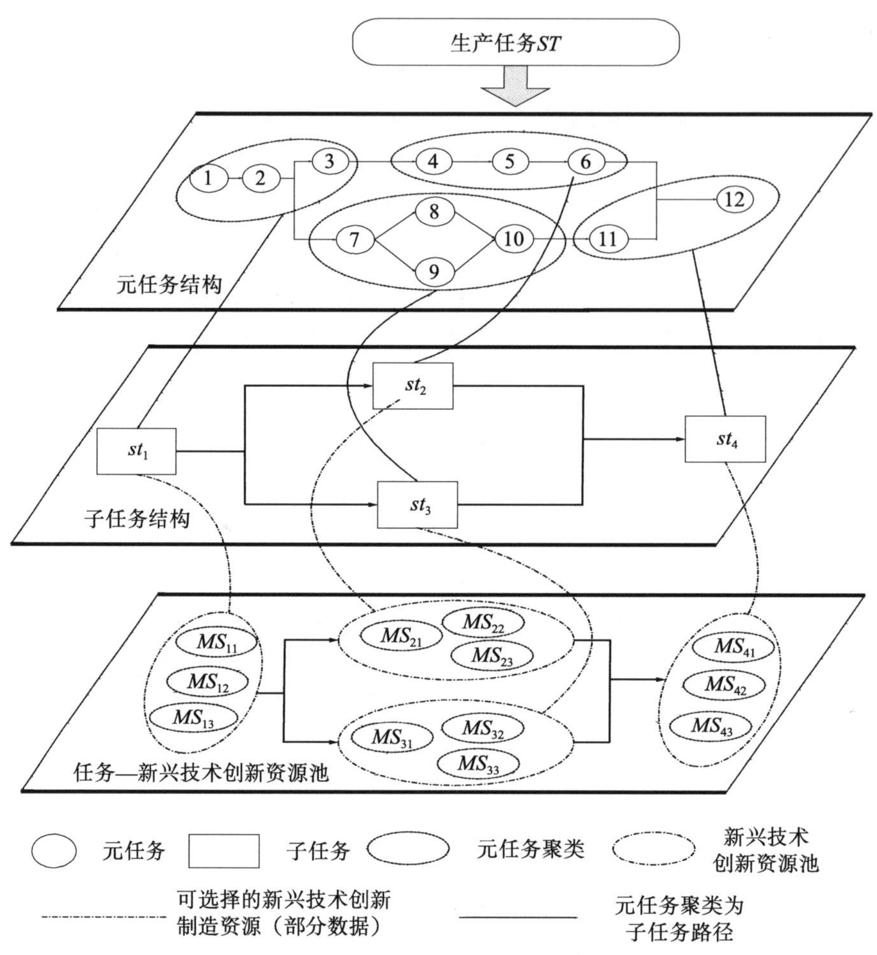

图 4－1　新兴技术网络下生产任务与资源匹配过程

一个生产任务可分解为多个子任务，分解后的子任务并不是孤立存在的，而是具有一定程度的关联关系。在新兴技术创新网络下存在着资源分散、资源提供方地理分布广、信息获取延后等问题，会直接影响子任务间的交互成本和交互时间等因素。因此，生产任务在分解和执行过程中均要考虑子任务间的相关性，将生产任务分解为若干个可独立执行的子任务。

2. 子任务间不匹配同种资源

核心企业会根据应用场景和技术进步动态更新产品应用，在新兴技术创新网络下更容易实现产品动态更新。新兴技术创新网络下生产任务所需资源是根据资源需求方需求进行动态选择，大幅降低因生产任务不确定性导致成本增加和生产周期长等问题。在新兴技术创新网络下，子任务间不完全独立，由生产任务分解后的子任务间具有多方面关联关系，主要体现在物流、信息交互方面。因此，应该基于任务间交互关系进行生产任务分解，不相关任务间不匹配同种资源，避免制造资源重复匹配。明确新兴技术创新资源提供方，保证子任务一对一完成。

4.2.2　生产任务分解原则

为使分解后的子任务粒度适当且与资源匹配环节承接，新兴技术创新网络下的生产任务分解不能按照传统的生产任务分解原则进行分解，在遵循一般任务分解的工作流及产品结构树分解的基础上，提出新兴技术创新网络平台下生产任务分解时应遵循的五个原则。

1. 逐层分解原则

生产任务具有层次性，当生产任务越复杂，分解后的子任务则越多。子任务不仅具有特定执行顺序，还具有特定结构和功能等特点。因此，需在满足子任务执行顺序的基础上分解，保证生产任务的完整性。

2. 高内聚原则

生产任务首先被分解为不可再分的任务，称之为元任务，元任务是组成子任务的基础，子任务内部的相关程度应尽可能高，保证子任务的独立性，以缩短任务间信息交互成本。

3. 低耦合原则

在保证子任务高内聚前提下，应使子任务间的相关程度尽可能低，即子任务间应具有较低信息交互，避免子任务间由于频繁的信息交互造成冗余，降低了生产任务完成效率。

4. 粒度控制原则

控制子任务粒度是任务分解的关键，在满足“高内聚，低耦合”原则上，确定分解后子任务大小，避免由于任务粒度过大，导致任务执行混乱，降低任务—新兴技术创新资源匹配效率，以及由于任务粒度较小重复匹配资源。

5. 匹配约束原则

任务分解是资源匹配的前提，分解后子任务能够在新兴技术创新网络平台上高效地匹配资源，每个子任务完成时间差距应尽可能小，保证任务衔接，提高资源匹配的效率。

4.3 任务间的信息交互分析

在任务分解过程中，生产任务首先根据物料清单和任务结构功能分解为最低层级的、不可再细分的元任务。而元任务之间并不完全独立、不具有任何交互关系；相反，元任务之间各种信息交互关系都会对生产任务分解后的内聚性和耦合性产生影响。因此，识别、判断和量化计算任务间信息交互关系是生产任务分解的重要前提，可保证任务优化分解。依据生产任务分解原则，在生产任务分解过程中要保证“高内聚，低耦合”，即内聚性与耦合性能充分判定该生产任务分解结果的可行性。

4.3.1 任务类型与关系分析

任务间具有多种交互关系，任务间交互关系约束了任务时序结构和执行流程，从物料流和信息流角度，分析元任务类型和相互之间的关系，发现元任务之间存在独立、依赖、耦合三种交互关系。任务间不同的交互关系会影响任务内聚性和耦合性计算时相关度量的计算方式。根据任务间交互关系、任务类型的不同，划分出五种任务时序结构，如表 4 - 1 所示。

1. 独立型

元任务 st_{is}（st_{is} 表示元任务 s 存在于第 i 个子任务组中，$i \in [1,N]$，$s \in [1,n]$）互不干扰，不进行信息交互，只保证自身的运行状态。由该类型的元任务建立的子任务即独立型子任务。

2. 依赖型

元任务 st_{is} 的执行由紧前元任务提供信息，紧前元任务的信息对紧后元任务产生绝对影响，则两任务之间存在着依赖关系，这种依赖关系可划分为串行依赖关系、并行依赖关系和选择依赖关系。当子任务内部含有依赖关系的元任务时，此种子任务称为依赖型子任务。

3. 耦合型

元任务 st_{is} 的执行需要由紧前元任务提供信息，同时其紧前元任务的执行也需要元任务 st_{is} 提供执行信息，两者之间的关系为耦合关系。由该类型元任务建立的子任务即耦合型子任务。

表 4－1　　　　任务类型及结构示意图

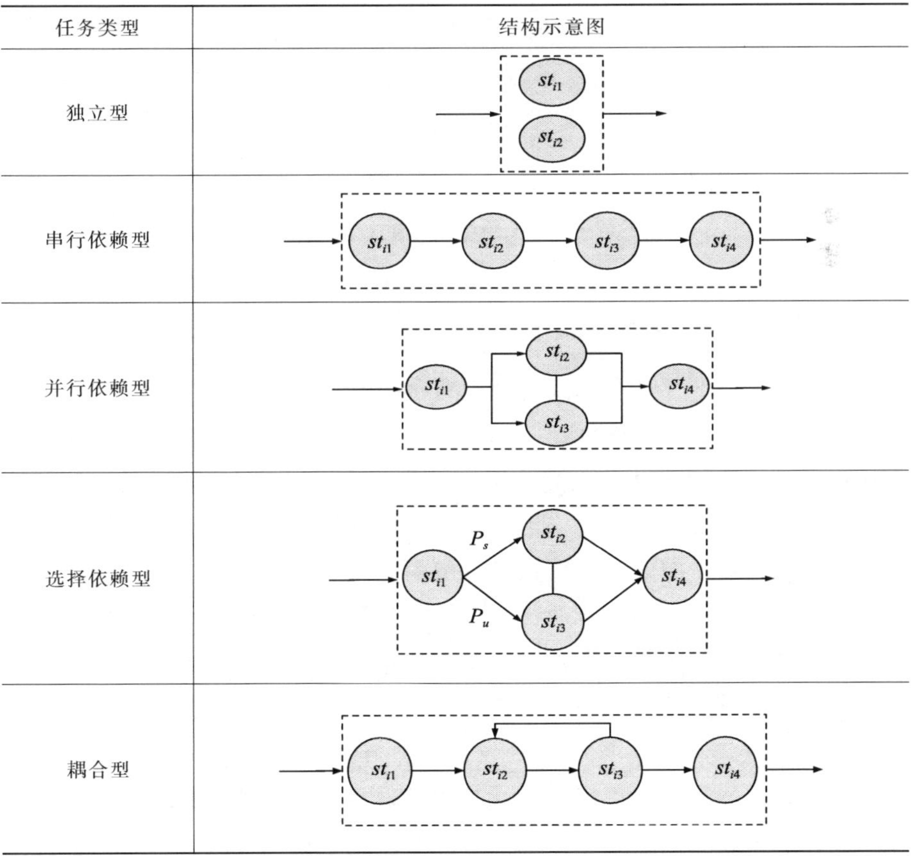

任务类型	结构示意图
独立型	
串行依赖型	
并行依赖型	
选择依赖型	
耦合型	

因生产任务复杂，由元任务组成的子任务间必然也存在信息和物流的交互关系，子任务通过物流和信息流的输入输出保持着这种交互关系。这里交互关系强度可以用耦合性描述，若耦合性越高，说明任务分解不彻底；反之，则任务独立性较好，有利于资源匹配。而对于任务间物流度量，是一个包括任务间物流距离、难易度、频繁度和体量的一个综合度量。子任务间信息流度量包括任务间调度、配合度量任务间的信息流测度。可见，任务间信息交流是否便利，会直接影响到生产任务完成效率和质量。任务间交互关系需要基于物流和信息流交互关系分析，进而分解生产任务。子任务间物流及信息流示意图如图 4－2 所示。

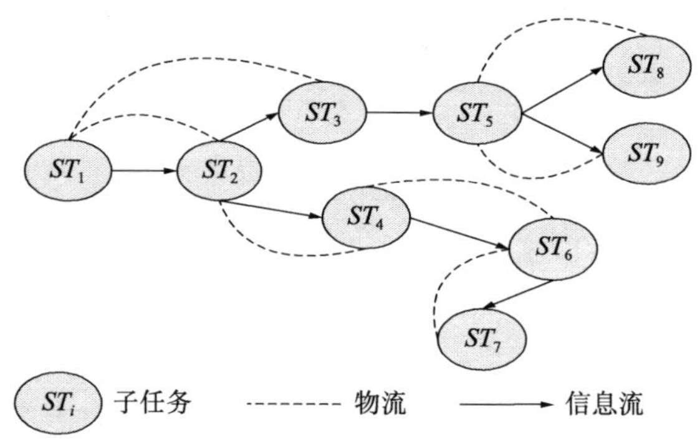

图 4－2 任务间物流及信息流示意图

4.3.2 内聚性与任务粒度

任务分解后，子任务内部各元任务间应紧密联系，内聚性为度量子任务紧密程度的指标，内聚性高，即任务间相互作用弱，表明该任务执行结构简洁明晰。内聚性反映了子任务内部联系紧密程度，进而反映了生产任务各层级的组织形式，还体现了生产任务的规模和数量，即子任务粒度大小。当子任务数量越多，表明任务分解后的结构越复杂，子任务信息交互越密切，任务粒度越细，从而增加了任务控制难度。而当子任务数量过少时，任务结构表面上简洁清晰，但是当子任务内部结构蕴含大量的不确定性，资源匹配难度增大，不利用资源提供者协调配合，影响生产任务执行效率。

此外，不同类型生产任务，其结构千差万别，任务分解粒度大小不能一概而论。因此，任务粒度不是一个绝对概念，任务分解应根据其本身结构和所需资源确定粒度大小，从而体现任务内聚性。内聚系数是度量任务内聚性的指标，体现了任务内部联系紧密程度。

1. 关联内聚系数 λ_i

关联内聚系数是对任务内部各子任务之间关联关系的度量系数。当某个子任务始终与另一个子任务保持着密切联系，与其存在着频繁的输入、输出时，表明这两子任务之间信息交互越频繁，任务关联越大，关联内聚系数越大。每个子任务由多个元任务组成。因此，子任务 ST_i 的关联系数 λ_i 如（4－1）式所示。

$$\lambda_i = \begin{cases} \dfrac{\sum\limits_{(eo,qi)} \left| \{ (do,pi) \in n \mid (\{eo\} \cup qi) \cap (\{do\} \cup pi) \neq \varnothing, eo \neq do \} \right|}{|n| \cdot |n-1|}, & |n| > 1 \\ 0, & |n| \leqslant 1 \end{cases} \tag{4-1}$$

其中，do、eo 表示子任务 ST_i 输出的元任务；qi、pi 表示子任务 ST_i 输入的元任务；$(\{eo\} \cup qi) \cap (\{do\} \cup pi) \neq \varnothing$ 表示子任务 ST_i 与其他子任务之间可能存在非空交集；$|n|$ 表示子任务 ST_i 中元任务数量；$\sum$ 表示当 $do \neq eo$ 时，子任务 ST_i 与其他子任务非空集合次数。

2. 重用内聚系数 η_i

重用内聚系数是因任务结构而引发的，表示元任务重用程度的度量系数。取值为某任务结构中被重用的元任务数与其结构中所有元任务的比值，因此，子任务 ST_i 的重用内聚系数 η_i 如（4－2）式所示。

$$\eta_i = \begin{cases} \dfrac{\{\mu \in U \mid \exists (eo,qi) \in n, (do,pi) \in n, \mu \in \{eo\} \cup qi) \cap (\{do\} \cup pi), (eo,qi) \neq (do,pi)\}}{|\mu \in U \mid \exists (eo,qi) \in n, \mu \in (\{eo\} \cup qi)|}, & |n| > 0 \\ 0, & |n| = 0 \end{cases} \tag{4-2}$$

3. 任务内聚系数 φ_i

任务内聚系数是衡量任务聚合程度的指标，可反映一个任务内部各子任务间独立性，由关联内聚系数和重用内聚系数共同决定，其取值为子任务 ST_i 关联系数 λ_i 与重用内聚系数 η_i 的乘积，任务内聚系数的表达式如

(4－3) 式所示。

$$\varphi_i = \lambda_i \eta_i \tag{4-3}$$

4. 任务粒度系数 K

任务内聚系数定量地描述了任务内部联系紧密程度，从而可以描述子任务规模大小，即粒度大小。任务粒度系数是描述任务规模大小的指标，是生产任务中各子任务内聚系数的均值，任务粒度系数的表达式如 (4－4) 式所示。

$$K = \frac{\sum_{i=1}^{N} \varphi_i}{N} \tag{4-4}$$

(4－4) 式中，N 表示子任务数量，且 $N > 0$ 。

可见由任务内聚程度决定了任务粒度系数 α 。

5. 任务粒度 G_N

由任务粒度系数和任务数量可以确定任务粒度，任务粒度与任务数量成反比，与任务粒度系数成正比，即当任务粒度系数较大时，子任务内部结构越松散。任务粒度的表达式见 (4－5) 式。

$$G_N = K \times \frac{1}{N} \tag{4-5}$$

(4－5) 式中，N 表示子任务数量；K 表示任务粒度系数；且 $G_N > 0$，$N > 0$。

4.3.3 耦合性与任务关联度

由任务内聚性与任务粒度定量描述任务独立性和任务规模，但是由于子任务具有相对独立性，子任务间必然存在着一些信息和物流等方面的联系。如果子任务之间信息交互越多，意味着关联性越大，即子任务间耦合性越大，对子任务进行资源匹配时，需要花费较大成本才能提高资源匹配精度和效率。相反，当子任务间信息交互较少时，表明子任务间耦合性越小，用较少成本就能完成资源的配置。

任务分解是在一定程度上降低任务间关联关系，因此，当耦合性较大时，说明任务分解不彻底，分解过程未结束；当耦合性较小时，说明任务均具有较高独立性，能为子任务充分匹配新兴技术创新资源，提高了资源的匹配精度。

1. 任务关联度与关联矩阵

子任务之间关联关系可以用 N 阶方阵表示，N 为子任务数量。任务间关联关系主要由物流关联关系和信息关联关系组成，其中，任务间物流关联关系用物流关联度表示，任务间信息关联关系用信息关联度表示。在信息关联矩阵中，每一行元素之和为该行对应子任务与其余子任务间信息关联程度。矩阵中各元素取值是由历史数据趋势和专家评价取得，取值范围为［0,1］。

物流关联度 h_{ij} 用于度量任务间物流距离、频率、体积以及物料转移难易程度，物流关联度通过物流关联矩阵表示，如（4－6）式所示。

$$\boldsymbol{H} = \begin{Bmatrix} h_{11} & h_{12} & \cdots & h_{1N} \\ h_{21} & h_{22} & \cdots & h_{2N} \\ \vdots & \vdots & & \vdots \\ h_{N1} & h_{N2} & \cdots & h_{NN} \end{Bmatrix} \tag{4-6}$$

信息关联度 m_{ij} 是对任务间信息交流、任务协调和配合的依赖程度及顺畅程度的度量，信息关联度通过信息关联矩阵表示，如（4－7）式所示。

$$\boldsymbol{M} = \begin{Bmatrix} m_{11} & m_{12} & \cdots & m_{1N} \\ m_{21} & m_{22} & \cdots & m_{2N} \\ \vdots & \vdots & & \vdots \\ m_{N1} & m_{N2} & \cdots & m_{NN} \end{Bmatrix} \tag{4-7}$$

任务关联度是根据物流关联度和信息关联度各自权重，进行综合量化得到的结果，如（4－8）式所示。

$$\begin{cases} R_i = \sum_{i=1}^{N} R_{ij} \\ R_{ij} = \alpha h_{ij} + \beta m_{ij} \\ \alpha + \beta = 1 \end{cases} \tag{4-8}$$

（4－8）式中，R_i 表示子任务 ST_i 任务关联度；R_{ij} 表示子任务 ST_i 对子任务 ST_j 任务关联度；α 和 β 分别表示物流关联度和信息关联度对任务关联度相对重要程度，α 和 $\beta \in [0,1]$。

2. 任务耦合系数 γ

任务耦合系数是衡量任务关联程度的指标，反映一个任务内部各子任务间联系的紧密程度，取值为子任务 ST_i 与其余子任务关联度均值，如（4－9）式所示。

$$\gamma = \frac{\sum_{j=1}^{N} R_{ij}}{N} \tag{4-9}$$

4.4 生产任务分解优化流程

依据生产任务特点和任务分解原则，在确保任务可行性基础上，通过任务类型、任务内聚性和耦合性，提出生产任务分解优化流程。具体包括任务初步分解、任务关联图建立、任务重组聚类三个步骤。首先，在任务初步分解步骤中，根据任务类型、任务层次结构，将生产任务拆分成相应层次的若干个元任务；其次，由元任务间执行层级次序建立关联有向图，依据元任务间关联关系建立关联无向图；最后，根据任务关联度矩阵，通过相应聚类算法对元任务关联无向图进行合并重组，即可得到多个无向图，每个无向图都表示一个子任务，其生产任务分解优化流程如图 4－3 所示。

4.4.1 任务初步分解

以产品结构不会有推倒或否定式更新换代的产品为例，可以在新兴技术创新平台历史数据库中，搜寻到类似生产任务，然后参考物料清单（BOM），依据内部关系分解为相应的元任务层次结构，得到任务分解结构树，如图 4－4 所示。

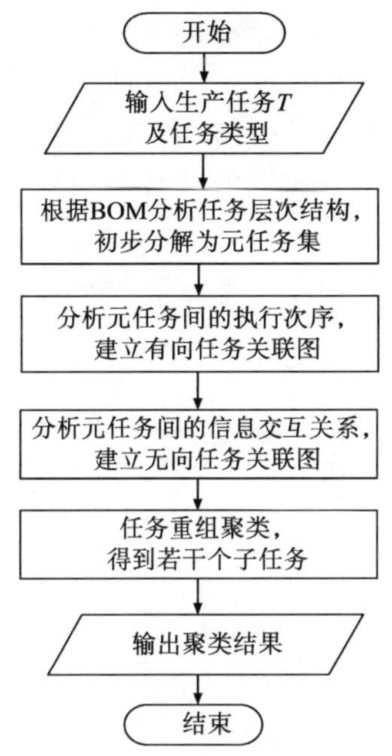

图 4-3　生产任务分解优化流程

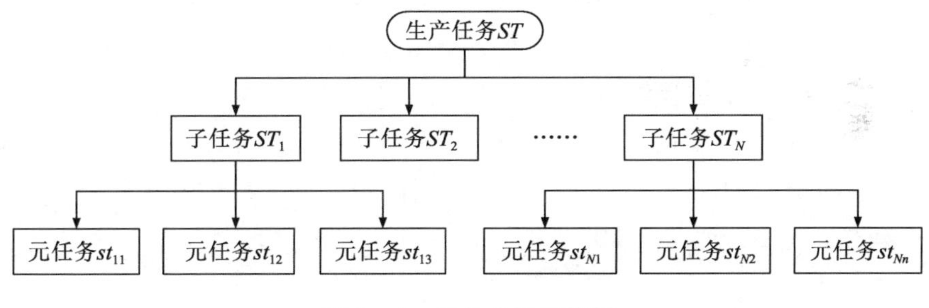

图 4-4　任务分解结构树

每一个叶子节点表示一个元任务，元任务集可表示为

$$\boldsymbol{ST} = \{ST_i \in T,\ st_{is} \in t_i \mid i \in [0,\ N],\ s \in [0,n]\}$$

其中，ST_i 表示子任务；st_{is} 表示元任务；N 表示子任务数量；n 表示元任务数量。

4.4.2　任务关联图建立

首先，运用 BOM 初步分解生产任务，形成初始元任务集。然后，依据元任务执行次序，将箭头折线连接起来，得到表示任务执行次序的有向关联图。通过 4.2.1 节中任务类型与关系分析，元任务间存在五种任务结构，分别为独立结构、串行结构、并行结构、选择结构和循环结构。

通过 4.2.1 节中任务类型与关系分析，以及 4.2.3 节中对任务耦合型与关联度的分析，可知任务间交互关系主要包括物流交互关系和信息交互关系。因此，依据物流关联度与信息关联度建立无向关联图。对于不同元任务结构，元任务 st_{is} 和元任务 st_{iu} 的物流关联度和信息关联度计算公式如表 4－2 所示。

表 4－2　信息及物流关联度计算公式

任务结构	物流关联度	信息关联度
独立结构	0	0
串行结构	$h_{s\to u} = weight_{su}$	$m_{s\to u} = time_{su}$
并行结构	$h_{su} = weight_{su}$	$m_{su} = time_{su}$
选择结构	$h_s^u = weight_{su} \times p_{su}$	$m_s^u = time_{su} \times p_{su}$
循环结构	$h_{s\leftrightarrow u} = k \times weight_{su}$	$m_{s\leftrightarrow u} = k \times time_{su}$

h_{su}、m_{su} 分别表示元任务 st_{is} 与元任务 st_{iu} 之间物流关联度与信息关联度，h_{su}、$m_{su} \in [0,1]$；$time_{su}$ 表示任务间信息交互时间；$weight_{su}$ 表示任务间物流重量；p_{su} 表示选择结构中，元任务 st_{iu} 被选择概率，$p_{su} \in [0,1]$；k 表示循环结构中重复次数。由关联度矩阵表示相对应任务结构关联度，关联无向图不考虑元任务之间信息方向性，因此矩阵关于对角线对称，且对角线上数值都为 0，如（4－10）式、（4－11）式所示。

$$\boldsymbol{H}_i(\boldsymbol{t}_{is},\boldsymbol{t}_{iu})_{n\times n} = \begin{Bmatrix} 0 & h_{12} & \cdots & h_{1n} \\ h_{21} & 0 & \cdots & h_{2n} \\ \vdots & \vdots & & \vdots \\ h_{n1} & h_{n2} & \cdots & 0 \end{Bmatrix} \tag{4－10}$$

$$\boldsymbol{M}_i(\boldsymbol{t}_{is},\boldsymbol{t}_{iu})_{n\times n} = \begin{Bmatrix} 0 & m_{12} & \cdots & m_{1n} \\ m_{21} & 0 & \cdots & m_{2n} \\ \vdots & \vdots & & \vdots \\ m_{n1} & m_{n2} & \cdots & 0 \end{Bmatrix} \tag{4－11}$$

由于两个关联矩阵数值量纲不同，且都为正向指标，因此，需要对数值进行标准化处理，消除量纲影响，h'_{su}、$m'_{su} \in [0,1]$，采用（4－12）

式、(4－13) 式，如下所示。

$$h'_{su} = \frac{h - h_{\min}}{h_{\max} - h_{\min}} \tag{4-12}$$

$$m'_{su} = \frac{m - m_{\min}}{m_{\max} - m_{\min}} \tag{4-13}$$

最后，通过信息 α 与物流成本 β 比值得到两个关联矩阵调节因子，以此合并两个关联矩阵，去掉关联有向图中的有向线段，通过无向线段进行连接并标度 w_{su}，得到最终的关联无向图，如 (4－14) 式、(4－15) 式所示。

$$\boldsymbol{Y}_{n\times n} = \begin{Bmatrix} 0 & y_{12} & \cdots & y_{1n} \\ y_{21} & 0 & \cdots & y_{2n} \\ \vdots & \vdots & & \vdots \\ y_{n1} & y_{n2} & \cdots & 0 \end{Bmatrix} \tag{4-14}$$

$$y_{su} = \alpha h'_{su} + \beta m'_{su} \tag{4-15}$$

4.4.3　任务聚类重组

新兴技术创新资源匹配对象为一个完整的子任务，因此需要对初步分解后的元任务进行聚类重组，形成若干个元任务集，每个元任务集可看作新兴技术创新网络下的一个完整子任务。为使每个子任务在新兴技术创新平台中都可高效地匹配新兴技术创新资源，各子任务大小应均匀分布且相互间耦合性尽可能小，避免任务间的相互影响。若子任务内部复杂性较大，即子任务内聚性高，子任务内部为一个整体。由元任务建立的关联无向图是在充分考虑任务间信息交互关系的基础上，组成的一个新的任务流程图，将元任务聚类重组成多个高内聚、低耦合，且可独立执行的子任务过程，可以视为一个关联无向图分割的过程。即将关联无向图分割成多个子关联无向图，割掉耦合性较小的元任务，保证各子关联无向图内部的元任务高度内聚。因此，选取一种不依赖初始参数设置，而仅关注图的整体结构，依据图上节点交互程度进行聚类的方法，即图聚类算法。

通过图聚类算法对元任务进行聚类重组形成若干个子任务。由关联无向图可知，$y_{su} = y_{us}$，图聚类的目标是仅根据关联度的高低对元任务进行聚类，形成某一子任务集 $\boldsymbol{ST}_i = \{st_{i1}, st_{i2}, \cdots, st_{in}\}$，$N$ 表示子任务的数量。其第一步就是建立关联度矩阵。通过公式 (4－10) 到公式 (4－15) 得到初步分解后元任务的关联矩阵，每一个元任务均可看作新兴技术创新网络中的一个节点，由加权的关联度矩阵可知，节点间的连接密度和与之相连的节点的权重有关，该节点与其相关联节点的关系可以用各节点权重和表示，如公式（4－16）所示。

$$\boldsymbol{Y}_s = \{y_{su}\}, \quad s,u = 1,2,\cdots,n \tag{4-16}$$

利用图聚类算法对任务进行聚类，其原理是图的内部节点以及节点间连接的边尽可能地多，图之间的节点边尽可能地少，从而度量任务聚类质量。可用图内部节点边数目和同结构网络下连接节点与边后节点 s 和 u 之间边数的期望值之差来判断。当聚类效果较好时，差值越大；相反，差值越小，聚类效果越不理想。为了解决加权型图聚类评价效果，可以用权值大小表示图之间的联系强度。当图内联系越紧密时，节点边的权重越大；而对于不同的图，图之间的联系应该较弱，节点边权重较小，遵循了任务分解聚类的原则。可用公式（4－17）、公式（4－18）得到聚类的评价标准，评价标准如公式（4－19）所示。

$$B = \frac{1}{\frac{1}{2}\sum_{s=1}^{n} Y_s}\sum_{s,u=1}^{n}\left(y_{su} - \frac{Y_s Y_u}{\frac{1}{2}\sum_{s=1}^{n} Y_s}\right)\delta_{s,u} \tag{4-17}$$

$$\delta_{s,u} = \frac{1}{2}(k+1) \tag{4-18}$$

$$k = \begin{cases} 1, & s,u \in A \\ -1, & else \end{cases} \tag{4-19}$$

（4－17）式—（4－19）式中，y_{su} 表示公式（4－15）中所得值的加权，即关联矩阵 $\boldsymbol{Y}$ 加权后的关联矩阵第 s 行、第 u 列的值，表示元任务 st_{is} 与 st_{iu} 的加权关联度；n 表示元任务数量；$\sum$ 表示与元任务 st_{is} 有关联的节点所有权值和；k 表示当两变量属于同一个集合时，即两节点位于同一图类时，取值为1，否则取值为－1。$B \in [-0.5,1)$，通常认为当 $B > 0.5$ 时，图聚类效果较好，同时越接近1，任务划分越清晰，聚类结果越好。

具体的聚类步骤如下：

步骤1：将每一个元任务看作一个聚类的节点，可形成由若干元任务构成的任务网络，计算节点边数目与同结构网络中图内期望边数之差 B 。

步骤2：根据任务初步分解形成的元任务结构树，选取距离较近的两个元任务随机聚合，聚合后可看作任务网络的一个节点，计算因两个元任

务聚合而导致 B 值变化，所得 B 值增量的数值，如公式（4－20）所示。

$$\Delta B = \frac{4}{\sum_{s=1}^{n} Y_s}\left(y_{su} - \frac{2Y_sY_u}{\sum_{s=1}^{n} Y_s}\right) \tag{4-20}$$

步骤 3：取 ΔB 最大的两节点对应的元任务进行聚合，组合成一个新的节点，由此形成新的元任务关联图，计算新的任务关联度和 B 值。

步骤 4：重复第 2 步和第 3 步，直至整个元任务网络聚合成一个节点，且每次记录第 3 步中所得网络结构及其 B 值。

步骤 5：在记录的网络结构中，选取 B 值最大的网络结构，得到最优聚类效果。

步骤 6：各节点团体的任务内聚系数和任务耦合系数，取两者之间的比值集合的均值 o 作为评价任务分解结果是否满足"高内聚，低耦合"的聚类标准，如果超过新兴技术创新平台基于同类型任务设定的阈值 o'，则顺位第二优的网络结构，直至小于新兴技术创新平台设定的阈值，如公式（4－21）所示。

$$o = \frac{\sum_{i=1}^{N} \frac{\varphi_i}{\gamma_i}}{N}, \quad o \leqslant o' \tag{4-21}$$

新兴技术创新网络下生产任务分解任务执行完毕，得到了最优且符合粒度要求及分解原则的子任务。

4.5 本章小结

组织嵌入是指在依据社会网络分析软件中派系划分法所确定的合作较为密切的凝聚子群。新兴技术创新网络通过重组来适应外部环境，并通过组织嵌入式成员企业的协作和创新来实现新兴技术创新网络的目标。本章首先对生产任务分解目标与原则进行分析，明确任务分解应遵循"高内聚，低耦合"的原则，研究了任务间信息交互关系，并提出了度量任务内聚性与耦合性的方法，同时经过分析发现，任务间交互关系会直接影响子任务的执行顺序、粒度大小及执行成本。另外，在研究了组织嵌入条件下生产任务的分解后，又基于 BOM 的任务初步分解、任务关联图的建构分析及任务聚类重组方法，设计了生产任务分解优化过程和任务分解优化的具体流程。

第 5 章

组织嵌入下的网络资源选择与评价

学术界关于组织嵌入的概念尚未清晰界定，在实践中也具有较为丰富的形式。新兴技术创新网络通过重组来适应外部环境，并通过组织嵌入式成员的协作和创新来实现新兴技术创新网络的目标。在新兴技术创新网络下，信息流驱动组织的嵌入式运营，组织嵌入协议确保了新兴技术创新网络的正常运行。故而组织嵌入可以被理解为具有决策能力的活动节点及节点间互动组带共同组成的系统结构网络。

5.1 组织嵌入下资源选择目标与原则

5.1.1 网络资源选择目标

作为知识经济时代的产物，网络资源也被称为虚拟资源，它是以数字化形式记录的、以多媒体形式表达的，存储在网络计算机磁介质、光介质以及其他通信介质上的，通过计算机网络方式进行传递信息内容的集合。

新兴技术创新网络下资源的选择优化需要考虑多方因素，从多方面评价资源，从而使任务与资源得到最优匹配。通过构建新兴技术创新网络下的资源选择优化模型，并求解可得到优化结果，这一优化问题实质上是一个多目标优化问题。新兴技术创新网络下的资源提供方须从网络创新资源出发，充分考虑资源需求方的需求，为其匹配合适的资源。

1. 体现新兴技术创新网络“制造即服务”的思想

得到充分满足资源需求方个性化需求的任务—网络创新资源匹配结果。在新兴技术创新网络下，资源需求方作为服务主体，资源提供方从自身实际出发，最大限度地满足资源需求方的个性化需求。资源需求方对资源具有最基本的功能性需求，即资源能绝对保证任务执行，除此之外，非功能性需求组成资源需求方直接评价新兴技术创新网络资源的指标，其非功能性需求包括新兴技术创新网络下的资源成本、时间和质量。由于资源需求方需求具有不确定性，所需资源没有可以参考的历史数据，往往根据任务评估和主观因素给出一个模糊评价，使得可匹配的资源并未得到大幅筛选，因此需要通过新兴技术创新网络平台，集合多方数据，识别资源需求方模糊需求，进而筛选资源，最后根据资源需求方主观评价，综合评价新兴技术创新网络下的资源，得到满足资源需求方需求的任务—网络创新资源匹配方案。

2. 体现新兴技术创新网络“分散资源集中管理，集中资源分散使用”的运行模式

基于资源需求方个性化需求，综合各方因素评价资源，进而得到既满足资源需求方需求，又符合实际的任务—网络创新资源匹配结果。新兴技术创新网络下的资源选择问题，关键是解决资源需求方对资源非功能性需求筛选的问题，新兴技术是指在类别级别上与现有技术存在明显不同的技术或知识，新兴技术创新网络通常包含多个层级，所以由此引发的技术创新往往也是多方面的，由于资源需求方所需资源是为了完成其复杂的生产任务所欠缺且需求不确定的资源，因此所需资源无历史数据可参考，其对资源的评价主观性较大，且不符合实际。新兴技术创新网络完美地解决了这一问题，其可以充分收集各方需求，对资源作出综合性评价。首先新兴技术创新网络平台在资源需求方发布资源需求时，就得到了资源需求方对资源作出的非功能性约束条件，然后在资源提供方上传资源的同时，收集得到了其对于所提供资源的非功能性属性。此外，新兴技术创新网络平台还存档了同类任务—网络创新资源匹配方案的历史数据。因此，通过新兴技术创新网络平台，可以使各方在符合实际的条件下最大限度地满足资源需求方个性化需求。

5.1.2　网络资源选择原则

在新兴技术创新网络下，为优化匹配网络创新资源，应综合考虑资源需求方、市场供应和历史数据等情况，为任务匹配合适的资源。因此，新兴技术创新网络下的资源选择优化应遵循功能性匹配原则、按需匹配原则、市场供应匹配原则和历史数据匹配原则。

1. 功能性匹配原则

新兴技术创新网络平台集合了分散的资源，同时这些资源多种多样，体现了“分散资源集中管理，集中资源分散使用”的特点，能执行同一生产任务的资源具有相同的功能属性。在新兴技术创新网络下，资源选择的关键节点应是现有资源能符合任务执行需求。

2. 按需匹配原则

通过功能性匹配原则，已经初步筛选出能执行生产任务的资源，除了资源的功能属性外，资源的非功能属性是资源需求方关注的重点。在保证任务可执行的前提下，按照资源需求方个性化需求，评价这类资源，进一步缩小新兴技术创新网络下的资源筛选范围，按需为任务匹配资源，充分体现新兴技术创新网络“制造即服务”的思想。

3. 市场供应匹配原则

新兴技术创新网络平台根据用户上传的资料，实时更新资源数据库，其包括了这一时间段内所有的资源，体现了当前市场下资源提供情况，同类资源的非功能属性可进行比较。在符合实际的情况下，按需为任务匹配新网络创新资源，使得资源匹配的结果更具有现实性和可行性。

4. 历史数据匹配原则

在新兴技术创新网络下，同类生产任务的历史数据可为当前生产任务提供一定的指导作用。当新兴技术创新网络下的资源提供方完成生产任务后，资源需求方会对资源提供方的服务效果进行评价，其评价结果会同时作为已有资源信息封存在新兴技术创新网络平台，后续需调取同类资源时，会结合此数据评估资源，使得未来资源匹配结果质量更优。

5.2 组织嵌入下资源评价指标建立

5.2.1 网络资源评价指标选取

现有研究表明，传统技术在进行创新时受特定范式影响更为显著，往往在问题取向、轨道和边界等方面受到抑制，而新兴技术创新相对受范式的约束更小。同时，新兴技术创新网络强调“制造即服务”的思想，以及“分散资源集中管理，集中资源分散使用”统筹匹配资源的思想，所以更加关注服务的灵活性和可靠性，即服务质量。新兴技术创新网络通过重组来适应外部的环境，并通过组织嵌入式成员的协作和创新来实现新兴技术创新网络的目标，故而应密切关注变化幅度较大的指标，实时更新数据，包括成本和时间。因此，在新兴技术创新网络下，从资源提供方角度选取影响新兴技术创新网络下资源选择的关键因素作为评价指标，构建评价指标体系。评价指标体系第一层包括成本、时间和质量，第二层为第一层 3 个评价指标细分的相应指标，共选取 3 个一级新兴技术创新网络下的资源评价指标，8 个二级新兴技术创新网络下的资源评价指标。新兴技术创新网络下的资源评价分层指标体系如图 5 - 1 所示。

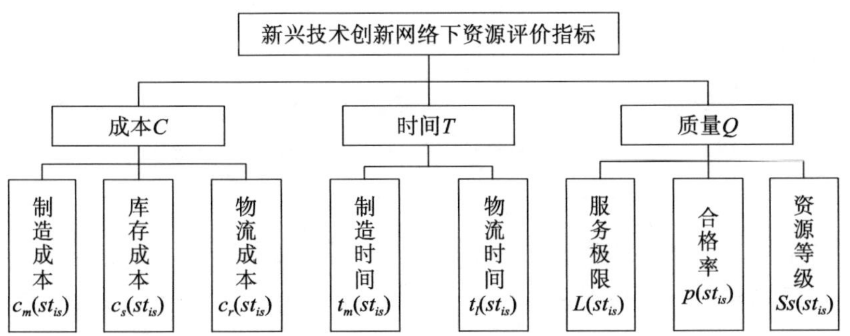

图5-1 新兴技术创新网络下的资源评价分层指标体系

优化模型中应用的数学符号及含义如表5-1所示。

表5-1 符号及含义

符号	含义
i	子任务节点
s	子任务对应的元任务节点
N	一项任务 ST 对应的子任务节点数
n	子任务 ST_i 中包含的元任务节点数
C	网络创新资源总成本
T	网络创新资源总时间
Q	网络创新资源质量
$c_m(st_{is})$	元任务 st_{is} 对应网络创新资源 MS_{is} 的制造成本
$c_s(st_{is})$	元任务 st_{is} 对应网络创新资源 MS_{is} 的库存成本
$c_r(st_{is})$	元任务 st_{is} 对应网络创新资源 MS_{is} 的物流成本
$t_m(st_{is})$	网络创新资源 MS_{is} 完成元任务 st_{is} 所需的制造时间
$t_l(st_{is})$	元任务 st_{is} 对应网络创新资源 MS_{is} 的物流时间
$L(st_{is})$	元任务 st_{is} 对应网络创新资源 MS_{is} 提供方的服务极限
$P(st_{is})$	元任务 st_{is} 对应网络创新资源 MS_{is} 的合格率
$Ss(st_{is})$	元任务 st_{is} 对应网络创新资源 MS_{is} 的等级
T_p	规定允许的最大完成时间限度
C_{pmax}	规定允许的最大成本支出
d	所需的网络创新资源数量
D_{is}	网络创新资源提供方 MS_{is} 的服务能力

1. 成本 C

表示所匹配资源的总成本，其中包括制造成本 c_m 、库存成本 c_s 和物流成本 c_r 。制造成本 c_m 是指在新兴技术创新网络下与任务匹配的资源本身的价值成本。库存成本 c_s 是指在新兴技术创新网络下，因各节点的服务时间差异、资源提供方的地域差异，会导致子任务执行不连贯，产生资源的库存成本。对于复杂生产任务，分解可得到若干子任务，新兴技术创新网络下的资源匹配会影响任务执行，库存成本尤其严峻。物流成本 c_r 是指在新兴技术创新网络下，资源的提供方不再局限于某一地区，新兴技术创新网络平台集合了所有能执行生产任务的资源，每一个子任务都有与之匹配的资源，新兴技术创新网络下的资源提供方在提供相关资源时会产生相应的运输费用、运输损耗等，这些都属于物流成本。

2. 时间 T

表示在新兴技术创新网络下所匹配的资源总时间，是指资源提供方在接收到生产任务后为资源需求方提供资源，到资源需求方接收到资源的总时间，其中包括制造时间 t_m 和物流时间 t_l 。制造时间 t_m 是指新兴技术创新网络下的资源提供方为提供相应的网络创新资源所需的时间，物流时间 t_l 是指子任务所需各类资源全部运往资源需求方所花费的运输时间。

3. 质量 Q

表示在新兴技术创新网络下资源选择过程中，对资源提供方所提供资源的约束。在新兴技术创新网络下，质量是评价资源的关键指标之一，直接影响任务执行，间接影响产品出产和返工。新兴技术创新网络下资源评价指标包括资源提供方服务极限 L 、合格率 P 、资源等级 Ss 等。服务极限 L 可以评价新兴技术创新网络下的资源提供方的生产规模，当资源需求方对资源的需求接近其生产规模时，资源提供方接近满负荷运转，难以高效率地提供资源，因此服务极限可以作为评价新兴技术创新网络下资源质量的因素之一。合格率 P 是指在新兴技术创新网络下资源配比满足条件的比率。资源等级 Ss 是由历史同类资源需求方通过综合评价所得，包括与资源提供方合作满意度，根据新兴技术创新网络平台集合得到的投诉百分比及资源提供方的三废排放标率，由此确定在新兴技术创新网络下资源提供方的资源等级。

5.2.2　网络资源评价指标聚合

在新兴技术创新网络下，对任务分解后，得到了一组具有逻辑性和相对独立性的子任务集，构成了新兴技术创新网络下子任务网络，已经根据任务间交互信息得到了五种基本任务结构，分别为独立型、串行依赖型、并行依赖型、选择依赖型、耦合型结构。由于任务结构不同，新兴技术创新网络下资源组合形式也具有多样性。在新兴技术创新网络下，一个完整的资源组合通常由以上五种基本结构组合而成，针对不同的基本结构，资源评价指标的计算方式也不尽相同。因此，充分考虑数据间依赖关系和新兴技术创新网络下资源提供方的业务制约关系，对资源成本、时间和质量指标进行计算，评价网络创新资源，以此提升任务—网络创新资源优化匹配准确性。新兴技术创新网络下的五种任务结构资源评价指标计算公式如表 5－2 所示。

表 5－2　　五种结构的评价指标聚合公式

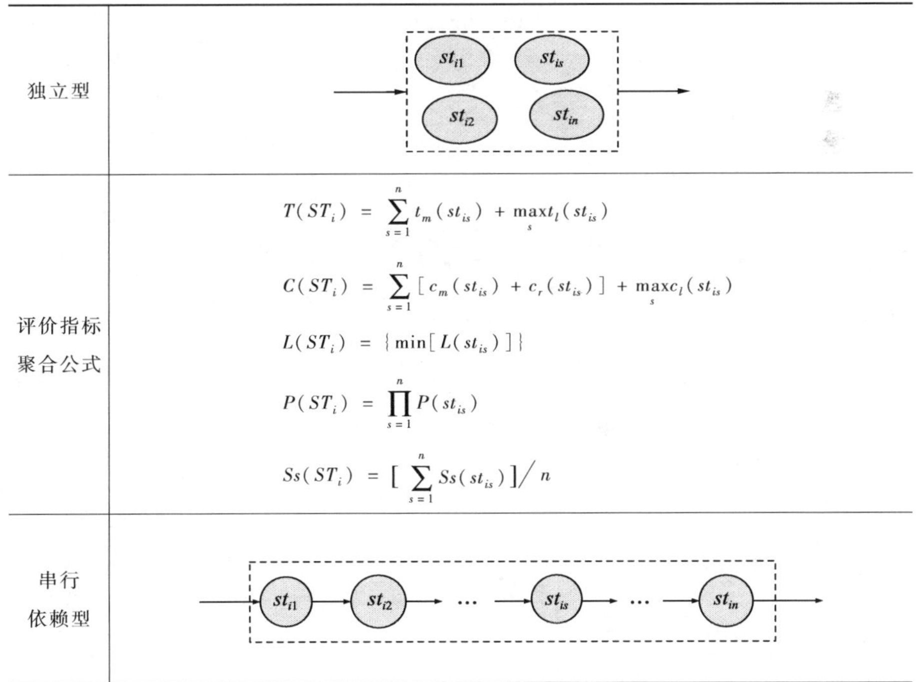

独立型	st_{i1}　st_{is}　st_{i2}　st_{in}
评价指标聚合公式	$T(ST_i) = \sum_{s=1}^{n} t_m(st_{is}) + \max_s t_l(st_{is})$ $C(ST_i) = \sum_{s=1}^{n} [c_m(st_{is}) + c_r(st_{is})] + \max_s c_l(st_{is})$ $L(ST_i) = \{\min[L(st_{is})]\}$ $P(ST_i) = \prod_{s=1}^{n} P(st_{is})$ $Ss(ST_i) = [\sum_{s=1}^{n} Ss(st_{is})] / n$
串行依赖型	st_{i1} → st_{i2} → … → st_{is} → … → st_{in}

续表

评价指标聚合公式	$T(ST_i) = \sum_{s=1}^{n}[t_m(st_{is}) + t_l(st_{is})]$ $C(ST_i) = \sum_{s=1}^{n}[c_m(st_{is}) + c_l(st_{is}) + c_r(st_{is})]$ $L(ST_i) = \{\min[L(st_{is})]\}$ $P(ST_i) = \prod_{s=1}^{n}P(st_{is})$ $Ss(ST_i) = [\sum_{s=1}^{n}Ss(st_{is})]/n$
并行依赖型	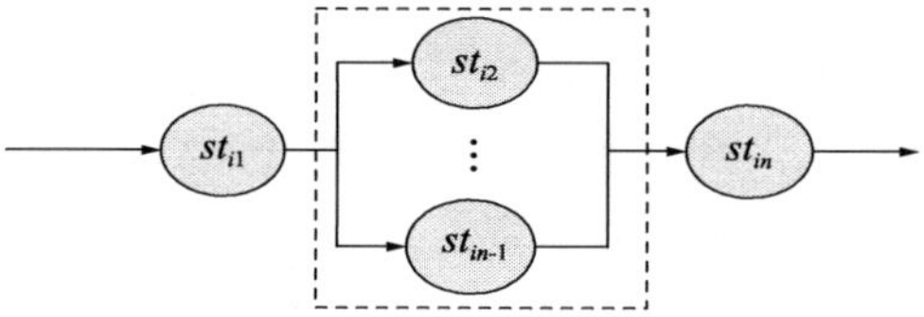
评价指标聚合公式	$T(ST_i) = \max_{s}[t_m(st_{is}) + t_l(st_{is})]$ $C(ST_i) = \sum_{s=1}^{n}[c_m(st_{is}) + c_r(st_{is})] + \max_{s} c_l(st_{is})$ $L(ST_i) = \{\min[L(st_{is})]\}$ $P(ST_i) = \prod_{s=2}^{n-1}P(st_{is})$ $Ss(ST_i) = [\sum_{s=2}^{n-1}Ss(st_{is})]/(n-1)$
选择依赖型	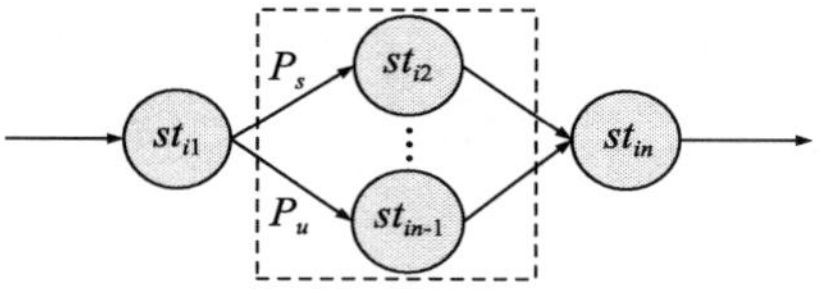
评价指标聚合公式	$T(ST_i) = \sum_{s=1}^{n}[t_m(st_{is}) + t_l(st_{is})] \times p_s$ $C(ST_i) = \sum_{s=1}^{n}[c_m(st_{is}) + c_r(st_{is})] \times p_s + \max_{s} c_l(st_{is})$ $L(ST_i) = \{p_s \mid \min[L(st_{is})]\}$ $P(ST_i) = \prod_{s=2}^{n-1}[P(st_{is}) \times p_s]$ $Ss(ST_i) = \sum_{s=2}^{n-1}[Ss(st_{is}) \times p_s]$

续表

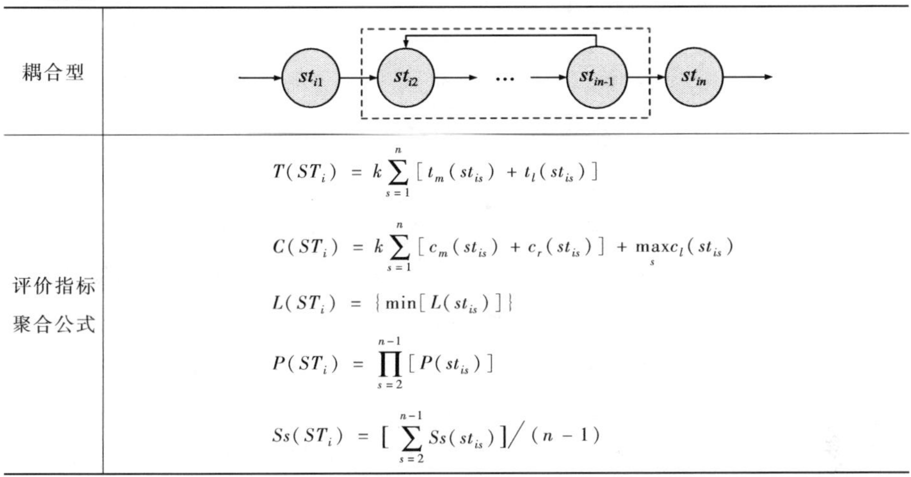

耦合型	st_{i1} → st_{i2} → … → st_{in-1} → st_{in}
评价指标聚合公式	$T(ST_i) = k\sum_{s=1}^{n}[t_m(st_{is}) + t_l(st_{is})]$ $C(ST_i) = k\sum_{s=1}^{n}[c_m(st_{is}) + c_r(st_{is})] + \max_s c_l(st_{is})$ $L(ST_i) = \{\min[L(st_{is})]\}$ $P(ST_i) = \prod_{s=2}^{n-1}[P(st_{is})]$ $Ss(ST_i) = [\sum_{s=2}^{n-1}Ss(st_{is})]/(n-1)$

新兴技术创新网络平台上某一项任务的子任务被发现后，新兴技术创新网络平台从资源需求方析取资源评价指标，得到相关指标数值。设定子任务 t_i 对应的新兴技术创新网络下资源集为 $\boldsymbol{MS}_i = \{ms_{i1}, ms_{i2}, \cdots, ms_{is}, \cdots, ms_{in}\}$，则新兴技术创新网络下资源评价指标 V 如（5-1）式所示。

$$\boldsymbol{V}(\boldsymbol{MS}_i) = \begin{bmatrix} V(ms_{i1}) \\ V(ms_{i2}) \\ \vdots \\ V(ms_{is}) \end{bmatrix} = \begin{bmatrix} v_{11} & v_{12} & \cdots & v_{1n} \\ v_{21} & v_{22} & \cdots & v_{2n} \\ \vdots & \vdots & & \vdots \\ v_{s1} & v_{s2} & \cdots & v_{sn} \end{bmatrix} \tag{5-1}$$

由于新兴技术创新网络下资源评价指标含义不同，具有成本、时间等负向指标，以及质量（合格率、资源等级）等正向指标，量纲差异较大，因此运用阈值法，对正向指标数值由（5-2）式、负向指标数值由（5-3）式进行标准化处理，转化为同量级数据，经标准化处理后，新兴技术创新网络下资源评价指标矩阵为（5-4）式，从资源需求方角度，运用5.2.1节方法分析选取8个评价指标，因此 $n = 8$。

$$v_{is} = \frac{v_{is} - \min\limits_{1 \leqslant s \leqslant n} v_s}{\max\limits_{1 \leqslant s \leqslant n} v_s - \min\limits_{1 \leqslant s \leqslant n} v_s} \tag{5-2}$$

$$v_{is} = \frac{\max\limits_{1 \leqslant s \leqslant n} v_s - v_{is}}{\max\limits_{1 \leqslant s \leqslant n} v_s - \min\limits_{1 \leqslant s \leqslant n} v_s} \tag{5-3}$$

$$V(MS'_i)=\begin{bmatrix}V(ms'_{i1})\\V(ms'_{i2})\\\vdots\\V(ms'_{is})\end{bmatrix}=\begin{bmatrix}v'_{11}&v'_{12}&\cdots&v'_{1n}\\v'_{21}&v'_{22}&\cdots&v'_{2n}\\\vdots&\vdots&&\vdots\\v'_{s1}&v'_{s2}&\cdots&v'_{sn}\end{bmatrix}\tag{5-4}$$

随着时代的发展，人们的物质生活得到了极大的提高，随之变化的是人们对于个性化的追求也日益增强。在新兴技术创新网络下，资源需求方的需求带有很强的模糊性和偏好性，而这种偏好性和模糊性给资源提供方的业务流程带来了更多的不确定性。如何高效率地为资源需求方提供服务，满足其多样性需求，并在尽可能短的时间内完成个性化产品设计将是资源提供方需要考虑的重点。因此，有必要根据资源提供方自身特点，对其业务流程进行合理有效的优化。本书针对传统的资源匹配存在不足的问题，以及资源需求方需求模糊的问题，通过对网络创新资源的构成要素和体系架构的分析，引入新兴技术创新网络平台来解决资源优化分配问题。在进行优化之前，需要对网络创新资源进行选择和评价，其目的在于得到满足资源需求方需求的任务—网络创新资源匹配方案。

针对资源需求方需求不确定性、所需资源无历史数据供参考、主观性强等问题，新兴技术创新网络平台通过将供需双方的非功能性属性进行匹配、提供已存档同类任务—网络创新资源匹配方案，使得各方在符合实际的条件下最大限度地满足资源需求方个性化需求。

在新兴技术创新网络下，从资源提供方角度出发选取影响资源选择的关键因素作为评价指标，构建评价指标体系，包括3个一级指标，分别为成本 C、质量 Q、时间 T。首先，成本是资源提供方所必须要考虑的，资源提供方应采取措施使其在为资源需求方提供优质服务的同时，又使各项成本降到最低，可通过业务流程重组对不合理的流程进行合理化改造等方式来实现；其次，资源需求方对产品质量有着较高的要求，所以资源提供方在降低成本的同时也要保证质量达标；最后，资源提供方应在保证产品质量的前提下尽可能早地交予资源需求方，提高服务效率。

为给资源需求方提供最优的资源配置，首先，由新兴技术创新网络平台依据供需双方的功能性属性进行匹配，初步筛选出符合资源需求方不确定需求的资源提供方；其次，依据资源需求方非功能性需求进一步缩小资源提供方的筛选范围；同时，通过新兴技术网络平台历史任务—网络创新资源记录实现供需双方的精准匹配。

在网络资源评价指标选取的基础之上，对任务进行分解，然后进行网络资源评价指标的聚合。根据子任务间的信息交互关系选择合适的聚合公式，然后计算出资源提供方服务极限 L 、合格率 P 、资源等级 Ss 等，为后续进行资源提供方业务流程优化提供数据支撑。

5.3 组织嵌入下资源选择优化模型

5.3.1 优化目标函数

1. 新兴技术创新网络下的资源时间目标函数

新兴技术创新网络下的资源时间为资源提供方从新兴技术创新网络平台接受资源需求申请到资源完工所花费的时间，主要包括资源提供方 MS_{is} 从新兴技术创新网络平台接受资源需求至资源出产执行任务花费的服务时间 t_m ，以及资源提供方 MS_{is} 之间所处的空间不同，产生的物流时间 t_l 。在新兴技术创新网络下，为了缩短资源响应时间和资源出产时间，追求任务执行效率的同时做到资源“零库存”，使生产资源最短时间应与资源最长时间差最小，因此任务—网络创新资源优化匹配的时间函数 T 如（5－7）式所示。

$$t_l = \sum_{i=1}^{N} \max_{s} \frac{L_{is}^{o}}{v} \tag{5-5}$$

$$t_l = \sum_{i=1}^{N} \left[\frac{L_{in}^{o}}{v} + k\left(\sum_{s=2}^{n} \frac{L_{i(s-1)}^{is}}{v} \right) \right] \tag{5-6}$$

$$\min T = \sum_{i=1}^{N} T(st_i) + \sum_{i=2}^{N} \left[T(st_{i-1}) - T(st_i) \right] \tag{5-7}$$

（5－5）式—（5－7）式中，L_{is}^{o} 表示任务 st_{is} 对应的资源提供方 MS_{is} 与资源需求方 MS_{is}^{o} 之间的距离；L_{in}^{o} 表示任务 st_{is} 的末位资源提供方 MS_{in} 与资源需求方 MS_{is}^{o} 之间的距离；$L_{i(s-1)}^{is}$ 表示资源提供方 $MS_{i(s-1)}$ 与资源提供方 MS_{is}

之间的距离；当任务类型为独立型或并行依赖型时，物流时间 t_l 运用公式（5－5）可得；当任务类型为串行依赖型、耦合型或选择依赖型时，物流时间 t_l 运用公式（5－6）可得；$T(st_{i-1})$ 表示在新兴技术创新网络下紧前生产资源时间；$T(st_i)$ 表示为在新兴技术创新网络下紧后生产资源时间。

2. 新兴技术创新网络下资源成本目标函数

任务—网络创新资源的匹配成本除了新兴技术创新网络下资源本身的制造成本 c_m 外，还包括资源提供方与资源需求方之间的物流成本 c_r，以及由于资源提供方所需时间不平衡，导致资源闲置产生的库存成本 c_s 如公式（5－10）所示，因此任务—网络创新资源优化匹配的成本函数 C 如公式（5－11）所示。

$$c_r = \sum_{i=1}^{N}\sum_{s=1}^{n} c_{is}^{o} \tag{5-8}$$

$$c_r = \sum_{i=1}^{N}\left[c_{in}^{o} + k\left(\sum_{s=2}^{n} c_{i(s-1)}^{is}\right)\right] \tag{5-9}$$

$$c_s = \begin{cases} d\sum_{i=1}^{N}\sum_{s=1}^{n} c_{is}, & T(st_{i(s-1)}) > T(st_{i^*s^*}) \\ 0, & T(st_{i(s-1)}) = T(st_{is}) \\ d\sum_{i=1}^{N}\sum_{s=1}^{n} c_{i(s-1)} + d\sum_{i=1}^{i^*}\sum_{s=1}^{s^*} c_{is}, & else \end{cases} \tag{5-10}$$

$$\min C = \sum_{i=1}^{N} C(st_i) \tag{5-11}$$

（5－8）式—（5－11）式中，$T(st_{i^*s^*}) = \max\{T(st_{is})\}$，$T(st_{is})$ 不一定完全相等；$T(st_{i(s-1)})$ 表示紧前生产任务—网络创新资源的匹配时间；c_{is}^{o} 表示任务 st_{is} 对应的资源提供方 MS_{is} 与资源需求方 MS_{is}^{o} 之间的物流成本；c_{in}^{o} 表示任务 st_{is} 的末位资源提供方 MS_{in} 与资源需求方 MS_{is}^{o} 之间的物流成本；$c_{i(s-1)}^{is}$ 表示资源提供方 $MS_{i(s-1)}$ 与资源提供方 MS_{is} 之间的物流成本；当任务类型为独立型、并行依赖型时，物流成本 c_r 运用公式（5－8）可得；当任务类型为串行依赖型、耦合型或选择依赖型时，物流成本 c_r 运用公式（5－9）可得；$T(st_{i-1})$ 表示在新兴技术创新网络下紧前生产资源的时间；$c_{i(s-1)}$ 表示在新兴技术创新网络下紧前生产资源的单位库存成本；c_{is} 表示在新兴技术创新网络下紧后生产资源的单位库存成本。

3. 新兴技术创新网络下资源质量目标函数

新兴技术创新网络下资源质量主要体现在资源提供方所提供的资源对于其执行的生产任务是否满足资源需求方的质量需求，包括历史资源需求方对资源提供方主观量化的评价值，取其历史评价值的均值作为评价的数值，即新兴技术创新网络下资源等级 Ss 用其均值描述历史时间段内，任务执行达标的次数与该资源匹配次数的比值，用合格率 P 表示，见公式（5－12）。资源提供方可用于服务匹配的资源量与其所拥有的资源量的比值用服务极限 L 表示，见公式（5－13）。因此，任务—网络创新资源优化匹配的质量函数 Q 如公式（5－14）所示。

$$P_{is} = 1 - \frac{n_{qua}}{n_{all}} \tag{5-12}$$

$$L_{is} = \frac{d}{D_{is}} \tag{5-13}$$

$$\min Q = \sum_{i=1}^{N} \sum_{s=1}^{n} (1 - L_{is} + P_{is} + Ss) \tag{5-14}$$

（5－12）式—（5－14）式中，D_{is} 表示新兴技术创新网络下资源提供方 MS_{is} 可用于提供服务的资源，即可提供资源的服务能力；d 表示在新兴技术创新网络下本次资源所需的资源；n_{qua} 表示资源执行任务未达标的次数；n_{all} 表示新兴技术创新网络下资源匹配次数；其中 L_{is}、$P_{is} \in (0,1)$。

5.3.2　模型约束

1. 时间约束

在新兴技术创新网络下，网络服务平台的用户间通常会约定资源的交期，则任务—网络创新资源匹配时间 T 不能晚于资源需求方规定的资源交期 T_p，如公式（5－15）所示。

$$T_p \geqslant T \tag{5-15}$$

2. 成本约束

资源需求方根据经验预估成本区间，则新兴技术创新网络下资源成本

C 不能超过资源需求方规定的支付成本上限 $C_{p\max}$，如（5－16）式所示。

$$C_{p\max} \geqslant C \tag{5-16}$$

3. 服务能力约束

服务能力约束为新兴技术创新网络下的资源提供方，即资源提供方服务能力必须满足任务—网络创新资源匹配需求，且不得超过自身服务极限，即新兴技术创新网络下的资源方资源提供能力阈值，如（5－17）式所示。

$$\frac{d}{D_{is}} \in \{0,1\}, \quad (i = 1,2,\cdots,N; \quad s = 1,2,\cdots,n) \tag{5-17}$$

4. 新兴技术创新网络下资源匹配约束

由于只能在新兴技术创新网络下的资源池中选择一个相对应的资源，因此，在新兴技术创新网络下，任务 st_{is} 候选资源长度仅且只能为 1，如（5－18）式所示。

$$len(MS_{is}) = 1(i = 1,\cdots,N; \quad s = 1,\cdots,n) \tag{5-18}$$

5. 需求守恒

新兴技术创新网络下的资源提供方资源 MS_{is}，必须离开资源提供方，送至资源需求方 MS_{is}^{o}，如公式（5－19）—公式（5－21）所示。

$$\sum_{i}^{N} \sum_{s}^{n} y_{(is,i^{o}s^{o})} = r_{iis}, \forall i^{o}, s^{o} \tag{5-19}$$

$$\sum_{i^{o}}^{N} \sum_{s^{o}}^{n} y_{(is,i^{o}s^{o})} = r_{i^{o}s^{o}}, \forall i, s \tag{5-20}$$

$$y_{(is,i^{o}s^{o})} = \begin{cases} 1, \text{新兴技术创新网络下资源 } MS_{is} \text{ 送至资源需求方 } MS_{is}^{o} \\ 0, \text{否则} \end{cases} \tag{5-21}$$

6. 模型约束

避免因需求守恒造成模型循环，增加条件约束，如公式（5－22）、公式（5－23）所示。

$$Y = [\, y_{(is,i^{o}j^{o})} \,] \in \Gamma \tag{5-22}$$

$$\Gamma = \left\{ y_{(is,i^{o}j^{o})} \mid \sum_{i,i^{o} \in R} \sum_{s,s^{o} \in R} y_{(is,i^{o}s^{o})} \leqslant |R| - 1, R \in \{1,2,\cdots,n\} \right\} \tag{5-23}$$

5.3.4　模糊需求下的理想值

任务—网络创新资源的匹配首先根据资源需求方发布的任务，对新兴技术创新网络下资源的功能性属性进行筛选，剔除完全不能执行生产任务的资源，集合初步符合需求的资源。其次，建立新兴技术创新网络下资源选择优化模型，进一步缩小资源的搜索范围，得到基于时间、成本和质量筛选的资源池，依据资源需求方的成本和时间偏好，兼顾新兴技术创新网络下资源执行的生产任务质量，得到最优的资源。最后，与生产任务映射得到新兴技术创新网络下资源匹配方案。从分解生产任务、选择新兴技术创新网络下资源到任务—网络创新资源映射的全过程设计，为新兴技术创新网络下生产任务与资源匹配优化体系的内容。新兴技术创新网络下的资源匹配过程涉及资源需求方、资源提供方和新兴技术创新网络平台方等，需考虑因素众多。资源需求方偏好总是不确定的，但总是追求自身偏好最大化，“制造即服务”同样追求资源需求方的服务最大化，因此，只有满足资源需求方偏好最大化的任务—网络创新资源匹配方案，才是最优的生产任务与资源匹配方案。

5.3.5　基于 GIOWA 算子的优化模型求解

在新兴技术创新网络下，资源需求方常以自身的接受程度和经验评估所需的资源，并给出一个大致的成本范围。同时，新兴技术创新网络平台调用数据库，搜寻类似任务—网络创新资源匹配记录，然后依据以往类似任务—网络创新资源匹配记录给出一个推荐成本范围，即智推区间。但是，随着资源提供方技术进步、经济快速发展和市场变化，其成本需求区间和智推区间均带有一定的模糊性和主观性。同时，若将区间数转化为实数，会限制资源匹配范围，提高资源匹配难度。因此，为使资源匹配方案符合资源提供方实际的同时，能够最大限度地满足资源需求方需求，提出了一种区间型组合供应的新思路，综合评估新兴技术创新网络平台上的成本供应区间、需求区间和智推区间，以确定理想成本区间。

区间型组合供应的新思路具体为应用任务—网络创新资源匹配优化模型所得成本数值，确定新兴技术创新网络平台资源提供方的成本区间为供应区间，将以上需求区间、智推区间和供应区间均看作对理想区间的预测值，并且结合历史类似任务—网络创新资源匹配的成本数据，应用组合预测思想确定出理想成本区间，以此得到基于理想成本筛选的资源。区间型需求决策算法将各成本区间数转化为三角模糊数，对其三角模糊数的各关键点，构建相应的点供应模型，由资源需求方需求偏好确定各点权重系数，结合多点供应模型和权重系数得到组合供应模型，以灰色趋势关联度为判定标准。该方法考虑了成本区间关键点，使得模糊数识别更加准确有效。运用初始模型对历史数据进行分析，然后引入广义诱导有序加权平均算子（GIOWA）以确定最优参数 λ，使得区间型供应模型更加完善。最后，依据资源需求方对理想成本区间内资源质量和时间的重要程度确定主观权值，将包含时间、成本和质量的多目标优化模型转化为综合评价的单目标优化模型，计算得到任务—网络创新资源的匹配结果。具体算法流程图如图 5－2 所示。

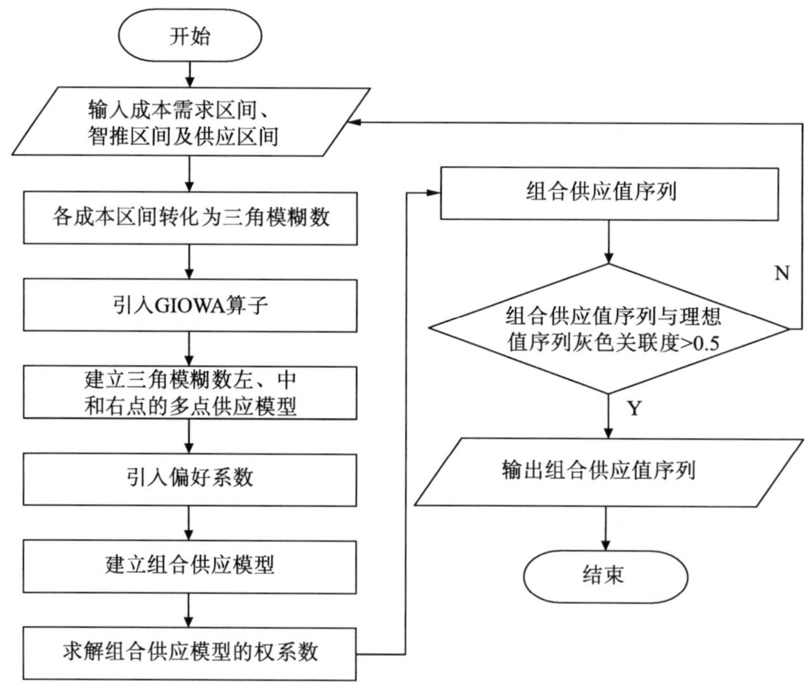

图 5－2　新兴技术创新网络下资源选择优化模型的求解过程

1. 三角模糊、GIOWA 算子引入

定义 1：非负三角模糊数记为 $\tilde{O} = (O_x, O_y, O_z)$。

其中，$O_y = (O_x + O_z)/2$；O_x 表示模糊数的左端点；O_z 表示模糊数的右端点；O_y 表示模糊数的中点（最可能值）。

定义 2：设导出的二维诱导有序加权平均算子（GIOWA）f_v，$f_v(<u_1,a_1>,<u_2,a_2>,\cdots,<u_z,a_z>) = \left(\sum_{s=1}^{z} w_s b_s{}^{\lambda}\right)^{1/\lambda}$。

其中，某一分量 $<u_s,a_s>$ 表示 u_s 是 a_s 的诱导值；b_s 表示 $a_1,a_2,\cdots,a_s$ 由诱导值 u_s 降序排列的第 s 个数（$s = 1,2,\cdots,z$）；$W = (w_1,w_2,\cdots,w_z)$ 是 f_v 的加权向量，$\sum_{s=1}^{z} w_s = 1, w_s \in (0,1)$。

当 $\lambda = 1$ 时，函数 f_v 为二维诱导有序加权算术平均算子，简称 IOWA 算子；$\lambda = -1$ 时，函数 f_v 为二维诱导有序加权调和平均算子，简称 IOWHA 算子；$\lambda \to 0$ 时，函数 f_v 为二维诱导有序加权几何平均算子，简称 IOWGA 算子。

定义 3：令

$$r_s = \frac{1}{N-1}\sum_{\Delta=2}^{N}\frac{1}{1+\varphi|X_\Delta - X_{s\Delta}|+\rho|(X_\Delta - X_{s\Delta})-(X_{\Delta-1}-X_{s\Delta-1})|} \tag{5-24}$$

（5－24）式中，$X_{s\Delta}$ 表示第 s 个单项预测方法的预测值序列；X_Δ 表示实际序列；r_s 表示 s 个单项预测方法的预测值序列与实际序列的灰色趋势关联度（$s = 1,2,\cdots,z;\Delta = 1,2,\cdots,N$），如（5－24）式所示。通常分辨系数 $\varphi = 0.5,\rho = 1$。显然，$r_s \in (0,1]$，因此 r_s 越大该预测方法的精度越高。

引理：

$$r_\Delta = \frac{1}{N-1}\sum_{\Delta=2}^{N}\frac{1}{1+\varphi|X_\Delta - \hat{X}_\Delta|+\rho|(X_\Delta - \hat{X}_\Delta)-(X_{\Delta-1}-\hat{X}_{\Delta-1})|} \tag{5-25}$$

（5－25）式中，r_Δ 表示组合预测方法的预测值序列 $\hat{X}_\Delta$ 与实际值序列 X_Δ 的灰色趋势关联度（$\Delta = 1,2,\cdots,N$）如（5－25）式所示。通常分辨系数 $\varphi = 0.5,\rho = 1$。同理，r_Δ 越大，组合预测值越接近实际值。

2. 区间型需求决策算法步骤

Step 1：设某一产品的理想成本区间数序列为 $\{C_\Delta = (x_\Delta,z_\Delta) | \Delta = 1,2,\cdots,N\}$，现有 z 个成本区间对其进行供应，记第 s 个成本区间在 Δ 时期

的供应值序列为 $\{C_{s\Delta}=(x_{s\Delta},z_{s\Delta})\mid s=1,2,\cdots,z;\Delta=1,2,\cdots,N\}$，第 Δ 时期的组合供应值序列为 $\{\hat{C}_{\Delta}=(\hat{x}_{\Delta},\hat{z}_{\Delta})\mid \Delta=1,2,\cdots,N\}$，则有 $\hat{x}_{\Delta}=\sum_{s=1}^{z}w_s x_{s\Delta}$，$\hat{z}_{\Delta}=\sum_{s=1}^{z}w_s z_{s\Delta}$（其中，$w_1,w_2,\cdots,w_z$ 为组合供应中各成本区间的权系数，且 $\sum_{s=1}^{z}w_s=1,w_s\neq 0$）。将实际区间转化为三角模糊数序列 $\{\tilde{C}_{\Delta}=(x_{\Delta},y_{\Delta},z_{\Delta})\mid \Delta=1,2,\cdots,N\}$，其中，$y_{\Delta}=(x_{\Delta}+z_{\Delta})/2$。则第 s 个成本区间在 Δ 时期对应的三角模糊数序列为 $\{\tilde{C}_{s\Delta}=(x_{s\Delta},y_{s\Delta},z_{s\Delta})\mid s=1,2,\cdots,z;\Delta=1,2,\cdots,N\}$，$\Delta$ 时期对应的三角模糊数的组合供应序列为 $\{\hat{C}_{\Delta}=(\hat{x}_{\Delta},\hat{y}_{\Delta},\hat{z}_{\Delta})\mid \Delta=1,2,\cdots,N\}$。

Step 2：设 $\tilde{\gamma}_{s\Delta}$、$\tilde{\xi}_{s\Delta}$、$\tilde{\eta}_{s\Delta}$ 分别为 Δ 时期第 s 个成本区间三角模糊数的左端点、中点和右端点的匹配精度，即左精度、中间精度和右精度，具体运算如公式（5－26）—公式（5－28）所示。

$$\tilde{\gamma}_{s\Delta}=\begin{cases}1-\left|\dfrac{x_{\Delta}-x_{s\Delta}}{x_{\Delta}}\right|, & 0\leqslant\left|\dfrac{x_{\Delta}-x_{s\Delta}}{x_{\Delta}}\right|<1\\ 0, & \left|\dfrac{x_{\Delta}-x_{s\Delta}}{x_{\Delta}}\right|\geqslant 1\end{cases}\tag{5-26}$$

$$\tilde{\xi}_{s\Delta}=\begin{cases}1-\left|\dfrac{y_{\Delta}-y_{s\Delta}}{y_{\Delta}}\right|, & 0\leqslant\left|\dfrac{y_{\Delta}-y_{s\Delta}}{y_{\Delta}}\right|<1\\ 0, & \left|\dfrac{y_{\Delta}-y_{s\Delta}}{y_{\Delta}}\right|\geqslant 1\end{cases}\tag{5-27}$$

$$\tilde{\eta}_{s\Delta}=\begin{cases}1-\left|\dfrac{z_{\Delta}-z_{s\Delta}}{z_{\Delta}}\right|, & 0\leqslant\left|\dfrac{z_{\Delta}-z_{s\Delta}}{z_{\Delta}}\right|<1\\ 0, & \left|\dfrac{z_{\Delta}-z_{s\Delta}}{z_{\Delta}}\right|\geqslant 1\end{cases}\tag{5-28}$$

以 Δ 时期第 s 个成本区间三角模糊数的左精度作为诱导值，则 Δ 时期左端点的二维数组表示为 $\{<\tilde{\gamma}_{1\Delta},x_{1\Delta}>,<\tilde{\gamma}_{2\Delta},x_{2\Delta}>,\cdots,<\tilde{\gamma}_{z\Delta},x_{z\Delta}>\}$。同理，$\Delta$ 时期中点和右端点的二维数组表示为 $\{<\tilde{\xi}_{1\Delta},y_{1\Delta}>,<\tilde{\xi}_{2\Delta},y_{2\Delta}>,\cdots,<\tilde{\xi}_{z\Delta},y_{z\Delta}>\}$，$\{<\tilde{\eta}_{1\Delta},z_{1\Delta}>,<\tilde{\eta}_{2\Delta},z_{2\Delta}>,\cdots,<\tilde{\eta}_{z\Delta},z_{z\Delta}>\}$。

Step 3：由定义 2，令 $\hat{x}_{\Delta}$、$\hat{y}_{\Delta}$、$\hat{z}_{\Delta}$ 分别为 Δ 时期基于 GIOWA 算子的

三角模糊数的理想成本区间的左端点、中点和右端点，由定义 2 可得公式（5-29）—公式（5-31）。

$$\hat{x}_\Delta = f_v(<\tilde{\gamma}_{1\Delta},x_1>,<\tilde{\gamma}_{2\Delta},x_2>,\cdots,<\tilde{\gamma}_{z\Delta},x_z>) = \left(\sum_{s=1}^{z} w_s g_s{}^{\lambda}\right)^{1/\lambda} \tag{5-29}$$

$$\hat{y}_\Delta = f_v(<\tilde{\xi}_{1\Delta},y_1>,<\tilde{\xi}_{2\Delta},y_2>,\cdots,<\tilde{\xi}_{z\Delta},y_z>) = \left(\sum_{s=1}^{z} w_s h_s{}^{\lambda}\right)^{1/\lambda} \tag{5-30}$$

$$\hat{z}_\Delta = f_v(<\tilde{\eta}_{1\Delta},z_1>,<\tilde{\eta}_{2\Delta},z_2>,\cdots,<\tilde{\eta}_{z\Delta},z_z>) = \left(\sum_{s=1}^{z} w_s k_s{}^{\lambda}\right)^{1/\lambda} \tag{5-31}$$

公式（5-29）—公式（5-31）中，g_s 是 $x_{1\Delta},x_{2\Delta},\cdots,x_{z\Delta}$ 根据 $\tilde{\gamma}_{1\Delta},\tilde{\gamma}_{2\Delta},\cdots,\tilde{\gamma}_{z\Delta}$ 降序排列的第 s 个数。同理，h_s、k_s 是 $y_{1\Delta},y_{2\Delta},\cdots,y_{z\Delta}$ 和 $z_{1\Delta},z_{2\Delta},\cdots,z_{z\Delta}$ 分别根据 $\tilde{\xi}_{1\Delta},\tilde{\xi}_{2\Delta},\cdots,\tilde{\xi}_{z\Delta}$ 和 $\tilde{\eta}_{1\Delta},\tilde{\eta}_{2\Delta},\cdots,\tilde{\eta}_{z\Delta}$ 降序排列的第 s 个数。$W=(w_1,w_2,\cdots,w_z)\left(\sum_{s=1}^{z} w_s = 1\right)$ 为 GIOWA 算子的加权向量，则 $\hat{x}_\Delta$、$\hat{y}_\Delta$、$\hat{z}_\Delta$ 是以 w_s 为自变量的函数。

Step 4：由定义 3，设 r_x 为三角模糊成本区间的左端点序列 $\hat{x}_\Delta(\hat{x}_1,\hat{x}_2,\cdots,\hat{x}_N)$ 与理想三角模糊数左端点序列 $x_\Delta(x_1,x_2,\cdots,x_N)$ 的灰色关联度，r_y 为三角模糊成本区间的中点序列 $\hat{y}_\Delta(\hat{y}_1,\hat{y}_2,\cdots,\hat{y}_N)$ 与理想三角模糊数中点序列 $y_\Delta(y_1,y_2,\cdots,y_N)$ 的灰色关联度，r_z 为三角模糊成本区间的右端点序列 $\hat{z}_\Delta(\hat{z}_1,\hat{z}_2,\cdots,\hat{z}_N)$ 与理想三角模糊数右端点序列 $z_\Delta(z_1,z_2,\cdots,z_N)$ 的灰色关联度，计算式如公式（5-32）—公式（5-34）所示。

$$r_x(W) = \frac{1}{N-1}\sum_{\Delta=2}^{N}\frac{1}{1+\varphi|x_\Delta-\hat{x}_\Delta|+\rho|(x_\Delta-\hat{x}_\Delta)-(x_{\Delta-1}-\hat{x}_{\Delta-1})|} \tag{5-32}$$

$$r_y(W) = \frac{1}{N-1}\sum_{\Delta=2}^{N}\frac{1}{1+\varphi|y_\Delta-\hat{y}_\Delta|+\rho|(y_\Delta-\hat{y}_\Delta)-(y_{\Delta-1}-\hat{y}_{\Delta-1})|} \tag{5-33}$$

$$r_z(W) = \frac{1}{N-1}\sum_{\Delta=2}^{N}\frac{1}{1+\varphi|z_\Delta-\hat{z}_\Delta|+\rho|(z_\Delta-\hat{z}_\Delta)-(z_{\Delta-1}-\hat{z}_{\Delta-1})|} \tag{5-34}$$

公式（5－32）—公式（5－34）中，$\Delta = 1$，r_x、r_y、r_z是以w_s为自变量的函数（$\sum_{s=1}^{z} w_s = 1$），分辨系数$\varphi = 0.5$，$\rho = 1$。

Step 5：引入α、β、θ，分别表示左端点、中点和右端点对于理想成本区间的重要程度，为各点赋以相应的权系数，由此构成基于三角模糊及GIOWA算子的组合供应模型，如（5－35）式所示。

$$\max r(W) = \alpha r_x + \beta r_y + \theta r_z$$

$$s.t.\begin{cases}\sum_{s=1}^{z} w_s = 1 \\ w_s \neq 0,\ s = 1,2,\cdots,z \\ \alpha + \beta + \theta = 1 \\ 0 \leqslant \alpha,\beta,\theta \leqslant 1\end{cases} \tag{5-35}$$

r仍然是以w_s为自变量，当$\max r(W)$时，得到成本区间的最优权系数，进而可求出每个时期的实际值，并应用理想成本筛选供应区间，进一步缩小供应区间，得到待选区间。

Step 6：由定义3，得到（5－36）式。

$$r_s = \frac{1}{N-1}\sum_{\Delta=2}^{N}\frac{1}{1+\varphi\left|C_\Delta - C_{s\Delta}\right| + \rho\left|(C_\Delta - C_{s\Delta}) - (C_{\Delta-1} - C_{s\Delta-1})\right|} \tag{5-36}$$

则r_s为s成本区间序列$C_{s\Delta}$与实际值序列C_Δ的灰色关联度，如（5－36）式所示。分辨系数φ取0.5，ρ取1。显然，$r_s \in (0,1]$，且r_s越大，该成本区间预测精度越高，越符合实际。用此公式判别需求区间与理想区间的关联度，若$r_s \geqslant 0.5$，说明所得理想区间既符合资源提供方实际，又满足资源需求方需求；否则计算取得的理想区间并不符合实际，仅满足资源需求方的主观需求，新兴技术创新网络平台上没有可与生产任务匹配的资源。

Step 7：在进一步缩小的供应区间内筛选出最优的资源，即在新兴技术创新网络下对待选区间内的资源的时间和质量属性进行约束，考虑包括时间、成本和质量等资源属性，综合评价资源，最终确定任务—网络创新资源的最优匹配，进而得到最终的生产任务与新兴技术创新网络下资源的匹配方案。由于经过成本筛选，缩小了供应区间范围，得到待选区间，且时间和质量特征差异较小，原始数据分布特征不明显，因此采用阈值法对数据进行标准化处理，如公式（5－37）、公式（5－38）所示。依据资源需求方对时间和质量的偏好强度，按约定比重进行赋权，由公式（5－39）综合评价新兴技术创新网络下资源。

$$T' = \frac{\max\limits_{1\leqslant k\leqslant l} T_k - T_k}{\max\limits_{1\leqslant k\leqslant l} T_k - \min\limits_{1\leqslant k\leqslant l} T_k} \tag{5-37}$$

$$Q' = \frac{Q_k - \min\limits_{1\leqslant k\leqslant l} Q_k}{\max\limits_{1\leqslant k\leqslant l} Q_k - \min\limits_{1\leqslant k\leqslant l} Q_k} \tag{5-38}$$

$$Y = aT' + bQ' \tag{5-39}$$

5.4 网络资源配置的管理策略

5.4.1　应对资源需求方需求策略

1. 适应资源需求方需求的多样性

随着经济的快速发展，我国生产力水平相比以前得到了很大的提升，市场上的资源提供方众多，所生产出来的产品也是琳琅满目。但是，现在是一个追求个性化时代，人们对于产品的需求千变万化，现在市场早已发生改变，不再是原来的市场提供什么，客户就买什么，而是由卖方市场转变为买方市场。这就要求资源提供方能根据资源需求方的个性化需求提供定制化产品，因此企业需要不断地适应客户需求的变化，以此来留住老客户，并吸引新客户。在新兴技术创新网络下，不同的资源需求方对资源提供方提出其个性化需求，资源提供方为满足其需求，会生产各种各样的产品，资源需求方对于产品的多样化需求，也促进了市场上的产品种类不断增加。资源提供方必须以资源需求方为重，这样才能保持正常的经营活动，因此，资源需求方是资源提供方的生产动力。随着人们对于网络创新资源了解的深入，高质量的多功能产品在未来将会越来越受到人们的青睐。为创造共同盈利，在市场上资源提供方之间的互相合作也会变得愈加频繁，因为只有将优秀的资源进行整合，才能够为资源需求方提供更加优质的产品，且实现多家资源提供方盈利，提高资源需求方满意度。

2. 提升产品设计水平

人们对于产品的需求不再只是停留在物质层面，有些资源需求方对于产品的需求更多地体现于精神层面，不同的文化创意产品也将丰富人们的精神世界。时代的发展提升了人们的物质生活水平，随之而来的是人们对于个性化需求的增加，因此，要求资源提供方要有创新能力，这样才能提升市场竞争力。创新可从设计团队入手，拥有高水平的设计团队将是资源提供方制胜的关键点之一，对于产品的设计，不能拘泥于现有的设计方案，要跟随时代的发展进行创新设计，表露出个性化设计的产品将会受到消费者的青睐。比如新兴技术创新网络下的3D打印技术为艺术创作带来了个性化、特质化的呈现手段，在艺术品创作等领域，越来越多的设计师利用3D打印来制作结构复杂、形状难以捉摸的文化创意产品。创意产品的款式或形状、颜色等可折射出某一时期或地区的文化、时尚流行趋势，这就对资源提供方产品的创意文化提出了更高的要求。因此，设计师们要充分了解特定时期或者地区的文化内涵与精髓，需要根据资源需求方的偏好设计出具有文化创意的产品，以此提高设计水平。大多数资源提供方的服务水平不是很高，很多设计人员难以把握资源需求方需求的模糊性和偏好性，若想快速满足其需求的不确定性，则需要一定的设计人才储备，设计人才可通过人才引进和培养两种方式获得，引进外部优秀设计师能快速识别资源需求方需求，通过内部培养设计人才能更了解市场文化底蕴。

3. 提升产品开发速度

创新是保持企业活力的重要方法，资源提供方实现其产品或材料的创新都将可能提升其自身实力。随着科技的迅速发展，资源需求方所需产品更新换代的速度也随之加快，不同的新产品如喷泉般涌现，各产品的生产周期也缩短了。随着资源需求方购买能力的提高，其对个性产品的追求也越加强烈，因此，资源提供方需追随资源需求方的脚步，努力提高其新材料和新产品的研发效率。在新兴技术创新网络下，资源提供方须尽可能缩短新产品和新材料的研发时间，要达成这一目标就需要管理者及各部门紧密联系、相互配合，来提高整个产品的开发速度，以应对资源需求方需求的不确定性。

5.4.2　应对供应链问题的策略

资源提供方尽量降低可控制或对生产过程中不确定性程度，对于无法控制的供应链不确定性问题，则需采取一定的措施以降低其可能带来的风险。

1. 提高预判能力

虽然资源需求方需求的多样性给资源提供方的服务带来很大的不确定性，但供应链不确定等问题是一个过于棘手的问题。由于资源需求方需求的多样性，这就要求资源提供方能够进行充分的市场调查来实现对需求的宏观把控，以此解决需求差异性等问题，而对于上游供应商的变化，资源提供方无法进行准确的预测，因此，需要提升这方面的预判能力。在如今科技发达的时代，大数据的应用已经越来越多，资源提供方可好好利用这个现代工具，通过增加数据收集来实现预判能力的提高。例如，创新网络平台可实现产品网上定制，在满足资源需求方个性化产品定制的同时，资源提供方可对线上用户的产品需求进行分析，从中吸收符合这个时代的产品需求，并提前与相关工艺或者材料等供应商达成一个较为稳定的战略合作关系，以保障资源提供方为用户提供的服务正常进行。

2. 进行柔性化改造

产品的生产周期都需要一段时间，大多数资源提供方都希望能为资源需求方提供更加高效的服务，希望其生产周期尽量短，这样就可实现需求方一下单，就可将产品送到其手中，高效的服务会收获资源需求方的好感度。但现实往往无法实现用户下单后在非常短的时间内将产品交付到其手中，这只是一个理想化的经营状态。柔性化改造就是资源提供方不仅能为资源需求方提供个性化需求服务，还能应对供应商的不确定性，当供应商不确定时，能较快地实现与其他供应商的衔接关系，以保持正常的生产需要。针对资源需求方需求的偏好性和模糊性，资源提供方按照客户的个性化需求对产品进行设计生产，如果供应商在此刻出现纰漏，将导致产品的整个周期延长，较长的生产周期并不是每个需求方都能接受的。因此，企业需要进行柔性化改造，以减少供应商不稳定供货给企业生产带来的影响。应对供应商的不确定性，还可增加原材料的库存，资源提供方制定一个准确合理的库存策略有助于企业的正常生产经营活动。

5.4.3 应对生产问题的策略

1. 设备定期维护

在新兴技术创新网络下，资源提供方的生产设备如果长时间使用而不维护，将造成很高的生产故障率，因此，设备管理人员需要对设备进行定期维护。旧的、老化的生产设备会影响企业生产效率，如果资源提供方资金足够，则可根据自身需求购买或研发新的生产设备，而不能仅仅依靠生产设备维修人员对设备的管理。同时，也应要求一线员工尽到对设备维护的责任，以此实现生产设备综合效率的提高。在新兴技术创新网络下生产设备的利用率将大幅度提高，所以资源提供方要定期安排相关的设备维修人员检查生产设备的使用情况，以保障产品的质量，以及生产活动的顺利进行。此外，根据生产实际，资源提供方可实行倒班制度，并推行设备保养制度，在生产过程中，对设备生产故障产生的原因及修复时间进行详细的记录。在进行生产工作前，要求相关作业人员对生产设备进行全面检查，在设备运作过程中，如若发现设备异常，则应及时找相关管理人员进行检测，并做好故障登记。同时，要求每隔一段时间对设备进行停机保养，以延长设备的寿命，保障后续生产的进行。

2. 提高员工技术能力水平

在新兴技术创新网络下，资源提供方要注意提高员工的技术水平，拥有核心技术人员是实现持续发展的关键点之一。在生产过程中，某些特定的生产工序有着较高的精度要求，这就要求一线工作人员的操作要尽可能做到万无一失。针对一些所使用到的生产设备和生产原材料都比较昂贵的生产流程，若在操作中失误将会造成企业成本的增加，不利于企业的发展。并且新型的生产设备及材料被研发出来，需要具有较高水平的员工进行操控。因此，需要注重企业员工的培训，对员工进行科学的技术培训，将有助于企业的发展。

在新兴技术创新网络下，资源提供方可实现部分复杂产品的一体化生产，这样就可节省组装时间，但是这样的生产方式对于相关人员的技术水平有更高的要求，这就急需高水平的技术人员。如若企业中高水平技术人才多，这也将吸引其他人，从而企业人才队伍将会逐渐壮大，最终给企业带来盈利。

5.4.4　应对行业竞争、国家环保政策的策略

1. 应对竞争不确定策略

市场上，最激烈的竞争往往来自同行业之间的相互竞争，为获得更多的市场份额，新兴技术创新网络下资源提供方需采取措施来赢得市场。竞争合作是资源提供方可采取应对市场竞争的一种方式，竞争合作就是指提供方之间既协作又相互竞争的一种关系。在目标基础一致的情形下，通过市场需求的推进，同行业各资源提供方之间保持自身差异，实现功能互补，通过竞争促进合作关系，并实现双赢的对策。但是这种合作关系并不稳定，资源提供方要慎重确定其合作对象。此外，新兴技术创新网络下生产效率不佳，主要是缺乏高技术操作人员，此时若其生产设备在同行业未能处于领先地位，那么其产品质量合格率就会降低，因此，可与行业内其他资源提供方进行技术人员交流，并可通过合作，邀请其他资源提供方的熟练工对本企业的人员进行技术培训等。

2. 应对国家环保政策的策略

绿色环保一直都是我国引导的生产方式。实现现代管理模式，构建绿色供应链是新兴技术创新网络下需要考虑的重点。在整个供应链中，绿色服务是其关键点，资源提供方若想实现环保，可尝试节约资源，在生产过程中，其生产流程实施中的每个环节都需要进行严格把控，因此需要相关人员严格按照流程来实施。因此，可建立相应的管理制度，规范操作员的动作标准，当管理制度建立后，需要组织员工进行学习，培养员工的制度意识，按规矩办事、按要求生产是企业员工应该遵循的基本制度。新兴技术创新网络下实现绿色服务不仅能保护环境，还能节约生产成本，于国家于自身都是有益的。

5.5 本章小结

本章首先就组织嵌入的定义展开阐述，然后分析了组织嵌入下资源选取的目标与原则，得出在资源需求方需求不确定的情况之下，可以通过新兴技术创新网络平台得到完全满足资源需求方的理想匹配方案，在此基础上，建立可以评价网络资源的指标体系，对所选取 3 个一级资源评价指标进行分析和解释，并对指标体系中运用到的符号进行定义，然后根据评价指标的选取聚合评价指标，针对不同的任务结构给出了在该任务结构下的资源评价指标计算公式，据此构建任务—网络创新资源选择优化模型，引入优化目标函数及模型约束，然后结合资源需求方的偏好性和模糊性，引入三角模糊、GIOWA 算子，针对资源需求方的模糊需求给出区间型组合供应算法，求取资源需求方模糊需求下网络创新资源的理想值，筛选网络创新资源的供应区间，确定最优的任务—网络创新资源的匹配方案，本章最后针对客户需求、供应链问题、生产问题，行业竞争以及国家环保政策等方面的问题提出了相应的管理策略，以提高资源提供方的竞争力。

第 6 章

组织嵌入下的网络业务流程重组

随着时代的发展、科技的进步，组织现行的业务流程势必会因为设备老旧、效率低下、官僚主义、客户需求变化等原因而不合时宜，而业务流程重组概念的提出便可以很好地解决这些问题。业务流程重组的概念自问世以来，对企业流程优化改善产生了巨大的影响。结合新兴技术创新网络对资源提供方现行的业务流程进行必要的重组优化，其目的是满足资源需求方需求的模糊性和偏好性，提高资源需求方的满意度。

6.1 业务流程重组的原则和目标

6.1.1　业务流程重组设计原则

业务流程重组可以视为从顾客需求出发，以企业流程为研究对象，对企业经营运作流程进行根本性思考和分析。通过对现有企业流程进行再思考，利用先进的管理手段和信息技术对企业流程中的构成要素进行重新组合，以打破传统的职能型组织结构，建立全新的以流程为核心的企业，以使这些流程的增值内容最大化，从而获得企业绩效的飞跃。

在新兴技术创新网络下，面对越发激烈的竞争市场环境、资源需求方需求不确定的外部市场，以及由此导致的资源提供方内部业务流程不确定的现实状况，原有的生产流程和管理方法已经无法满足现实发展，因此迫切需要对业务流程进行重组和改善。考虑新兴技术创新网络下的资源提供方现状，业务流程重组设计应遵循的原则总结如下。

（1）整体最优原则

在新兴技术创新网络下对资源提供方业务流程重组设计时，要充分运用系统理论，不能只考虑到局部的重组优化，而要将整体考虑在内，才能实现业务流程整体的优化。

（2）结合实际原则

在进行业务流程重组时，必须得结合现有条件，在重组过程中，调动员工的积极性，通过设定可行的目标以及完成任务后的奖励使其主动参与到业务流程优化过程中来。

（3）循序渐进原则

业务流程重组是一个循序渐进的过程，在新兴技术创新网络下进行业务流程重组要先了解现行业务流程存在的问题，然后进行分析，进而运用专业知识对其进行改善，达到优化的目的。

（4）并行原则

在新兴技术创新网络下，当资源提供方根据资源需求方需求提供服务时，有些工序互不相扰，可同时进行生产作业。因此，为节省时间，此类工序可并行进行，从而达到整体工期缩短的效果。

（5）重视沟通与和谐原则

沟通是现代社会的重要内容，也是资源提供方进行业务流程重组的重要原则。资源供需双方相互沟通可以使资源提供方及时发现企业现有业务流程中不合理的地方，资源提供方内部上下级间相互沟通有利于变革时各方及时反馈信息。所以，注重沟通是资源提供方在进行业务流程重组获得成功的重要因素，必须始终加以重视才能换取高绩效的结果。

6.1.2 业务流程重组设计目标

在新兴技术创新网络下，资源提供方的业务流程根据资源需求方需求的变化而存在不确定性，这种不确定性也给实际的服务活动带来问题。本书结合资源需求方需求与资源提供方业务流程存在的问题，提出可实现的业务流程优化设计目标。

（1）以优化为主

按照资源需求方的要求提供个性化产品服务，由于按照资源需求方需求进行多品种、小批量生产，针对不同的产品，其业务流程会存在差别。这样的生产方式会使业务流程很混乱，于是就需要对业务流程进行改善，达到节约成本、缩短生产周期、提高生产质量的效果。

（2）减少流程节点

在新兴技术创新网络下，当资源提供方接到生产任务时，按照原来的生产流程可能会涉及不必要的流程，这样就造成了成本和时间的浪费。适当减少不必要的流程，以实现局部流程优化，既能节约生产成本和时间，又能有效地调整生产流程。对重复环节进行删减，对流程进行检查，能实现有效的流程优化，并杜绝错误。

（3）提升服务质量

在新兴技术创新网络下，资源提供方能否赢得资源需求方的信任，已经不仅仅是产品价格、产品质量和产品标准的问题，服务工作也是其中关键的一个环节。当同行业所生产的产品标准在同一层次时，无形的服务工作就显得尤为重要，服务工作的优劣越发成为各企业竞争的焦点，同时，在微笑曲线中，服务位于价值链的两端，注重服务质量也是企业成功的关键点之一。资源提供方的服务对象是资源需求方，其任务重点在于满足资源需求方的不确定性需求，而对其业务流程进行优化的最终目标就是提高资源需求方的满意度，确保其得到满意的产品。

（4）提高企业效益

在新兴技术创新网络下，对资源提供方业务流程进行重组是想最大限度地解决资源需求方的需求偏好性和模糊性、供应商不确定性、生产不确定性等给企业带来的问题，通过优化产品生产制造流程、提高产品质量、节约成本和时间，最终达到提高资源提供方效益的目的。

6.1.3　优化模型构建的基本思路

在新兴技术创新网络下，当资源需求方在新兴技术创新网络平台提交需求产品后，由于产品的特殊性致使资源提供方没有此类产品的库存，于是无法直接将产品交付于资源需求方手中。因此，资源提供方需根据资源需求方的需求进行产品生产，快速确定其服务流程，实现及时响应资源需求方需求。这里考虑的是在资源需求方需求的不确定性下，资源提供方为了快速响应这种需求，需要统筹网络创新资源，此外由于资源提供方自身所拥有的生产设备、原材料等资源有限，若遇上超越自身生产能力的订单，则需从多个提供商与合作商调用资源，进行合作生产。因此，需要对资源需求方的不确定性需求进行分析，将复杂产品的服务过程进行分解，然后制订科学合理的服务流程方案，在满足资源需求方需求的同时，做到节约资源、缩短交付时间、提高产品质量。

本书研究的是在新兴技术创新网络下，当资源需求方需求不确定时，对资源提供方服务流程进行优化的问题。首先，资源提供方的产品专员会将客户需求产品 P 进行分解；其次，将产品生产任务交与相关服务供应商进行零件生产，在选择服务供应商时，要考虑供应商的服务能力 G、生产成本 C、加工时间 T、服务质量 Q、运输距离 L 等；最后，形成服务供应商最佳服务流程的组合方案，使得资源需求方需求产品数量变化时，资源提供方仍能满足其需求，实现产品生产成本最低、交付时间最短或服务质量最好的目标。问题描述如图 6－1 所示。

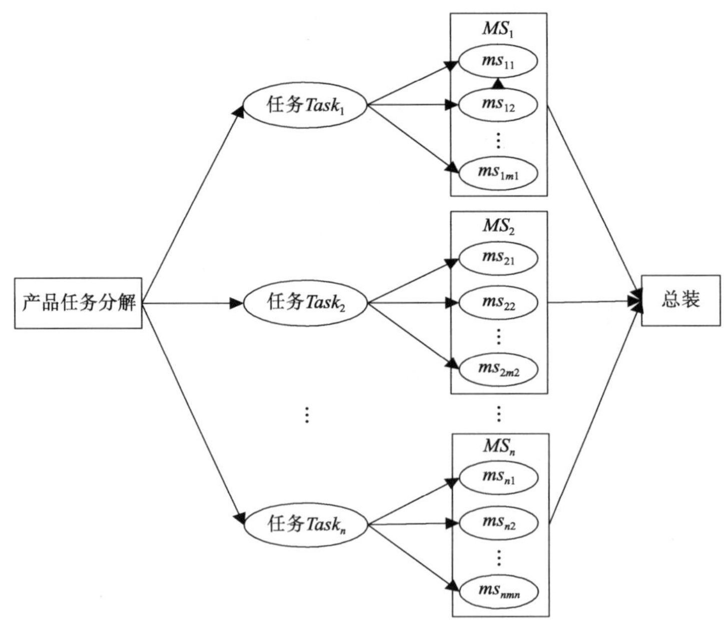

图 6－1　新兴技术创新网络下产品任务匹配问题

在新兴技术创新网络下，资源需求方需求的不确定性加大资源提供方生产流程处理的难度。要想在资源需求方需求不确定环境下，找到其需求多样性与最优制造流程的平衡，在对不确定的网络创新资源生产流程（网络业务流程）进行描述时，需要借助不确定性理论方法。面对不确定性问题的求解方法有很多，如随机规划和模糊优化等，但它们所求得的解是目标函数的数学期望最优值。而当资源需求方参与解的选择时，所得的最优解却不一定是满意解。而鲁棒优化这种数学方法能较好地解决不确定性问题，此方法能在历史数据缺失或者未来事件发生的概率等信息无法获取时解决问题。针对各种参数的扰动性问题，随机规划与模糊优化可能无法很好地应对，而鲁棒优化能减少扰动，自如应对参数的扰动，以此解决目标函数和约束条件中不确定参数的问题。鲁棒优化不仅会考虑目标期望值，还将考虑整个系统的鲁棒性，即鲁棒优化可求得模型在一些不确定因素干扰下的近似最优解。因此，本书将运用鲁棒优化来解决资源需求方需求不确定性条件下的流程优化问题。

在对资源提供方的业务流程优化时，应着重考虑资源需求方需求不确定性这一因素给流程带来的随机性问题，为给资源需求方提供及时有效的多样化服务，需要根据其需求对资源提供方的业务生产流程进行优化，以更好地为资源需求方提供服务。因此，在新兴技术创新网络下为网络创新资源业务流程构建鲁棒优化模型，其目的在于解决不确定性给资源提供方生产过程带来的影响，在资源需求方需求不确定环境下，保证资源提供方网络创新资源生产流程的正常运行，加强生产流程的灵活性，减少资源提供方应对资源需求方需求多样性的响应时间，及时准确地为其提供服务，通过鲁棒优化来提升资源提供方的服务能力和效率。

本书研究的是在新兴技术创新网络下的资源提供方业务流程优化问题，由于资源需求方需求的不确定性，导致资源提供方的业务流程呈现动态特征，对其业务流程进行优化，旨在找到一条最优流程路径，使所花费的成本最低、交付时间最短，且质量满足资源需求方需求。

对资源提供方业务流程优化的步骤主要分为以下几个部分。

（1）第一步：分解资源需求方需求任务

创新网络的最终目的在于满足资源需求方需求。当资源需求方向新兴技术创新网络平台提交产品请求后，需要专业人员对需求产品进行分析，可用特定限制条件来对需求进行描述，然后根据特定条件来确定所需服务类型，将资源需求方需求产品的任务分解为 n 个子任务，表示为集合 $\boldsymbol{Task} = \{Task_i \mid i = 1,2,\cdots,n\}$ 。

（2）第二步：筛选服务供应商

在进行任务 $Task$ 与网络创新资源 MS 的匹配时，平台会根据任务需求，将不满足功能需求和资源需求方满意度低下的供应商进行筛选过滤，缩小供应商选择的范围，以此提高供应商选择流程的效率。任务与资源的匹配过程可划分为两个阶段：①模糊寻找阶段，根据任务要求查找出任务配置条件和资源需求，直接将新兴网络中能够提供相应资源的节点与任务进行匹配，即选择某节点提供相应服务；②在匹配过程中，若此任务制定的服务商信息包含于配置条件中，则需要根据客户的个性化需求，即约束条件，对资源需求进行进一步的分析，并在新兴技术创新网络内搜寻最佳的服务供应商。经过筛选，生成某一子任务 $Task_i$ 的候选供应商集合 $\boldsymbol{MS}_i = \{ms_{i1}, ms_{i2}, \cdots, ms_{i,k_i}\}$ ，$(i = 1,2,\cdots,n)$ ，k_i 表示筛选后候选供应商数量。

（3）第三步：匹配任务与供应商

根据前两个阶段，已经确定了资源需求方所需资源，接下来，需要从每个子任务 $Task_i$ 的候选服务供应商集 $\boldsymbol{MS}_i$ 中挑选出一个供应商 $ms_{ij}(i = 1,2,\cdots,n;\ j = 1,2,\cdots,k_i)$ 来完成相应的任务。新兴技术创新网络平台可以根据选择情况，与网络内相应的服务供应商建立联系，即选择某种组合作为执行路径。

最后，当任务与服务供应商成功建立联系后，新兴技术创新网络平台会得出资源需求方所需产品的一个生产流程。整个生产流程是在新兴技术创新网络下按照资源需求方的多样化需求而形成，这也就满足了不同用户对于产品的不同需求。

资源提供方接收到资源需求方需求后，在生产某产品的全生命周期中，将每一阶段的服务当作一个节点，然后按照逻辑顺序将这些节点排列形成服务链条。当所需服务与相应服务供应者全部建立联系后，就可提供给资源需求方所需的产品。在服务过程中，参与的各方相互协作，共同完成产品的生产过程，提升了整个网络的响应速度。在新兴技术创新网络，资源提供方为资源需求方提供服务的流程如图 6-2 所示。

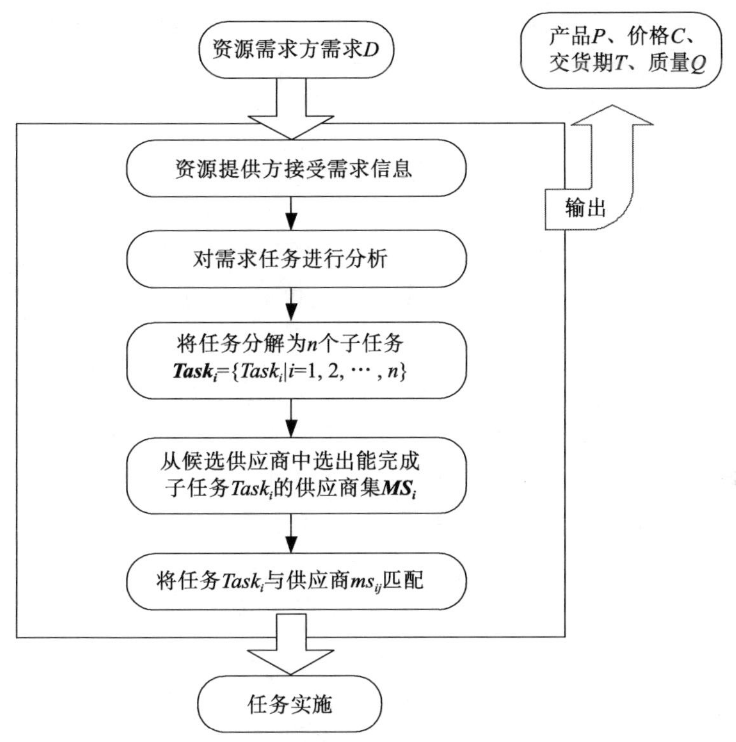

图 6－2　新兴技术创新网络下服务型流程图

6.2 需求不确定情况下业务流程设计方法选择

6.2.1　设计方法比较

新兴技术创新网络下资源提供方的业务流程非常复杂，是个比较庞大的系统，对于流程中存在的部分弊端有时难以发现。本书利用建模方法将整个业务流程系统分解为单个元素，然后利用严谨的逻辑关系来对流程进行抽象化描述，以此来实现对业务流程的高度还原。建立业务流程模型，能很直观地描述业务流程的运行状况，同时可以借助一些相关分析对流程进行分析，查找出其存在的问题，并进行解决，以此优化业务流程。现在，各大企业进行业务流程建模的方法有：流程图、EPC、IDEF、Petri网等。

1. 流程图

流程图即业务流程图，它将业务流程划分为各种活动和事件，然后按照资源提供方实际的运行状况将各个活动和事件运用逻辑关系联系起来，用直观的图形描述整个业务流程。

由于流程图有直观、简单易懂等特点，很多资源提供方会运用其构建业务流程建模，现在流程图可结合计算机使用，逐渐成为一种计算机建模的工具。但是在对业务流程进行优化和再造时，流程图不能给予最优的支持，对于整个业务流程系统的评价分析也只能停留于简单层面。因此，很多时候，不能满足一些资源提供方的建模需求。

2. EPC

EPC 即事件驱动流程链，它是一种用各种图例来表示流程运行过程中所出现的事件等元素的建模方法。事件驱动流程链比较适用于注重商业化的业务流程，如供应链流程管理和仓储物流管理等。

3. IDEF

IDEF 即集成化计算机辅助制造，主要用于资源提供方内部运作系统的描述，它运用易于理解的图形化方法来描述一个与实际情况相同的业务流程系统，通过 IDEF 模型，业务流程的执行者与构造者能得到更及时的交流。发展到今天，IDEF 方法已经相当成熟，现在 IDEF 族已经有 16 套方法，每套方法都通过建模程序来获得某个特定的信息，较为普遍应用的有 IDEF0—IDEF4。

4. Petri 网

Petri 网是一种基于图形和数学的建模方法，适用于描述离散的、分布式计算机系统模型，能够很形象地表达并发事件。在运用过程中，Petri 网着重于关注系统的行为和结构，并能够借助仿真软件让所建模型运行起来，便于观察。

以下将从几个方面对上述所提到的业务流程和建模方法进行对比分析（见表6－1）。

表6－1　　业务流程建模方法比较

—	流程图	EPC	IDEF族	Petri网
流程特点	职能型	跨职能型	职能型	跨职能型
建模方向	混合	面向客户	面向功能	混合
能否抽象表达	否	否	能	能
直观表达能力	较好	一般	一般	一般
计算机化能力	可以	较弱	可以	可以
对流程改造的支持能力	弱	有	弱	有
是否动态分析	是	是	否	是

通过表6－1的对比分析，可以知道Petri网既能结合计算机一起使用，又能对模型进行动态的分析，能通过图形化的表达方式描述业务流程系统，又能运用数学逻辑对其进行分析，增强了模型的可靠性。

6.2.2　Petri网选择优势

第一，具有较强的建模能力，其建模元素较多，可以清晰地描述系统动态的行为，对于建立动态流程网络模型有很大帮助。

第二，Petri网含有执行控制机制，并且隐含点火规则，可以展现出动态业务流程的变化规则。

第三，能够准确描述系统中时间之间的依赖关系和不依赖关系，能较为清晰地反映一个业务流程的动态变化。

第四，具备描述分布、并发、选择、同步的能力，能很好地反映由多方面因素影响业务流程的动态变化。

第五，以图形的形式描述系统，简单直观，对于分析动态业务流程的变化有很大帮助。

6.3 基于随机 Petri 网的业务流程

6.3.1 随机 Petri 网构建

在新兴技术创新网络下，根据所得的资源提供方的业务流程图，将其转化为以下 Petri 网应遵循的规则。

（1）起点选择

新兴技术创新网络下的业务流程是以资源需求方为服务中心，因此，在构建 Petri 网模型时应将业务流程中以顾客为中心的活动或资源作为模型起点。

（2）箭头与方向

在一定条件下，业务流程中的相关活动才能产生关联，按照事物发生的关联性将不同活动联系在一起，即 Petri 网模型中的箭头与方向。

（3）扩展

运用箭头及其方向将业务流程中的每个活动体现出来，进而形成整个事件的后续流程。

（4）转换

对整个业务流程进行分析，应用 Petri 网中的表达形式，将其流程转化为 Petri 网模型，即得到转换模型。

6.3.2 构建关联矩阵和性能分析

1. 构建关联矩阵

在新兴技术创新网络下的服务流程 Petri 网模型中，根据库所与变迁之间的关系，可得到与随机 Petri 网对应的前置矩阵 $\boldsymbol{A}^{+}$ 与后置矩阵 $\boldsymbol{A}^{-}$，如表 6－2 和表 6－3 所示。

表 6－2　　　　　　　　　　　　前置矩阵 A^+

—	T1	T2	T3	T4	T5	T6	T7	T8	T9	T10	T11	T12	T13	T14
S1	1	0	0	0	0	0	0	0	0	0	0	0	0	0
S2	0	1	0	0	0	0	0	0	0	0	0	0	0	0
S3	0	0	1	0	0	0	0	0	0	0	0	0	0	0
S4	0	0	0	1	0	0	0	0	0	0	0	0	0	0
S5	0	0	0	0	1	0	0	0	0	0	0	0	0	0
S6	0	0	0	0	0	1	0	0	0	0	0	0	0	0
S7	0	0	0	0	0	0	1	0	0	0	0	0	0	0
S8	0	0	0	1	0	0	0	0	0	0	0	0	0	0
S9	0	0	0	0	0	0	0	1	0	0	0	0	0	0
S10	0	0	0	0	0	0	0	0	1	0	0	0	0	0
S11	0	0	0	0	0	0	0	0	1	0	0	0	0	0
S12	0	0	0	0	0	0	0	0	0	1	0	0	0	0
S13	0	0	0	0	0	0	0	0	0	0	1	1	0	0
S14	0	0	0	0	0	0	0	0	0	0	0	0	1	0
S15	0	0	0	0	0	0	0	0	0	0	0	0	1	0
S16	0	0	0	0	0	0	0	0	0	0	0	0	0	1
S17	0	0	0	0	0	0	0	0	0	0	0	0	0	0

表 6－3　　　　　　　　　　　　后置矩阵 A^-

—	T1	T2	T3	T4	T5	T6	T7	T8	T9	T10	T11	T12	T13	T14
S1	0	0	0	0	0	0	0	0	0	0	0	0	0	0
S2	1	0	0	0	0	0	0	0	0	0	0	0	0	0
S3	0	1	0	0	0	0	0	0	0	0	0	0	0	0
S4	0	0	1	0	0	0	0	0	0	0	0	0	0	0
S5	0	0	1	0	0	0	0	0	0	0	0	0	0	0
S6	0	0	0	0	1	0	0	0	0	0	0	0	0	0
S7	0	0	0	0	0	1	0	0	0	0	0	0	0	0
S8	0	0	0	0	0	0	1	0	0	0	0	0	0	0
S9	0	0	0	0	0	0	1	0	0	0	0	0	0	0
S10	0	0	0	1	0	0	0	0	0	0	0	0	0	0
S11	0	0	0	0	0	0	0	1	0	0	0	0	0	0

续表

—	T1	T2	T3	T4	T5	T6	T7	T8	T9	T10	T11	T12	T13	T14
S12	0	0	0	0	0	0	0	0	1	0	0	0	0	0
S13	0	0	0	0	0	0	0	0	0	1	0	0	0	0
S14	0	0	0	0	0	0	0	0	0	0	1	0	0	0
S15	0	0	0	0	0	0	0	0	0	0	0	1	0	0
S16	0	0	0	0	0	0	0	0	0	0	0	0	1	0
S17	0	0	0	0	0	0	0	0	0	0	0	0	0	1

根据 Petri 网的相关定义及其关联矩阵的计算方式 $a_{ij} = a_{ij}^{-} - a_{ij}^{+}$，由前置矩阵 $\boldsymbol{A}^{+}$ 与后置矩阵 $\boldsymbol{A}^{-}$，可得到新兴技术创新网络下服务流程随机 Petri 网对应的关联矩阵 $\boldsymbol{A}$，如表 6－4 所示。

表 6－4　　关联矩阵 *A*

—	T1	T2	T3	T4	T5	T6	T7	T8	T9	T10	T11	T12	T13	T14
S1	－1	0	0	0	0	0	0	0	0	0	0	0	0	0
S2	1	－1	0	0	0	0	0	0	0	0	0	0	0	0
S3	0	1	－1	0	0	0	0	0	0	0	0	0	0	0
S4	0	0	1	－1	0	0	0	0	0	0	0	0	0	0
S5	0	0	1	0	－1	0	0	0	0	0	0	0	0	0
S6	0	0	0	0	1	－1	0	0	0	0	0	0	0	0
S7	0	0	0	0	0	1	－1	0	0	0	0	0	0	0
S8	0	0	0	－1	0	0	1	0	0	0	0	0	0	0
S9	0	0	0	0	0	0	1	－1	0	0	0	0	0	0
S10	0	0	0	1	0	0	0	0	－1	0	0	0	0	0
S11	0	0	0	0	0	0	0	1	－1	0	0	0	0	0
S12	0	0	0	0	0	0	0	0	1	－1	0	0	0	0
S13	0	0	0	0	0	0	0	0	0	1	－1	－1	0	0
S14	0	0	0	0	0	0	0	0	0	0	1	0	－1	0
S15	0	0	0	0	0	0	0	0	0	0	0	1	－1	0
S16	0	0	0	0	0	0	0	0	0	0	0	0	1	－1
S17	0	0	0	0	0	0	0	0	0	0	0	0	0	1

2. 性能分析

前面已经将技术创新网络下的资源提供方的生产流程构建成了随机Petri网，现在对Petri网的活性、可达性、有界性等性能进行分析，以便发现流程中存在的问题，为后续的流程优化做好铺垫。

本书采用S_不变量检验Petri网的性能，通过生产流程关联矩阵$\boldsymbol{A}$，以及公式$A^T \times X = 0$，可得到X的解，即S_不变量的值。通过MATLAB 9.3计算可得出在新兴技术创新网络下的生产流程随机Petri网模型关联矩阵的S_不变量：

$X_1^T = (1,1,1,0,1,1,1,1,0,1,0,1,1,1,1,1)$

$X_2^T = (1,1,1,0,1,1,1,0,1,0,1,1,1,1,1,1)$

$X_3^T = (1,1,1,0,1,1,1,1,0,1,0,1,1,1,1,1)$

计算结果存在非零解，根据S_不变量的性质，说明上述系统对应的随机Petri网是有活性的、可达的且有界的，因此说明新兴技术创新网络下生产流程Petri网模型是正确的，为后面的随机Petri网分析奠定了基础。

6.4 需求不确定情况下网络业务流程的重组

6.4.1 流程优化过程

前文已经对新兴技术创新网络下的资源提供方的业务流程内部运作部分进行了改进，现将对其服务流程进行改进。在日益激烈的竞争环境下，原有的服务流程和管理方式已经难以适应生产需求的变化，因此需要迫切地对现有的服务流程进行优化、改善。基于新兴技术创新网络下的服务方式的特殊性，资源需求方每份订单由于其尺寸、形状、颜色及生产数量等不同，导致资源提供方现有的资源几乎无法满足每个资源需求方的个性化需求。因此，需要相关设计人员对资源需求方的偏好性和模糊性进行分析并重新设计，并对其服务流程进行重新设计。基于此，新兴技术创新网络下的资源提供方的业务流程呈现动态性与不确定性。所以，在对业务流程进行优化时，不能简单地运用5W1H提问法、ECRS、PDCA循环等传统优化方法。

在对资源提供方的服务流程进行优化时，其优化过程描述如下：

首先，从资源需求方需求不确定性入手，基于大数据，分析其需求趋向，了解资源提供方在满足资源需求方需求时的产品服务流程。

其次，以流程优化为目标。在新兴技术创新网络下，合作企业众多，在进行选择之前，资源提供方需要对这些合作企业的服务能力、服务质量等进行了解。在对资源需求方需求进行分析后，针对需求产品的服务流程，要及时挑选出可供选择的服务提供企业，以确保整个业务流程能够顺利地进行。

最后，确认新兴技术创新网络下可调用资源情况，流程优化是一个完善和改造的过程，在流程优化中要充分考虑资源提供方的可用资金、设备、原材料等状况，在有限的资源下尽可能地提高流程优化的目标。

6.4.2 流程优化结构

随着经济全球化，新兴技术创新网络下合作的企业也越来越多，逐渐构成了以新兴技术创新网络为核心的服务型创新网络。在这个网络中，新增企业与退出企业的变化、供应商的服务能力高低不一，这些因素都将对新兴技术创新网络下的服务型业务流程产生影响，于是，资源提供方的服务型生产流程也会呈现一定的动态性。为解决其服务型生产流程的动态性问题，提升运行效率和客户满意度，须从资源需求方需求不确定性入手，对新兴技术创新网络下的资源提供方的服务型生产流程进行优化研究。基于新兴技术创新网络下的资源提供方的服务流程，构建其服务流程组织结构，如图6－3所示。

6.4.3 流程优化主体

面对日益激烈的行业竞争形势，以及新产品加速迭代的市场，资源需求方对于产品的需求不仅仅注重产品的质量，还注重其品质及创新性。为满足资源需求方多样化的需求，资源提供方可提供小批量多品种的生产方式，但是这种生产方式使得资源提供方的业务流程存在很多的不确定性。

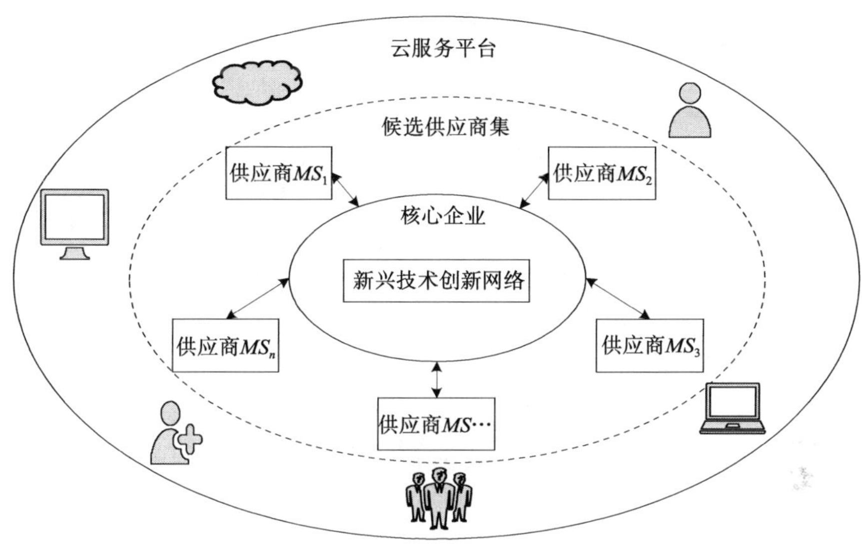

图 6-3　新兴技术创新网络组织结构

因此，需要对其业务流程进行优化，以减少时间成本和额外成本，缩短制作时间，降低资源提供方提供服务过程中会出现的风险以及提升资源需求方满意度。

在新兴技术创新网络下，合作供应商配合核心企业业务流程的各个环节，旨在为资源需求方提供价格合理、及时且质量可靠的产品服务。对新兴技术创新网络下资源提供方的业务流程的优化可通过优化指标来进行体现，经过分析后，最后确定从总生产成本、交付时间、服务质量三个维度对业务流程优化效果进行量化分析。新兴技术创新网络下的各合作企业之间的关系呈现一个开放式的状态，资源提供方的业务流程实施是由多个合作企业基于协同合作机制共同分担完成的，如图 6-4 所示。

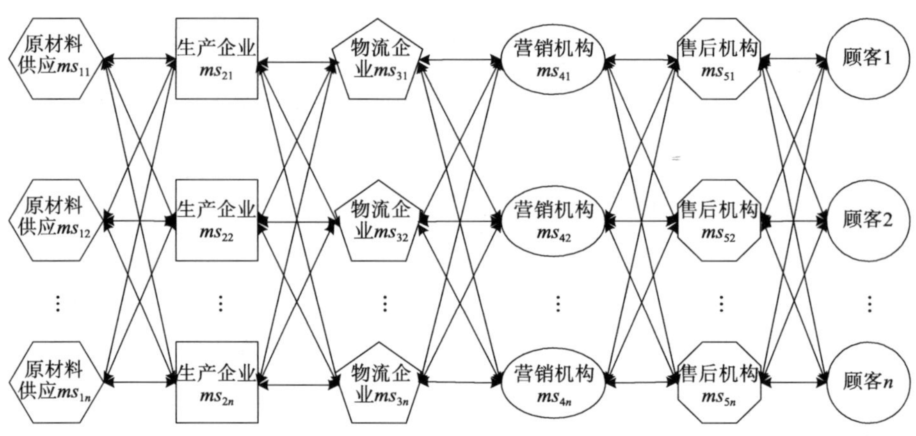

图 6-4　新兴技术创新网络下的服务流程

6.5 基于随机 Petri 网的业务流程优化

6.5.1　优化随机 Petri 网

根据前文对新兴技术创新网络下资源提供方的组织结构以及与合作企业的相互关联的分析，可从以下三个方面对其业务流程进行改进。

1. 资源需求方参与问题

在新兴技术创新网络下，资源提供方为提升服务满意度，允许资源需求方参与到业务流程中。但是，资源提供方在响应资源需求方需求时，存在与资源需求方沟通不详细等问题，导致资源需求方的参与度不够高，进而导致后期设计效果和时效性差。以此，在生产之前，应加强与资源需求方的沟通，尽量满足其需求的偏好性和模糊性。

2. 等待问题

等待问题是业务流程中可能存在的问题，且必须加以改进。流程中的等待问题会出现在部门之间的信息交互上，两个及以上部门同时进行任务时，总时间取决于用时最长的那个部门，因此，此类问题需要得到解决。在生产流程的随机 Petri 网中，从 $T_3 \rightarrow S_5$ 与 $T_3 \rightarrow S_4$ 并发环节到后面与之对应的 $S_4 \rightarrow T_4$ 与 $S_8 \rightarrow T_4$ 两个同步过程，同步过程即并发，企业设计人员的效率决定并行流程的用时，因此，高效的设计团队很重要。

3. 选择问题

在流程中选择问题主要出现在资源利用发生冲突时。在仅有一个标记时，流程中出现的冲突可根据合并原则进行合并。在随机 Petri 网中，存在两个冲突流程 $S_{13} \rightarrow T_{12} \rightarrow S_{15} \rightarrow T_{13}$ 和 $S_{13} \rightarrow T_{11} \rightarrow S_{14} \rightarrow T_{13}$，通过引入两个虚拟变量，可解决此流程中存在的选择问题。

根据以上三点改进方法，可得到新兴技术创新网络下服务流程的改进随机 Petri 网模型，如图 6－5 所示。

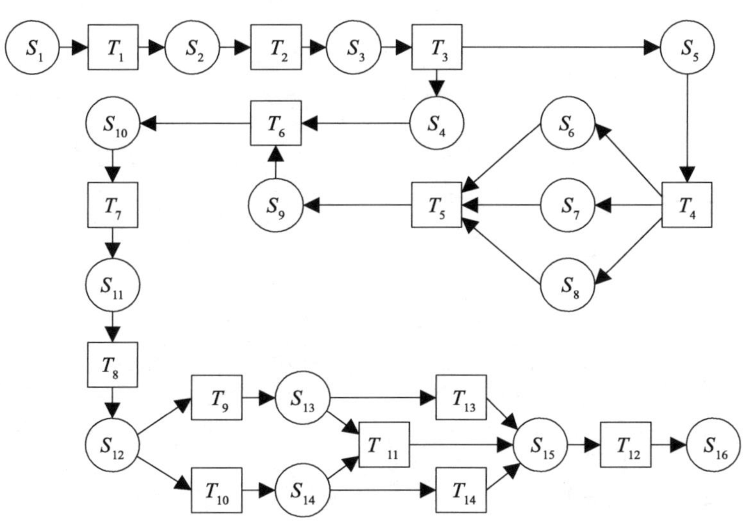

图 6－5　优化后生产流程随机 Petri 网模型

优化后的生产流程随机 Petri 网模型中各个库所及变迁的含义如表 6－5 所示。

表 6－5　优化后生产流程随机 Petri 网模型库所及变迁的含义

库所	含义	变迁	含义
S_1	资源需求方	T_1	下单
S_2	预付款	T_2	资源需求方付款

续表

库所	含义	变迁	含义
S_3	资源需求方需求清单	T_3	整理资料
S_4	生产订单	T_4	资源需求方与设计人员交流
S_5	设计订单	T_5	资源需求方核对内容
S_6	主、配件清单	T_6	定制产品
S_7	设计图纸	T_7	出厂检查
S_8	三维效果图	T_8	打包
S_9	资源需求方确认单	T_9	申请检查
S_{10}	初成品	T_{10}	放弃验收
S_{11}	过检	T_{11}	核算费用
S_{12}	成品	T_{12}	支付尾款
S_{13}	验收	T_{13}	虚拟变迁 1
S_{14}	放弃检验确认单	T_{14}	虚拟变迁 2
S_{15}	尾款支付单	—	—
S_{16}	等待出库配送	—	—

资源需求方需求的多样性导致生产工艺、产品外形等存在差异。通过查找相关资料，进行统计分析得到优化后的服务流程中各环节所用时间，并与优化前进行对比。如表 6 – 6 所示。

表 6 – 6　　　　优化前后生产流程各环节用时

优化前变迁	含义	t/min	优化后变迁	含义	t/min
T_1	下单	—	T_1	下单	—
T_2	付款成功	5	T_2	客户付款	5
T_3	整理资料	60	T_3	整理信息	60
T_4	定制生产	—	T_4	资源需求方与设计人员交流	360
T_5	勘查现场	360	T_5	资源需求方核对内容	20
T_6	设计人员与资源需求方交流	120	T_6	定制产品	—
T_7	生产审核	10	T_7	出厂检查	—
T_8	生产配件	—	T_8	打包	—
T_9	组装	—	T_9	申请检查	5
T_{10}	出厂检查	—	T_{10}	放弃验收	5

续表

优化前变迁	含义	t/min	优化后变迁	含义	t/min
T_{11}	资源需求方申请检查	5	T_{11}	核算费用	30
T_{12}	资源需求方放弃验收	5	T_{12}	支付尾款	2
T_{13}	核算费用	30	T_{13}	虚拟变迁 1	—
T_{14}	支付尾款	2	T_{14}	虚拟变迁 2	—

6.5.2　优化随机 Petri 网特性分析

在改进后的业务流程随机 Petri 网的基础上，根据前面已知的各变迁完成时间 t，及公式 $\lambda = 1/t$，得到变迁发生速率集 λ，即 $\lambda = (\lambda_1, \lambda_2, \cdots, \lambda_{13})$。在模型中加入变迁发生速率集 λ，则可构成马尔科夫链。最初令牌在 S_1（客户）处，其他库所中无令牌，于是，标识起始位置为 S_1，随着变迁的不断发生，下个库所也获得令牌，进而将会构成新的标识集。新兴技术创新网络下业务流程的随机 Petri 网对应标识集如表 6 - 7所示。

表 6 - 7　　生产流程状态标识集

标识状态 M_i	所含库所	标识状态 M_i	所含库所
M_1	S_1	M_8	S_{11}
M_2	S_2	M_9	S_{12}
M_3	S_3	M_{10}	S_{13}
M_4	S_4，S_5	M_{11}	S_{14}
M_5	S_6，S_7，S_8	M_{12}	S_{15}
M_6	S_4，S_9	M_{13}	S_{16}
M_7	S_{10}	—	—

可达标识由各标识令牌的流动情况构成，1 代表库所拥有令牌，0 则代表库所没有令牌，状态转移的方向由箭头方向来表示，箭头旁边的数字代表令牌流动变迁的条件。由此可得到新构建的业务流程随机 *Petri* 网模型可达图，如图 6 - 6 所示。

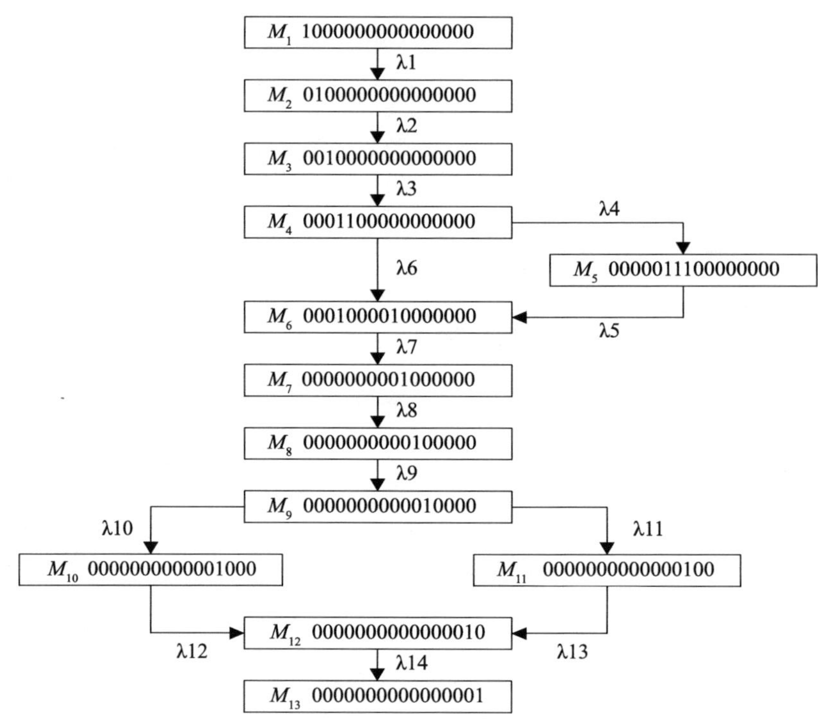

图 6-6 生产流程随机 Petri 网模型可达图

根据上面的状态标识集和可达图，经过转换可以得到业务流程的可达标识集表，如表 6-8 所示。

表 6-8 可达标识集表

—	S_1	S_2	S_3	S_4	S_5	S_6	S_7	S_8	S_9	S_{10}	S_{11}	S_{12}	S_{13}	S_{14}	S_{15}	S_{16}
M_1	1	0	0	0	0	0	0	0	0	0	0	0	0	0	0	0
M_2	0	1	0	0	0	0	0	0	0	0	0	0	0	0	0	0
M_3	0	0	1	0	0	0	0	0	0	0	0	0	0	0	0	0
M_4	0	0	0	1	1	0	0	0	0	0	0	0	0	0	0	0
M_5	0	0	0	0	0	1	1	1	0	0	0	0	0	0	0	0
M_6	0	0	0	1	0	0	0	0	1	0	0	0	0	0	0	0
M_7	0	0	0	0	0	0	0	0	0	1	0	0	0	0	0	0
M_8	0	0	0	0	0	0	0	0	0	0	1	0	0	0	0	0
M_9	0	0	0	0	0	0	0	0	0	0	0	1	0	0	0	0
M_{10}	0	0	0	0	0	0	0	0	0	0	0	0	1	0	0	0

续表

—	S_1	S_2	S_3	S_4	S_5	S_6	S_7	S_8	S_9	S_{10}	S_{11}	S_{12}	S_{13}	S_{14}	S_{15}	S_{16}
M_{11}	0	0	0	0	0	0	0	0	0	0	0	0	0	1	0	0
M_{12}	0	0	0	0	0	0	0	0	0	0	0	0	0	0	1	0
M_{13}	0	0	0	0	0	0	0	0	0	0	0	0	0	0	0	1

由图6－6和表6－8可知，$M_4 \to M_6$ 与 $M_9 \to M_{12}$ 两处存在冲突，要对流程优化，需对这两个子系统性能进行分析。

①计算子系统 $M_4 \to M_6$ 中状态稳定概率。根据图6－6，可得方程组（6－1）。

$$\begin{cases} \lambda_4 x_4 - \lambda_5 x_5 = 0 \\ x_4 + x_5 = 1 \end{cases} \tag{6-1}$$

方程求解得（6－2）式、（6－3）式。

$$x_4 = \frac{\lambda_5}{\lambda_4 + \lambda_5} \tag{6-2}$$

$$x_5 = \frac{\lambda_4}{\lambda_4 + \lambda_5} \tag{6-3}$$

将 $\lambda_4 = 1/120, \lambda_5 = 1/30$ 带入，得 $x_4 = 0.8, x_5 = 0.2$，则 $P(M_4) = 0.8$，$P(M_5) = 0.2$。

②子系统 $M_4 \to M_6$ 各库所繁忙率如（6－4）式、（6－5）式所示。

$$P[M(S_5) = 1] = \frac{\lambda_5}{\lambda_4 + \lambda_5} \tag{6-4}$$

$$P[M(S_{6,7,8}) = 1] = \frac{\lambda_4}{\lambda_4 + \lambda_5} \tag{6-5}$$

即 $P[M(S_5) = 1] = 0.8, P[M(S_{6,7,8}) = 1] = 0.2$

③子系统 $M_4 \to M_6$ 中变迁利用率如（6－6）式、（6－7）式所示。

$$U_5 = P[M(S_5) = 1] = \frac{\lambda_5}{\lambda_4 + \lambda_5} \tag{6-6}$$

$$U_{6,7,8} = P[M(S_{6,7,8}) = 1] = \frac{\lambda_4}{\lambda_4 + \lambda_5} \tag{6-7}$$

即 $U_5 = P[M(S_5) = 1] = 0.8, U_{6,7,8} = P[M(S_{6,7,8}) = 1] = 0.2$，$\overline{N} = 1$

④变迁平均托肯速率如（6－8）式—（6－10）式所示。

$$R(T_4,S_5)=W(T_4,S_5)\times U(T_4)\times\lambda_4=\frac{\lambda_4\lambda_5}{\lambda_4+\lambda_5} \tag{6-8}$$

$$R(T_5,S_{6,7,8})=W(T_5,S_{6,7,8})\times U(T_5)\times\lambda_6=\frac{\lambda_5\lambda_6}{\lambda_4+\lambda_5} \tag{6-9}$$

$$R=R(T_4,S_5)+R(T_5,S_{6,7,8})=\frac{\lambda_4\lambda_5+\lambda_5\lambda_6}{\lambda_4+\lambda_5} \tag{6-10}$$

⑤流程平均延迟时间如（6－11）式所示。

$$T_{子系统1}=\overline{N}/R=\frac{\lambda_4+\lambda_5}{\lambda_4\lambda_5+\lambda_5\lambda_6} \tag{6-11}$$

代入相关数据得 $T_{子系统1}=150\text{min}$。经过改进后的子系统 $M_4\to M_6$ 的处理能力为 150min/个，在库所 S_5（设计订单）的标记速率近似于 0，即变迁 T_4 是流程的瓶颈工序，在改进后这一环节还应得到重视，企业可培训相关专业人员进行接洽活动，以节约时间。同理，可对子系统 $M_9\to M_{12}$ 进行性能分析，得 $T_{子系统2}=2\text{min}$。经过改进后，此子系统的处理能力为 0.5min/个，强于子系统 M4→M6，通过增加虚拟变迁，将原流程中冲突环节进行改进，不影响系统的性能。

经过计算和分析，可得对新兴技术创新网络下业务流程的改进是有效的，且是可实践的，但这只是对其业务流程的部分改进。由于客户需求的不确定性，其实际生产制造流程无法统一，因此现在还未对此进行优化，下面将着重于对资源需求方需求不确定情形下的整个业务流程的优化。因此，接下来本书将要对新兴技术创新网络下的制造业务流程进行优化，以实现对资源提供方业务流程的全面优化。

6.6 本章小结

首先，本章对业务流程重组的定义进行了论述，给出了业务流程重组所要遵循的原则及所要实现的目标。其次，介绍了优化模型构建的基本思路，提出在面对资源需求方的模糊性和偏好性时，应先对资源提供方的生产任务进行分解，并分析了对资源提供方业务流程优化的步骤，包括分解资源需求方需求任务、筛选服务供应商、匹配任务与供应商等步骤。再次，根据不同设计方法的比较，选择随机 Petri 网来构建了资源提供方的业务流程，在此基础之上构建了关联矩阵以及进行性能分析，以便发现流程中存在的问题，为后续的流程优化做好铺垫。最后，基于对资源提供方的组织结构及与合作企业的相互关联的分析，确定从资源需求方参与问题、等待问题和选择问题三个方面对资源提供方的业务流程进行改进和优化，并运用马尔科夫链对优化后的业务流程随机 Petri 网进行特性分析，得出对资源提供方的业务流程改进是有效的。

第7章

新兴技术创新网络下的合作绩效

7.1 概念模型建构

7.1.1 合作创新绩效的界定

从合作创新绩效的具体表现来看，其是对创新企业进行合作创新所取得成绩和效率的综合评估结果；在预期方面，它反映了企业对于实际研发成果在效能上的期望，是对合作活动之具体目标的计划安排。创新绩效通常被看作企业进行创新行为而产生的结果，因此在设计评估标准时可以将新产品或服务的研发、销售数量等作为创新绩效的影响因素，但随着相关研究成果的不断丰富，对创新产出和创新绩效的界定也变得更加清晰。创新产出包括企业技术创新和管理能力，创新绩效包括市场绩效和财务绩效，企业通过合作获得的技术创新绩效体现在技术研发、工艺创新和新产品开发等多个方面，而管理创新绩效则包括管理流程、管理制度和人力资源等多个方面。在产品绩效水平提升方面，企业可通过提高其在市场中的占有率并强化其在竞争中的比较优势，进而提高其营销与利润水平。在本书中所指的合作创新绩效是指在新兴技术创新网络中含有两名及两名以上成员参与创新专利数据的加总，以此得到不同组织嵌入的合作创新绩效测量数据。

7.1.2　合作创新绩效的测量要素

创新生态系统作为一种协同创新网络，其主体以创新为目标，以交互合作为手段，主张通过主体间的相互协作来创造价值，其认为主体间的合作成果应该通过创新绩效来表现。在实践过程中，主、客观评价在绩效测量时的应用范围较广，合作企业往往会通过新增专利量和产品量的方式来对绩效水平进行客观测量与评价；通过对企业预期目标实现程度、企业间合作关系等状况进行测量，作出主观评价。同时需要注意，由于新兴技术的合作创新具有一定的不稳定性，所以往往很难收集到可供量化研究的数据，以至在衡量时很难全面、科学地反映企业的创新绩效水平，这时就需要企业从主观因素角度入手对绩效进行侧面评价，这里既需考虑绩效的“数量因素”，也需考虑“质量因素”。在实证研究中，可以对嵌入组织的合作专利数量进行回归分析，并以专利的质量即“被引用数”作为检验指标。在产学研合作创新中，其创新流程可被划分为知识创新、科研创新和产品创新三个阶段，可以用论文发表数、专利数、新产品数、新工艺数和成果转化数来反映合作创新产出，以专利和新产品两个角度测度产学研合作绩效。

7.1.3　合作创新绩效的影响因素

最初，创新绩效被认为是企业创新行为的结果，所以在设计评估标准时通常将新产品、服务的研发或销售数量、技术引进状况及专利申请状况作为创新绩效的影响因素。但随着研究的不断深入，人们意识到，创新产出是创新过程和成果的结合体，是创新活动的归纳和总结。创新绩效是指通过创新活动为企业带来的各种创新成果的变化，包括新产品、新服务、销售量的增加、新专利申请数量以及对创新投资的管理等。之后学者们还讨论了不同类别的创新绩效的定义，分别从广义和狭义两个角度对创新绩效进行了分类：从狭义角度看，创新绩效以市场参与程度和新产品开发数量为衡量指标的；从广义角度看，创新绩效以研发投入和产出等作为指标衡量的。网络组织合作创新绩效不同于个体创新绩效，相比于个体创新绩效，网络组织内更加关注组织内成员间的具体合作行为、成员的创新及自主学习能力、合作伙伴间良好的沟通关系与默契的合作行为等。

1. 合作行为

合作行为因素包括研发投入、知识共享和资源互补性。研发投入在促进企业创新绩效中的作用已被学者所认可。毫无疑问，在合作过程中主体需要对特殊资产进行投资，以提升企业技术合作的积极性，但这同时也给资产投资者带来了一些风险。从知识获取和转让的角度看，知识的创造和转让对合作绩效的提升也具有一定的促进作用。

2. 网络成员能力

尽管创新网络中成员间的互动能够为组织间的资源、知识流动创造渠道，但作为网络主体的企业仍需要具有一定的知识吸收能力和交互整合能力才能更有效地提高企业创新绩效。企业在上述两个方面能力的利用和探索可以促进合作创新绩效的提升，增强与合作网络中其他主体的关系强度。实证结果表明，网络关系强度对企业创新具有重要影响。在功能方面，强网络关系对组织下各企业的技术创新具有较强的推动作用，而知识吸收在此过程中则能起到中介作用。合作网络下主体能力的大小将对主体间的合作强度产生影响，能力较强的主体将在合作中居于优势地位。

3. 合作伙伴关系

良好的伙伴关系有利于企业增进对合作创新的理解。随着企业合作创新的深度展开，伙伴关系的作用日益受到企业的关注。通过对嵌入组织与伙伴关系的相互作用进行分析发现，伙伴关系会影响嵌入式组织的后续发展以及嵌入式组织合作绩效的提高。部分学者从信任、沟通和承诺的角度来衡量伙伴关系的稳定性。在实践中，组织间的合作通常以合同来进行约束，但研究发现，组织间的信任可以起到类似的约束作用，同时还可以降低合作过程中的监督成本、激励合作伙伴和防止机会主义行为。组织之间的合作离不开沟通，沟通有助于合作伙伴间协调和达成共识，并能有效地提高创新绩效。良好的合作关系也将使双方的联系更加紧密，促进知识和资源的共享、提高合作效率，并促进长期稳定的合作关系的形成。

7.1.4　合作创新绩效的概念模型

通过对合作创新绩效的有关研究进行梳理，本书发现当前理论研究界对于合作创新绩效并没有一个准确的定义，大多数学者在研究中将其视为利益攸关、联系紧密的企业在合作过程中所得创新成果的效能评价。

7.2 概念模型中相关要素及其维度

7.2.1　组织嵌入对合作创新绩效影响的关系分析

组织嵌入本质上是创新个体通过弱连接与网络中的其他组织保持技术连接的途径之一。在技术信息嵌入的过程中，可以发现网络内部企业间存在着互助依赖关系，保持与其他组织（即具有嵌入式技术信息的企业）间较强的技术联系，有助于企业获取新颖的技术信息进而增强企业竞争力。技术创新领域的许多研究表明，当前各种类型的技术创新（如构架创新和裂变创新）非常依赖及时的技术信息获取。因此，从改进企业技术创新的角度出发，不断从企业外部获取技术信息可以被认为是促进企业技术创新的重要手段。成员间的关系和技术信息的嵌入性可以促进组织学习，特别是探索性组织学习，从而提高企业技术创新的绩效。另外，技术信息的嵌入度也可以被认为是远离“距离保持关系”的程度，“距离保持关系”是指企业之间的关系完全取决于价格因素的事实。根据以上分析，可以发现企业可通过嵌入式组织获得技术创新所需的新颖技术信息，进而有助于提高技术创新绩效。

7.2.2　组织嵌入对知识溢出的关系分析

知识溢出大多数情况下都发生在企业相邻的区域内，通过对国外学者的研究成果进行分析后可以发现，正外部性能够实现组织内部知识的快速扩散，通过知识的扩散，网络内企业可以快速提升技术研发效率，进而实现了组织嵌入对于合作创新绩效的促进。从知识溢出的成因来看，导致知识溢出产生的主要原因是各创新主体间的知识水平的差异，正是由于各创新主体间存在知识差别而产生的知识流动性，进而促成了知识溢出现象的出现。受制于所处市场环境的差异及个体综合能力的差别，主体间的知识差异是广泛存在的，即便是在同一知识水平下，知识的存储量也有所差别。一些低知识水平的创新主体要想获得更好的发展，就需要获得高知识主体的知识支持；而一些高知识企业也想要通过出售知识来获得一定利润。因此在此背景下，知识溢出现象实现了知识在主体间的流转，有助于企业更快速地实现技术合作创新。基于上述分析可以发现，组织嵌入中的成员异质性和结构特征均可促进知识溢出现象的发生。

7.2.3 知识溢出对合作创新绩效的关系分析

在知识溢出与合作创新绩效的关系上，首先，知识溢出能够使组织嵌入实现知识，它同时也是合作网络创新的重要行为，能够提高整个合作创新网络的知识水平。创新个体通过获得更高层次的知识，可以在技术创新时获得更高的起点。企业可以通过整合自己的技术和知识来开发新的产品和服务，并从其他企业处获取溢出知识，在创新活动中与其他企业相互合作、相互学习，通过吸收、整合和再创新，实现创新知识的自我革新，形成一个知识创造—知识溢出—知识再创造的模式。这样可以进一步促进嵌入组织网络结构内企业的技术创新和组织嵌入网络成员创新能力的提升。其次，需要认识到当前市场对产品的需求是多样化的，这要求产品随着需求变化快速更新。由于产品的使用周期大幅缩短，所以企业独自进行技术创新的成本和风险较大，而通过获取组织网络内同类企业外溢的技术知识，则更有利于其全面把握市场需求动态，找到恰当的产品创新路径，进而降低创新的风险和成本。相对于先进行技术创新的企业，后进行创新的企业受溢出效应影响，可以以相对较少的代价获得其他企业的市场信息、技术创新成果，从而提高企业的创新效率，增强企业创新能力，降低成本和风险。最后，嵌入组织网络结构中的创新个体因其社会网络联系较为密切，所以可以在企业互动中增强创新个体之间的凝聚力和信任度。组织嵌入网络中的企业交流渠道主要有正式和非正式两种，而主要的技术交流则需依靠集群内企业技术人员的密切交往，以提高知识的流动性，促进了知识和技术迅速扩散。本书通过分析知识溢出与合作创新绩效间的关系，探讨了知识溢出对网络合作创新绩效与嵌入组织合作创新绩效的影响，可以对知识溢出的影响给予全面地评价。

7.2.4　知识溢出的中介作用关系分析

知识溢出作为知识转移的重要途径之一，此过程往往是被动的，这种情况广泛地存在于组织嵌入内部。知识溢出效应的存在为创新网络的发展和组织嵌入网络创新能力的增长提供了不竭动力。但与此同时，许多学者也认为组织嵌入网络对于企业技术创新而言是一把“双刃剑”，因为知识的溢出也会导致组织网络内同类产品出现恶性竞争，从而导致网络内部的利益冲突，进而抑制整个网络的技术创新活动的开展。

在组织嵌入企业进行合作创新之前或过程中，彼此有很多机会从对方的创新产品中接收外溢知识，且很多情况下双方可能会同时吸收外溢知识。这为网络内企业的合作创新奠定了基础。长期互动中对技术发展理解的趋同会使两者在技术研发上更加兼容，并能够使其形成良好的信任关系。

7.3
理论分析与假设

7.3.1　组织嵌入对合作绩效影响

自1944年Polanyi提出“嵌入性”这一概念，后续学者围绕着嵌入理论的内涵和功能进行了广泛的研究，但研究的目光主要集中于经济领域，对社会和文化领域的重视相对不足[117]。这是因为商品经济的快速发展以及理论应用之于企业的巨大收益为其在经济领域拓展创造了有利条件。但随着研究的逐步演进，越来越多的学者发现脱离社会和文化因素讨论嵌入理论对于经济建设、企业发展是不具备可持续性的。所以1985年

Granovetter从经济行动与社会结构联系的角度，开始了对嵌入理论在经济与社会关联方面的理论研究。Granovetter认为嵌入性可以被划分为关系嵌入和结构嵌入两类。其中，关系嵌入强调个体的自主行为会受到来自其所处社会网络在内容、烈度、趋向和持续性等方面的影响；结构嵌入则强调网络整体功能以及个体在网络中所处位置对个体发展造成的影响[118]。之后Halinen和Tornroos经过进一步研究指出，嵌入性的内涵应当包括个体对于社会网络的关系与依赖，他引出了组织嵌入的概念，并认为可以通过对网络内部成员在共同目标作用下的彼此的需求满足情况、互信情况、资源与信息共享情况进行测量，以了解组织嵌入之于个体发展及网络整体的作用，对个体间的关联度和社会网络的紧密程度作出评价[119]。

从现有理论研究中可以发现，对于组织嵌入的研究大多集中于关系描述和网络维系的层面，更多地表现为对状态的呈现而非某种实践的指导，同时对于组织嵌入本身的结构、内涵的系统性探讨也相对较少，特别是在技术创新领域。但这并不意味着组织嵌入之于合作创新绩效的影响缺乏经验基础，根据Mobley（1979）对组织嵌入之于企业绩效影响的研究可以发现，企业内部成员间直接、稳定且频繁的联系可以提升组织嵌入对绩效的影响。而在社会网络层面，多企业间的组织嵌入则可以发挥治理和约束作用[120]。基于上述理论观点，可以将组织嵌入的功能进一步引申，将其放到企业发展的具体视域当中——合作创新绩效。通过对组织嵌入社会网络内部多创新主体（企业、高校、科研院所等）的合作意愿及关系的紧密程度，以及在特定社会网络中，组织嵌入对于创新主体间合作管理规范、集体监督机制的形成情况进行评估，进而对组织嵌入对合作创新绩效的影响进行分析。根据当前战略性新兴产业技术合作网络中高凝聚组织嵌入结构化的主要特点，以及其在网络内部成员间信息与资源共享中发挥的价值，特提出如下假设：

假设H1：组织嵌入凝聚性结构对合作创新绩效产生正向影响作用。

1. 网络位置嵌入性对合作绩效影响

在理论研究方面，伍晶等（2016）通过总结网络位置嵌入性对企业发展的影响后指出，企业所处的网络位置将对其资源、信息获取能力带来重大的影响，居于网络中心的企业因其具有相应的资本、技术等优势，往往被外围企业所围绕，外围企业由于希望获得中心企业的支持，所以往往会不遗余力地为中心企业的技术研发和项目开展贡献力量[121]。钱锡红等（2010）通过进一步研究发现，网络位置嵌入性至少会从两个角度出发给社会网络中企业的合作绩效带来影响。首先是在企业的中心度方面，企业在网络中的中心度越高意味着其与合作伙伴的关联程度越高，所以在技术创新中则越可能获得信息与技术支持，而中心度较低的企业则往往处于附属或配合的地位[122]。其次是在社会网络中的结构洞方面，根据 Burton（1992）提出的结构洞理论，社会网络中结构洞的存在会赋予处于网络核心位置的企业以更大的竞争优势，其可以利用网络内部的结构洞来创造与外围企业间的信息不对称关系[123]。这是因为造成结构洞的主体从现实层面来看，往往是新进入网络的主体或者是与某主体具有特定关系，而无论是何种情况，其与中心企业关系密切的概率都要远远高于外围企业。所以，可以获知企业所处网络位置会对其资源、信息获取能力带来有利影响，而结构洞的存在又能在某种情况扩大其竞争优势。

将网络位置嵌入性对于企业合作的影响进一步引申，从企业合作创新的角度看，网络位置嵌入性将对社会网络中创新主体间的关系产生重要影响。对于居于核心位置的企业而言，党兴华和党红锦（2013）指出，其在技术创新所需的知识获取、吸收、利用及再传播中，相较处于网络边缘位置的企业而言具有比较优势[124]。与此同时，赵炎和郑向杰（2013）还指出网络中心企业在社会网络中具有较强的规范与结构影响能力，其可以利用自身相较于其他企业的优势来影响技术研发方向与内容，在联合其他企业进行合作技术研发时也更具组织与倡导能力[125]。组织嵌入网络中主体的位置归根结底是由网络主体的创新能力决定，较高的创新能力使得企业在合作创新网络中居于中心位置，而其对于自身网络中心地位的利用则可以协调网络内的多种知识、技术、信息和资源投入到特定的技术研发活动中，进而提升技术创新中的企业合作绩效水平。基于网络位置嵌入性对于合作绩效的影响，提出如下研究假设：

假设 H1a：组织嵌入内部位置嵌入性对合作创新绩效具有正向影响作用。

2. 网络中介性对合作绩效影响

在理论研究方面，Burton（2008）在结构洞理论中还对社会网络中主体在合作中的中介性问题进行了研究，并提出了中介主体的概念。中介主体指的是在合作网络中，承担信息与知识交互、关系协调功能的主体，具体可以是企业、科研院所和高校等[126]。Zaheer 等（2000）认为，中介主体的形成与合作网络的形成以及网络中权重主体的合作性密切相关。在合作网络形成初期，由于涵盖的主体相对较少，所以需要通过有关系资源的主体进行外部链接，以为网络内的其他企业获取足够的技术等资源支持；而权重主体则可以通过成为中介主体而促成网络结构洞的形成，以保证自身在合作网络中的优势地位，因为其可以通过对流经的技术、信息等资源加以控制和截留来获得信息不对称所造成的仲裁收益[127]。孙笑明等（2014）通过对企业合作经验进行总结后发现，因中介主体存在而导致的企业合作网络中介性至少在三个方面具有促进作用，首先是对中心企业发展的促进作用，其可以利用自身的中介主体身份来全面系统地收集来自网络内部的多方面信息，并通过信息资源控制来强化自身优势，进而保证自身在合作创新中的主导价值[128]。其次是对网络边缘企业发展的促进作用，其可以通过中介企业所传达的信息和知识来进行自我技术革新，这有利于其弥补因自身资源不足而导致的创新能力不足等问题。最后是对于合作网络整体而言，网络中介性的存在可以促进网络的自我发展，合作网络可以在创新需求的驱使下进行主体链接，将更多握有知识和技术资源的主体纳入网络中，从而实现合作网络的主体拓展与功能完善。

从合作实践角度看，合作创新网络中介性对于创新活动的影响也是显著的，首先，其可以提升合作创新网络的组织密集度，因为往往需要通过中介主体连接的资源大多具有关键影响力，所以势必被大多数网络成员所依赖，为了获取外部支持其必然会向中介主体（往往也是中心主体）靠拢。其次，其能够提升网络内所有成员的创新能力，通过代理、协调、联络或顾问等形式获得的创新资源可以破解企业创新过程中存在阻碍，进而为其技术研发活动的开展提供动力。最后，则是可以增强合作网络内部企业间的互惠水平，通过可靠的技术支持降低盲目开展研发活动所造成的非必要成本，同时还可以增强网络成员间的互信，进一步促进其良好合作关系的维系与发展，进而提升企业合作创新的绩效水平。基于网络中介性对于企业合作创新的影响，提出如下假设：

假设 H1b：组织嵌入内部网络中介性对合作创新绩效具有正向影响作用。

3. 网络可达性对合作创新绩效影响

随着社会网络理论研究的不断深入，其理论所辖范围也在不断拓展，在此过程中，网络可达性问题显现在相关学者的视野中。网络可达性这一概念最早是由 Hochberg 等于 2007 年在《金融周刊》中提出，主要用以表示社会网络成员间联系路径的长短，进而通过分析其对信息、技术、知识等资源在网络成员间传递情况的影响来对合作网络的运转情况进行评估[129]。曹洁琼等（2015）通过研究发现，网络可达性作为一项变量，可以对企业合作绩效造成重要影响，主要表现在两个方面。首先是平均路径长度，其认为平均路径长度的长短将直接影响合作网络内部企业获得其他同为网络成员企业信息的新鲜度。平均路径长度较短的企业由于与其他企业在地理上或关系上的距离较近，所以往往能够获得更具时效性的信息[130]。其次是聚集程度，其认为聚集程度的强弱将会对合作网络内部企业间的互信关系及合作的紧密程度造成影响。相较于聚集程度较低的合作网络，聚集程度相对较高的网络合作绩效更高，因为其可以通过企业间的高密度联系提升信息交流的频率和准确性。但是与此同时，Schilling 等（2007）也指出，聚集程度与企业合作绩效并非简单的线性关系，能否促进合作绩效水平的提升还要关注企业的资源占有情况，若网络内企业占有的资源较少且同质性较强，则较高的聚集程度会导致信息循环传递和冗沉的情况，这意味着企业需要拿出更多的时间来处理重复信息，不利于合作绩效水平的提升[131]。所以，可以用理想的网络可达性评价成员间尽可能短的平均路径长度以及与网络资源状况相适应的聚集程度。

通过对企业合作实践进行总结可以发现，较高的网络可达性对企业合作活动开展具有促进作用。赵炎和王琦（2016）通过研究发现，高水平的可达性有助于网络内部资源的深度挖掘，企业间可通过日常频繁的交流了解彼此的需求，进而实现自身资源的挖掘与供给及合作框架下企业发展问题的化解[132]。较高的网络可达性在合作创新过程中还意味着企业可以快速、准确且富于针对性地获得创新所需的知识和信息，避免因企业沟通不畅所造成的合作成果的不确定性。同时可达性水平的提升还意味着网络边缘企业可以获得更具多样性的资源支持，以降低自身对于网络中心企业的依赖，提升企业发展的自主性，并为合作网络整体能力的提升起到促进作用。基于网络可达性对于企业合作创新的影响，提出如下假设：

假设 H1c：组织嵌入内部网络可达性对合作创新绩效具有正向影响作用。

7.3.2 知识溢出的中介作用

Arrow（1962）从知识的外部性特征角度提出了知识溢出的概念，后续学者围绕着“知识溢出效应”的内涵、特征及影响进行了较为深入的研究[133]。其中 Jaffe（2001）对知识溢出效应的内涵进行了阐释，指出知识溢出效应是知识接收方在接受新兴知识以促进企业发展过程中产生的关联效应，其影响主要表现在经济和技术两个方面。在经济方面，其可以通过降低企业的技术与管理成本提高企业的经济效益；在技术方面，其可以通过企业间非竞争性的信息与知识交换来促进企业技术与创新水平的提升[134]。Leight 等（2013）通过实证研究后发现，单纯从理论角度谈知识溢出效应对企业合作创新绩效的提升是远远不够的。因为从企业利益角度出发，无论是在合作创新网络中还是在一般性的企业合作当中，新兴知识必然需要通过商品化才能在更大范围内发挥创新促进作用[135]，而知识的商品化过程实质上就是知识溢出向创新能力和绩效水平提升的中介化过程。知识溢出中介作用的发挥可以使新兴知识在创新合作网络内部获得更为广泛的传播，而知识供给方也能够通过知识的商品化而满足自身的利益诉求，保障其技术研发的可持续性。

从创新合作实践角度看，合作网络内部的知识溢出往往会被理解为信息资源的互惠，而知识溢出的中介作用的发挥则恰好是提升知识与技术互惠范围和程度的重要方式。网络中技术水平较低的企业可以通过低成本的方式获取对其技术创新具有重要促进作用的知识，进而提升企业创新绩效。网络中心企业可以通过知识溢出的中介作用来引导合作创新的发展方向，并整合资源提升网络内企业的合作创新绩效。在知识溢出效应促进网络内部企业创新能力和绩效提升的过程中，网络中介性结构因其在资源获取上的独特优势，所以在知识溢出效应中往往为溢出方，故而知识溢出就在某种意义上成为中介性结构与网络创新之间的纽带。在网络可达性方面，可达性结构状况将直接影响知识溢出对网络合作创新绩效提升的作用发挥，而知识溢出效应本身也是网络内部成员联系建立的必要前提，溢出知识的新颖度将对网络可达性结构状况和合作创新绩效状况起到提升作用。根据知识溢出中介作用对合作创新绩效的影响，提出四个假设：

假设 H2：知识溢出与组织嵌入合作创新绩效存在正向影响关系；

假设 H3a：知识溢出在组织嵌入位置嵌入性结构与合作创新绩效中起中介作用；

假设 H3b：知识溢出在组织嵌入网络中介性结构与合作创新绩效中起中介作用；

假设 H3c：知识溢出在组织嵌入网络可达性结构与合作创新绩效中起中介作用。

7.3.3　创新能力与知识丰富度的调节作用

1. 创新能力的调节作用

在当前商品经济快速发展、企业迭代速度加快、产品技术融合性渐次提高的大背景下，企业创新能力成为商界和学术界共同关注的问题。根据杨特等（2013）在其著作《我国企业创新能力的解构与演进》中对当代企业创新能力进行了如下定义：企业创新能力是指企业通过各种方法手段来最大限度地满足市场需求和自身发展目标、提升企业竞争力的能力。从其内容上看，企业创新能力至少包含下列三项内容。首先是市场能力，即企业能够紧跟市场趋势的变化，了解消费者的消费需求并根据其需求定制针对性的产品，之后通过产品营销和服务创新等方式促进产品销售，实现其商业目的。其次是技术能力，强调通过技术研发、设计创新和工艺提升等方式提升产品的技术水平，通过产品技术凝结来提升企业整体的技术创新能力。最后是整合能力，企业需要对产品从研发到生产再到消费的整个流程中的多种因素进行整合，协调企业在全流程多环节中的资源投入，进而实现其商业利益的最大化。在合作创新网络中，网络内企业的创新能力对合作创新能力和绩效具有调节作用[136]。Despres 和 Hiltrop（1995）研究指出，在合作创新网络中居于中心地位的企业往往对创新合作活动的开展具有潜移默化的影响作用，这是因为其相较于边缘企业而言创新能力更强，拥有更多的资源，而网络边缘企业可以从对于核心企业的配合中获得收益[137]。Grove（2005）指出，对于网络内部技术实力较强而相对处于非核心地位的成员而言，其可以通过技术实力的功能性转变在合作创新网络中寻求影响力，改变自身在网络中的地位[138]。郑向杰（2014）指出，在技术上创新合作网络中主体高水平的创新能力会对网络本身造成影响，能够通过提升网络内部向心力、增强成员间联系来提升合作网络的可达性[139]。

在网络合作绩效提升方面，由于网络内部企业创新能力能够对组织嵌入位置造成影响进而引导网络整体创新能力的提升；非核心技术权重企业创新能力可以通过网络中介性结构改变自身在网络中所处地位，进而实现新兴知识与技术的网络内部传递；高创新能力企业在网络中引起的依附效应可以提升网络的可达性，进而增强企业在网络内部的信息联系。基于上述三个方面情况，可以认为创新能力可以起到对组织嵌入位置嵌入性结构、组织嵌入网络中介性及组织嵌入网络可达性对于合作创新绩效的调节作用。结合上述分析结果，提出下列三项假设：

假设 H4a：创新能力正向调节组织嵌入位置嵌入性结构与合作创新绩效的关系；

假设 H4b：创新能力正向调节组织嵌入网络中介性与合作创新绩效的关系；

假设 H4c：创新能力正向调节组织嵌入网络可达性与合作创新绩效的关系。

2. 知识丰富度的调节作用

企业技术创新活动的开展离不开相关知识的支持，而创新知识的丰富度将会直接对企业技术创新的能力和效率产生影响。根据王晓娟（2018）的研究，知识丰富度具体表现在四个方面。首先，在知识源方面，其表现为健全企业内外多种主体的知识贡献价值，也就是说，在技术创新活动中不能“闭门造车”，不仅要从企业内部角度出发通过技研经验总结获取知识，还要通过与外界进行广泛合作来获取新知识，以弥补内部知识在技术研发中的缺陷和不足[140]。其次，在知识内容方面，在技术创新过程中，与技术研发直接相关的知识固然重要，但应当认识到技术研发的过程所涉及的知识具有多样性，组织与管理、资源整合、技术应用、工艺等多方面知识对于企业创新活动能否顺利展开都具有影响，所以知识的丰富度所涵盖的具体内容应包含核心技术知识、边缘性技术知识和关联性非技术知识等。再次，在知识传递方面，在合作技术创新中，知识的丰富度还包含一项重要内涵，即知识在合作网络中的传递情况，创新所需的关键知识和非关键知识能否在网络内部自由流转并惠及每个企业，同样也是用以衡量知识丰富度的重要指标。最后，在知识迭替方面，企业技术创新所用知识能否在内部探索和外部学习的过程中实现不断的自我迭替，并形成多样化的知识发展脉络，同样也是知识丰富度的重要衡量标准之一。从企业合作创新网络的功能角度看，其有一项至关重要的功能就是向网络内部企业提供创新知识，这既是网络内部企业形成良好合作关系的重要方式，同时也是合作创新网络存在的先决条件。

从新兴技术创新网络的合作技术研发实践层面看，网络中各主体知识的丰富度至少在以下三个方面具有调节作用，首先是在位置嵌入与合作创新的关系方面，核心企业可以利用其所具有的知识优势创造的网络影响力来实现网络内部企业在特定研发趋向上的凝结，进而协调创新所需的各种资源来推动创新活动的开展。其次是在组织嵌入网络中介性与合作创新绩效的关系方面，处于技术优势地位的非中心网络组织可以通过知识传播的方式为其他主体提供商品化的知识支持，进而使其他网络成员及时获得相应技术信息，并且开展技术创新活动。最后在组织嵌入网络可达性与和合作创新绩效的关系层面，知识的丰富度强调资源信息整合的相关知识在技术创新中发挥的重要价值，强调以知识提升网络内部各主体间的连通性来实现技术创新。基于知识丰富性在合作创新网络中的三项作用，提出以下三项假设：

假设 H5a：知识丰富度正向调节组织嵌入网络位置嵌入性与合作创新绩效的关系；

假设 H5b：知识丰富度正向调节组织嵌入网络中介性与合作创新绩效的关系；

假设 H5c：知识丰富度正向调节组织嵌入网络可达性与合作创新绩效的关系。

7.4
研究设计

7.4.1　样本选取与数据来源

7.4.1.1　样本选取

近年来，中国新能源汽车产业平稳较快地增长，技术创新能力得到极大提高。在专利申请方面，中国新能源汽车产业的专利申请数量自 2004 年起呈逐年递增态势。随着新能源汽车企业与互联网企业联合智能操控系统研发活动的广泛展开，进一步推动新能源汽车技术领域专利继续保持高速增长。本书通过对国家知识产权局专利信息服务平台中多企业联合发布的新能源汽车专利进行查询，从中选取了一些市场应用程度较高、技术更新频繁的专利作为技术创新网络研究对象。

通过对与新兴技术创新网络有关的实证研究经验进行总结，发现现有研究成果的样本数据主要通过问卷调查和数据库、数据引入两种方式获得。其中，问卷调查是国内创新网络研究中最常用的数据获取方法。通过问卷调查，研究人员可以从样本企业中获得经理和研究人员等微观层面有用的信息，但是其很难从宏观层面（如整个网络）获取信息，因为要在行业的整个网络级别收集数据，必须首先确定网络边界，对于问卷调查而言，这是比较困难的。在网络整体层面收集数据强调所收集网络成员信息的全面性，而如何收集多个网络的数据是问卷调查的另一个大问题，与问卷调查相比，二手数据库更适合在网络级别上收集数据。由于二手数据不需要研究人员与研究对象直接接触，使用他人或研究机构收集的原始数据进行研究，相对较为便利，难度也相对较小。同时从实践角度看，现有研究利用国家重点行业专利信息服务平台专利数据来对技术创新网络问题进行研究的方式，已经得到了学术界的广泛认可。由于该平台的行业类别划分较为清晰，可以为确定网络边界提供重要依据，同时也可以更好地满足研究需求。

7.4.1.2 数据获取及筛选过程

1. 数据采集

根据国家 2017 年发布的《新能源汽车制造企业和产品准入管理规定》文件，将新能源汽车的核心技术具体分为三类：首先是与蓄电池相关的技术，其次是与驱传动装置及其系统相关的技术，最后为与充电设施相关的技术。通过对新能源汽车有关文献资料进行梳理，找到了三个与技术相关的高频关键词。这里结合关键词对前面所收集的专利进行了进一步的筛选，并通过 Python 软件采集了其名称、摘要、主权项等多种信息。在此基础上通过上述步骤的重复操作不断精确新能源汽车技术的关键词，最后得出，新能源汽车是指采用新型动力系统，完全或者主要依靠新型能源驱动的汽车这一定义。之后通过文献统计对关键字评分并重复该过程，发现新能源可被分为多种类型：插电式混合动力（包括增值）汽车、纯电动汽车和燃油电动汽车等。关于新能源汽车技术专利数据检索方法，可以依据国家知识产权局确定的国家专利分类（IPC 分类）号，从《新能源汽车行业专利状况分析报告》中的热点技术中检索出处，如图 7－1 所示。通过对与这些专利代码相对应的新能源汽车领域的专利进行分析，共发现了针对新能源汽车领域主要专利技术的 32 种 IPC 代码，如表 7－1 所示。

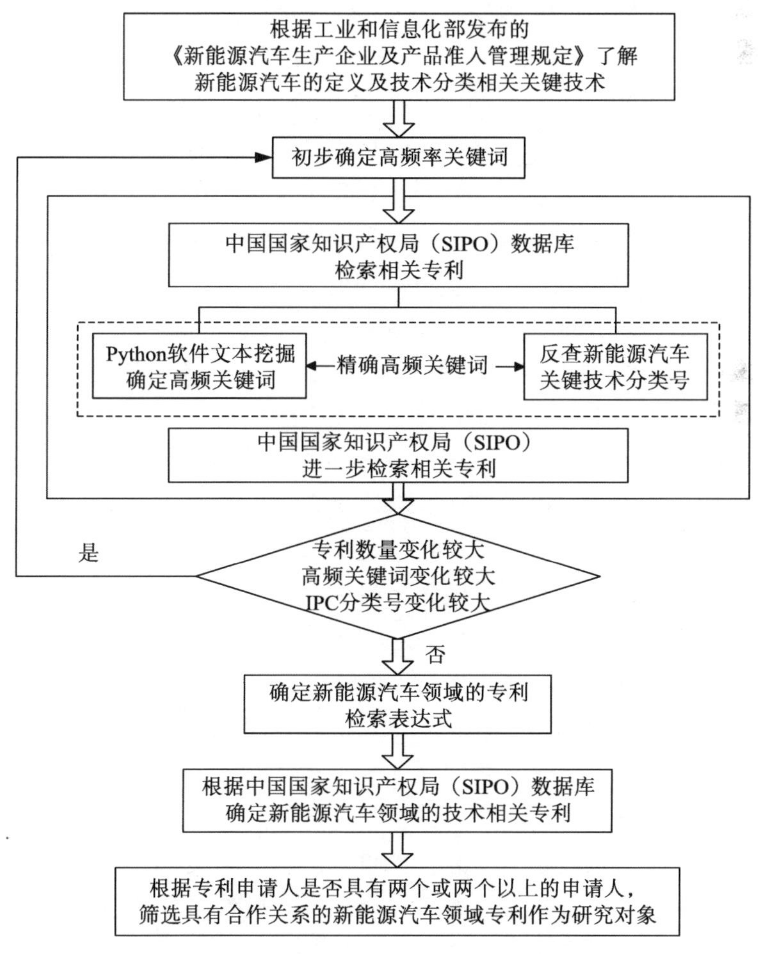

图 7－1　新能源汽车技术的专利检索流程

表 7-1 新能源汽车技术主要专利技术的IPC代码

序号	代码	序号	代码	序号	代码	序号	代码
1	B60G	9	B60T	17	G01R	25	H01R
2	B60H	10	B60W	18	G05B	26	H02H
3	B60K	11	B60D	19	G05D	27	H02J
4	B60L	12	C01B	20	G06F	28	H02K
5	B60M	13	E04H	21	G06Q	29	H02M
6	B60P	14	F16H	22	G07F	30	H02P
7	B60R	15	F24F	23	G09B	31	H04L
8	B60S	16	G01M	24	H01M	32	H05K

因此，此处使用的专利检索公式为“关键字 =（（新能源汽车）or（混合动力汽车）or（电动汽车）or（燃料电池汽车））and 热点技术 IPC 分类号 =（（B60R）or（G05B）or（G05D）or（G06F）or（G06Q）or（G07F）or（G09B）or（H10M）or（B60T）or（B60W）or（B62D）or（C01B）or（E04H）or（F16H）or（F24F）or（G01M）or（B60G）or（B60H）or（B60K）or（B60L）or（B60M）or（B60P）or（B60R）or（B60S）or（H01R）or（H02H）or（H02J）or（H02K）or（H02M）or（H02P）or（H04L）or（H05K））”。此外，由于从专利申请到发布的时间大约有 18 个月，所以根据以往文献的通常做法，作者检索 2004—2018 年的新能源汽车产业专利数据。通过检索分类号，检索公开（公告）日为“20040101—20181231”。选取以 CN 开头的专利号（CN 开头是表示在中国申请的专利），即获取 2004—2018 年在中国申请的新能源汽车产业领域技术专利数据，共 53321 条，作为此次研究的原始数据。通过国际专利分类号对新能源汽车领域进行限定，筛选出该领域中具有合作关系的专利数据。由于发明专利有 18 个月的审查期，使得筛选出来的数据具有部分误差，尤其可能会对近 2 年来的新能源汽车领域的合作申请专利数量的整体趋势分析造成一定影响，但是相比之下对专利总量的影响相对较小。

2. 筛选数据

在初步完成数据收集工作后，这里对所得专利数据进行去重、降噪等处理，获得了新能源汽车领域所有相关的专利数据。并参考现有研究的筛除标准，对初始数据按照下列步骤进行筛选。

（1）由于研究数据不包含个人申请，故申请（专利权）人为“（×

××企业）or（×××研究院）or（×××大学）”。各主体（企业、大学、研究院）可构成若干个二元级以上合作关系组。

（2）筛选不含母子关系的组织间联合申请专利。避免母子企业非创新因素的影响，删除母子关系的申请权人。

进一步筛选得到 7652 条联合申请专利信息。

3. 数据处理

（1）数据整合

通过对所收集的专利数据按行业、申请年份进行分类整理。对于发明人和申请人相同且主题相似的专利，仅保留其中一项。

（2）数据编码

每年从合并的专利摘要中提取企业目录，然后根据不同行业类别总结 15 年的企业目录。由于技术创新网络具有成员不稳定性的特征，为避免研究期间因部分企业进入对研究造成干扰，所以在进行企业筛选时只保留了参与网络合作三次及以上的企业。在排除仅参加了两次或以下合作的企业之后，列出了 2004—2018 年该行业中参与合作创新的所有企业。按字母顺序排列列表后，代码以“1001”开头。这样，每个企业在 2000—2014 年期间仅对应唯一的四位数代码。编码完成后原始数据将替换为年份，原始企业名称将替换为相应的四位数代码，并且没有编码的企业将被淘汰。如果该专利只有一个企业编码，则对该专利予以删除。

（3）构造时间窗口用于选择观察

在纵向数据的处理中，通常需要使用时间窗口来对创新网络进行反映。相关研究表明，只有前 5 年形成的关系会影响当前状态，即 t 年网络结构形成受最近 5 年关系的影响。因此参考现有研究成果，本书选择建立了一个为期 5 年的移动时间窗口，并将 2004—2018 年的数据分为三个 5 年的时间窗，反映了新兴的技术创新网络，即 2004—2008 年（对应于 $t1$ 观测期），2009—2013 年（对应于观测期 $t2$），2014—2018 年（对应于观测期 $t3$），分别反映了 2004—2018 年的三个观测期。

（4）确定网络边界

由于新兴技术创新网络整体较为松散，因此需要进一步划分网络边界。首先，需要将每个观察周期中节点间的协作输入到网络邻接矩阵中（创新个人之间的发明专利联合申请被视为协作关系）。录入完成后，可以通过 UCINET 6.0 获取每个观察期的网络拓扑图。其次，每个观察期的新兴技术创新网络可能较为稀疏，而分散的模块会干扰嵌入式组织间的连续观察，因此需要进一步细化数据以确定网络边界。通过组件分析方法，在每个观察期内找出 4 个节点最小规模的所有独立组件，并消除这些独立组件以外的企业，这些组件将在此处用于表示技术创新网络。由于技术创新网络具有稀疏性特征，所以可以在同一观察期内划分出多个独立的组件，每个观察期可以完成多个新兴技术创新网络。

4. 新兴技术创新网络的构建方法

在收集了 2004—2008 年、2009—2013 年、2014—2018 年三个时间段的中国新能源汽车产业技术合作专利数据后，本书运用 EXCEL、UCINET 6.0 及 NetDraw 等工具进行了创新网络建构。

首先构建共词矩阵，在构建新能源汽车创新网络时，用邻接矩阵（一般为方阵）来表达创新主体的合作关系，方阵中的行和列分别代表着完全相同的网络创新主体，并且排列顺序相同，行列内的数值代表一个网络节点，方阵内的数据是非二值的，当数值表示为“0”或不写时，则主体两者不存在合作关系，当数值表示为非“0”时，则两者间存在合作关系，数值“1”代表两者间有 1 次合作关系，数值“n”代表两者间有 n 次合作关系，矩阵如（7 - 1）式所示。

$$\boldsymbol{G} = \begin{bmatrix} g_{11} & g_{12} & \cdots & g_{1n} \\ \vdots & \vdots & & \vdots \\ g_{n1} & g_{n2} & \cdots & g_{nn} \end{bmatrix} \tag{7-1}$$

式中，g_{in}（$n = 1,2,\cdots,n$）表示组织和第“n”个组织的联合专利申请量。

通过描述创新主体选择合作关系，构建关系矩阵，如图 7 - 2 所示。

	A	B	C	D	E
A		1			
B	1		1		1
C		1		1	
D			1		1
E		1		1	

邻接关系表

A	B
B	ACE
C	BD
D	CE
E	BD

图 7 - 2　中国新能源汽车创新主体邻接关系

由于所建立的网络是无向网络，因此矩阵是对称矩阵。其次是计算网络指标。这里将关系矩阵数据输入 UCINET 6.0 软件中，以计算各种网络指标，如网络密度、节点中心和结构洞，为下面的网络结构分析和绩效分析做铺垫。之后利用 NetDraw 软件绘制出新能源汽车创新网络图谱。最后按照同样的方法，构建合作网络、跨越技术领域合作网络及跨组织类别合作网络。

7.4.2　变量度量

7.4.2.1　因变量测度

关于组织嵌入网络合作创新绩效，新能源汽车合作创新网络是由企业、高校、研究院等紧密合作所构成的凝聚组织嵌入。本书采用专利作为创新绩效的衡量指标，使用组织嵌入内部创新主体在观测期内联合申请专利数量来表示该组织嵌入网络在观测期内合作创新绩效。组织嵌入 α 的合作创新绩效表示为 $P_{subgroup(\alpha)}$ 。

7.4.2.2　自变量测度

1. 位置嵌入性

社会网络分析中节点的中心度（degree centrality）越大，表明该节点信息获取能力越强，越有利于该企业与其他企业间的知识和资源流动，在合作创新网络中该节点越靠近中心位置，也就意味着该企业的网络中心位置越强。在组织嵌入合作创新网络中，可以通过计算组织嵌入中所有企业、高校、研究所在观察期内的中心度平均值，进而了解构建组织嵌入式网络层的位置嵌入性。中心度平均值如（7－2）式所示。

$$Spe_{(\alpha)} = \frac{\sum_{i=1}^{n}\sum_{j=1}^{n-1} x_{ij}}{2n} \tag{7-2}$$

（7－2）式中，n 表示 α 组织嵌入网络的中节点数量；x_{ij} 表示节点 i 与其他 j 节点的直接联系数。

2. 网络中介性

社会网络中的中间中心度（betweenness centrality）反映了节点的资源

控制能力。如果其他节点间的联系需要通过某个节点，这表明该节点的中心性较高。在组织嵌入网络中，采用中间中心度的方差表示网络中介程度的离散性，网络中介性离散程度越大，说明网络中成员控制力越不集中，有利于组织嵌入网络合作创新绩效提升，中间中心度的方差如（7－3）式所示。

$$Snm_{(\alpha)} = \frac{1}{n}\sum_{i=1}^{n}\left[\sum_{j}^{k}\sum_{l}^{k} b_{jl}(i) - \overline{\sum_{j}^{k}\sum_{l}^{k} b_{jl}(i)}\right]^{2} \quad (7-3)$$

（7－3）式中，n 表示 α 组织嵌入网络中节点数量；k 表示节点 i 对节点 j 和 l 之间可能存在的捷径数量；i 、j 、l 分别表示 α 组织嵌入网络中的节点，且 $i \neq j \neq l$ ，并且 $j < l$ 。

3. 网络可达性

可达性反映的是合作创新网络中一个节点可以到达的节点数以及到这些节点的距离。在嵌入合作网络的组织中，创新主体 i 的可达性可表示为 $\sum_{j=1}^{n} d_{ij}$ ，d_{ij} 表示节点 i 与节点 j 之间的最短距离，$i \neq j$ 。组织嵌入网络的可达性为每个节点可达性的均值，如（7－4）式所示。

$$Rh_{\alpha} = \frac{\sum_{i=1}^{n}\sum_{j=1}^{n-1} d_{ij}}{n} \quad (7-4)$$

（7－4）式中，n 为组织嵌入 α 网络中的节点数量，$Rh \in [0,n]$ ，Rh 越高，表明网络的可达性越强。

7.4.2.3 调节变量测度

1. 创新能力

在合作创新网络创新能力评价方面，选择以合作发明专利的新颖度为测量指标。新颖度较高的专利指的是那些与现有技术重合度较低或者是全新的技术专利。在测量中以合作创新网络的合作发明专利的新颖度进行总加，进而对网络创新能力进行评价，新颖度的计算如（7－5）式所示。

$$Une_{\alpha} = \sum_{n} \frac{|RSu/Eu|}{n} \quad (7-5)$$

（7－5）式中，Une_{a} 表示合作网络 α 中的合作专利的数量；RSu 表示专利技术重合度（以国家知识产权局公布的数据为准）；Eu 表示自主创新技术占比。Une_{α} 的值越大，表明其总体专利新颖度越高，合作网络创新能力越强。

2. 知识丰富度

通过将中国国家知识产权局（SIPO）专利数据中的新能源汽车专利与世界知识产权组织（WIPO）发布的“国际专利分类号和技术领域比较表”进行比较。将 IPC 代码为 B60L、H02J、B60K、H01M、H02K、B60R、G01R、B60W、B62D、H01R 等 32 项技术分类确定为不同技术。由网络中所包含的不同技术之和表示合作网络组织嵌入的知识丰富度，如（7－6）式所示。

$$Ric_{\alpha} = \frac{\sum_{i}(n_i)}{32} \tag{7-6}$$

（7－6）式中，n 表示网络中不同类别合作技术专利的持有情况。$0 < Ric_{\alpha} \leqslant 1$，$Ric_{\alpha}$ 的值越大，表明合作网络知识的丰富度越高。

7.4.2.4　中介变量测度

将合作创新网络中成员获取专利时所引用的网络内部专利数作为知识溢出的衡量标准。在组织嵌入网络中，知识溢出表现为网络内部各成员合作创新过程中专利引用数量加总。各成员在合作申请专利时所引用网络内部专利数量越多，说明知识溢出越多，所引用网络内部专利数量的计算如（7－7）式所示。

$$Qur_{\alpha} = \sum_{i}\left(\frac{n_1}{N_1} + \frac{n_2}{N_2} + \frac{n_3}{N_3} + \cdots + \frac{n_i}{N_j}\right) \tag{7-7}$$

（7－7）式中，n 表示网络内部专利的引用情况；N 表示全部专利引用情况；Qur_{α} 的值越大，表明网络内知识溢出越多。

7.4.2.5　控制变量测度

1. 组织嵌入网络密度

本书通过探究网络中具有共同特点和联系紧密的创新主体自发形成的“小团体”的情况，分析合作创新网络中存在的组织数量，组织间的联系、组织内部创新主体间的联系等情况是衡量组织嵌入网络密度的一项重要指标。在对网络结构特征进行分析时，本书应用了网络结构系数这一指标，因为其可以有效反映被分析网络的小世界性。此外，本书还应用了网络密度这一指标，对网络内各个节点联系紧密度进行了测量，发现网络密度值越大，网络本身对网络内部各创新主体在态度、行为方面等产生的影响越突出。

在整体网络研究中，网络密度可用来描述网络中实际存在的关系数量与成员间联系数量的比值。其中，高密度意味着合作网络中企业间会产生大量的联系，网络中的资源与信息可以快速流动。因此，高密度网络中更容易产生相互信任、共享资源和共同行动的行为模式，这将促进整体合作创新绩效的提高。网络密度计算公式如（7－8）式所示。

$$Denesity_{\alpha(T)} = \frac{2L}{g(g-1)} \tag{7-8}$$

（7－8）式中，L 表示合作网络的外周长；g 表示网络中的关系数量；$Denesity_{\alpha(T)}$ 表示网络密度，网络密度越高，说明组织内企业联系越紧密。

2. 组织嵌入网络规模

合作创新网络规模越大，成员间连接关系相对也越复杂，不利于网络对成员的管控，这在无形中增加了企业间沟通合作、知识交流、资源拼凑的难度。随着网络内部成员的增加，会出现“搭便车”的现象。并且，网络规模越大，网络中的组织数量往往更多，因此将网络规模作为组织嵌入网络结构的控制变量，可以通过对组织嵌入网络中的节点数量进行测量，将其与合作网络的总结点数量进行比较，进而了解组织嵌入网络的规模，如（7－9）式所示。

$$Nes_{\alpha} = \frac{\sum n_i}{\sum N_i} \tag{7-9}$$

（7－9）式中，n 表示嵌入组织的节点数量；N 表示合作网络的总体数量；Nes_{α} 表示组织嵌入网络的规模，Nes_{α} 的值越大，表明组织嵌入网络的规模越大。

3. 组织间关联度

组织间关联度是衡量组织嵌入内成员与组织嵌入外成员关系交流情况

的一项重要指标。组织嵌入内外交流会促进组织嵌入内部知识积累，将外部与内部创新思想整合，促进合作创新绩效提升。然而，如果组织嵌入内外重叠度过高，创新主体间较难在交互过程中获取新的创新思想，且存在一定风险，如知识泄露等，则会阻碍组织嵌入内部合作创新。在 T 观测期，整体合作创新网络 ω_T 中，$\forall \alpha_j \in \omega_T$，且 $i \geqslant 0, j \geqslant 0$，$i \neq j$。通过重叠度数学模型对组织间的关联度进行分析，如（7－10）式所示。

$$SR_{(\alpha_i)} = \sum_{j=1}^{m} \frac{|\alpha_i \cap \alpha_j|}{|\alpha_i \cup \alpha_j|} \tag{7-10}$$

（7－10）式中，$|\alpha_i \cap \alpha_j|$ 表示 α_i 和 α_j 两个组织嵌入中共同的个体数，$|\alpha_i \cup \alpha_j|$ 表示两个组织嵌入中全部的个体数，本式表示网络中共有 m 个组织嵌入 α_j 与 α_i 有关联。

7.5 数据分析

7.5.1 变量描述性统计与相关性分析

1. 描述性统计

在获得了统计样本后，本书应用 Stata 12.0 软件对其进行了描述性统计分析，结果如表 7－2 所示。

表 7－2　变量统计性描述

变量名称	平均值	标准差	最小值	中值	最大值	样本数
Patents	19.378	27.640	3.000	11.000	179.000	45.000
PEA	7.602	6.195	1.500	5.500	27.000	45.000
SNM	5.480	16.780	0.163	2.000	113.891	45.000
RH	3.530	0.992	2.464	3.401	8.013	45.000
SIA	468.244	637.800	3.000	185.000	2732.000	45.000

续表

变量名称	平均值	标准差	最小值	中值	最大值	样本数
SMD	4.467	3.079	1.000	4.000	15.000	45.000
SRT	37.822	84.249	0.000	11.000	513.000	45.000

由于有部分组织嵌入规模较大，其内部网络结构较为复杂，为确保实证研究的准确性故将其剔除，最终选取了45个组织嵌入网络作为研究样本。通过测算发现，组织嵌入专利联合申请量均值为19.378，最大值为179，最小值为3，这说明不同组织嵌入合作网络的合作创新绩效存在较大差异。由于组织嵌入网络是由不同类型成员构成的，所以组织嵌入网络结构的位置嵌入性、网络中介性、网络可达性也存在较大差异。

2. 相关性分析

变量相关性分析表见表7－3。

表7－3 相关系数

—	*Patents*	*AP*	*PEA*	*SNM*	*RH*	*SD*	*NS*	*SR*
Patents	1	—	—	—	—	—	—	—
AP	0.533***	1	—	—	—	—	—	—
PEA	0.494***	0.758***	1	—	—	—	—	—
SNM	0.417***	0.178	0.212	1	—	—	—	—
RH	0.855***	0.369**	0.409***	0.680***	1	—	—	—
SD	0.0900	0.634***	0.842***	-0.152	-0.0530	1	—	—
NS	0.933***	0.220	0.272*	0.981***	0.862***	-0.145	1	—
SR	-0.0930	-0.0300	0.113	-0.0960	0.0830	0.155	-0.0480	1

注：*为 $p<0.1$；**为 $p<0.05$；***为 $p<0.001$。

从表7－3中可以看出，大部分变量间均呈现出较为显著的相关关系（$p<0.001$），部分变量间的相关关系表现出统计学意义。这意味着组织嵌入网络结构与专利数呈正相关，控制变量网络密度和网络规模也与专利申请的数量呈正相关，而与组织之间的关联度则呈负相关。并且解释变量之间的相关系数均小于0.7，表明变量间没有相关性。以上相关分析在验证了模型设置合理性的同时，确认了变量间相关性与研究假设基本一致。

7.5.2　组织嵌入对合作创新绩效的回归分析

在组织嵌入对合作创新绩效的回归分析当中，分别根据组织嵌入网络结构、嵌入结构特征建构合作创新绩效的多元线性回归模型，对上述变量中的元素（如位置嵌入性、网络中介性和网络可达性等）与合作创新绩效的关系进行分析。具体内容包括两者之间是否具有相关性、相关性的方向及关联的密切程度，进而反映线性相关的具体形式以确定其因果关系。之后通过偏倚回归系数检验来验证前面所提假设是否成立。

1. 组织嵌入网络结构对合作创新绩效的多元线性回归模型预测

在研究假设中，将网络位置嵌入性、网络中介性与网络可达性等多个元素作为组织嵌入结构与合作创新绩效影响因素。因此，该检验为组织嵌入网络结构对合作创新绩效的多元线性回归分析。设随机变量 $P_{subgroup(\alpha)}$ 与 $Spe_{(\alpha)}$ 、$Snm_{(\alpha)}$ 、$Rh_{(\alpha)}$ 线性相关，则组织嵌入网络结构对合作创新绩效的多元线性回归公式如（7－11）式所示。

$$P_{subgroup(\alpha)} = \beta_0 + \beta_1 Spe_{(\alpha)} + \beta_2 Snm_{(\alpha)} + \beta_3 Rh_{(\alpha)} + \sum_{i=4}^{5} \beta_i Controls_{(\alpha)} + \varepsilon \tag{7-11}$$

（7－11）式中，β_1 、β_2 、β_3 、$\sum_{i=4}^{5} \beta_i$ 表示回归方程的偏回归系数。

2. 组织嵌入网络结构特征对合作创新绩效的多元线性回归检验

通过多元线性回归方程效果测试来检验观测参数与理论参数之间的差异，以判断所建立回归分析方程的合理性，以下为基本方法。

检验假设 $H_0 : B_i = 0\ (i = 1,2,\cdots,m)$，选用统计变量如（7－12）式所示。

$$F = \frac{\frac{u}{m}}{\frac{Q}{n-m-1}} \sim F_{1-\alpha}(m, n-m-1) \tag{7-12}$$

（7－12）式中，U 表示回归平方和；Q 表示残差平方和；α 表示显著性水平。当 F 超过临界值 $F_{1-\alpha}(m,n-m-1)$ 时，否定假设 H_0 ，表明组织嵌入网络结构对合作创新绩效的回归方程没有意义。

3. 偏回归系数检验

偏回归系数检验在考察组织嵌入的网络结构特征对合作创新绩效的影响中具有重要作用，基本方法如下。

检验假设 $H_0 : B_i = 0 \ (i = 1,2,\cdots,m)$，选用统计变量如（7－13）式所示。

$$F_i = \frac{v_i}{\frac{Q}{n - m - 1}} \sim F_{1-\alpha}(1, n - m - 1) \tag{7-13}$$

（7－13）式中，$v_i(i = 1,2,\cdots,m)$ 表示偏回归平方和，当 F_i 超过临界值 $F_\alpha(1, n - m - 1)$ 的时候，即可否定假设 H_0，表明新兴技术创新网络下组织嵌入网络结构中的位置嵌入性、网络中介性和网络可达性对合作创新绩效的作用不显著（α 为显著性水平），即不可采用，说明所选用组织嵌入结构特征对合作创新绩效没有影响。

7.5.3 创新能力与知识丰富度的调节作用分析

本书在创新能力与知识丰富度的调节作用分析部分，首先对知识丰富度与创新能力调节变量进行了定义，并根据研究假设建立了调节变量、自变量作用于合作创新绩效的多元回归模型。之后通过对组织嵌入位置嵌入性、网络中介性、网络可达性和创新能力与技术创新网络交互项测试，了解创新能力、知识丰富度对组织嵌入式网络结构和合作创新绩效影响的调节作用。

1. 知识丰富度与创新能力调节变量的定义

在研究中，组织嵌入网络结构特征对合作创新绩效的影响过程中受到第三个变量（创新能力—知识丰富度）的影响，所以认定创新能力与知识丰富度为调节变量，并建构了知识丰富度与创新能力的调节作用检验模型，如图 7－3 所示。其中，调节变量创新能力与知识丰富度作用于自变量组织嵌入网络结构特征与因变量合作创新绩效之间关系，用正负两个方向表示作用的显著性。

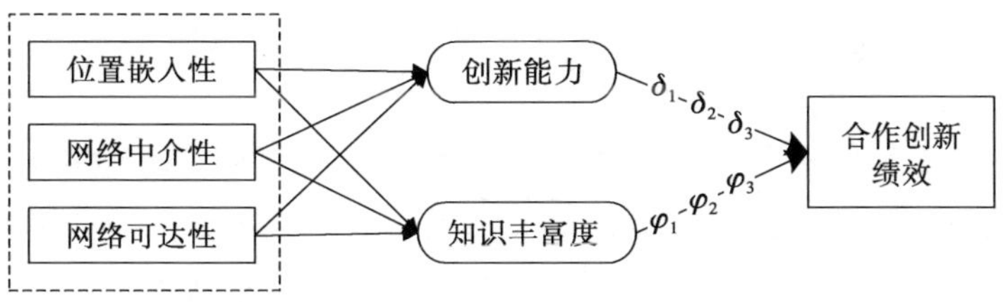

图 7－3　知识丰富度与创新能力的调节作用检验

2. 知识丰富度与创新能力的调节作用回归方程与检验

应用多元回归分析测试调整效果（交互测试方法相同）。若自变量和调整后变量为连续变量，则进行以下步骤。

首先，$P_{subgroup(\alpha)}$ 对 $Spe_{(\alpha)}$、$Snm_{(\alpha)}$、$Rh_{(\alpha)}$ 和 Sd、Ns 进行回归分析，得到测定系数 β_1、β_2 和 β_3，如（7－14）式—（7－16）式所示。

$$P_{subgroup(\alpha)} = \beta_0 + \beta_1 Spe_{(\alpha)} + \beta_2 Snm_{(\alpha)} + \beta_3 Rh_{(\alpha)} + \eta_1 Sd + \eta_2 Ns + \sum_{i=4}^{5} \beta_i Controls_{(\alpha)} + e \tag{7-14}$$

$$P_{subgroup(\alpha)} = \beta_0 + \beta_1 Spe_{(\alpha)} + \beta_2 Snm_{(\alpha)} + \beta_3 Rh_{(\alpha)} + \eta_1{}' Sd + \delta_1 Sd \times Spe_{(\alpha)} + \delta_2 Sd \times Snm_{(\alpha)} + \delta_3 Sd \times Rh_{(\alpha)} + \sum_{i=4}^{5} \beta_i Controls_{(\alpha)} + e \tag{7-15}$$

$$P_{subgroup(\alpha)} = \beta_0 + \beta_1 Spe_{(\alpha)} + \beta_2 Snm_{(\alpha)} + \beta_3 Rh_{(\alpha)} + \eta_2{}' Ns + \varphi_1 Ns \times Spe_{(\alpha)} + \varphi_2 Ns \times Snm_{(\alpha)} + \varphi_3 Ns \times Rh_{(\alpha)} + \sum_{i=4}^{5} \beta_i Controls_{(\alpha)} + e \tag{7-16}$$

其次，进行合作创新绩效与位置嵌入性、网络中介性、网络可达性和创新能力的交互项测试。创新能力与网络中介性的交互项、创新能力与网络可达性的交互项、创新能力的测定系数分别为 δ_1、δ_2 和 δ_3。在合作创新绩效对组织嵌入性、网络中介性、网络可达性以及知识丰富度与位置嵌入性的交互测试中，知识丰富度与网络中介性、网络可达性之间交互，因回归产生的创新能力测定系数设为 φ_1、φ_2 和 φ_3。若 δ_1、δ_2 和 δ_3 显著，表明创新能力调节作用显著，若 δ_1、δ_2 和 δ_3 分别大于 β_1、β_2 和 β_3，表明创新能力对合作创新绩效的正向影响。同理，若 φ_1、φ_2 和 φ_3 分别大于 β_1、β_2 和 β_3，表明知识丰富度的调节作用对创新绩效有影响。

7.5.4 知识溢出的中介作用分析

在知识溢出的中介作用分析部分，本书首先对中介变量进行了定义，根据假设中组织嵌入网络结构知识溢出效应对合作创新绩效的影响，确定知识溢出为中介变量。之后为分析组织嵌入网络位置嵌入性、网络中介性和网络可达性对于合作创新绩效的影响，分别设计了三个多元回归模型。

1. 中介变量知识溢出的定义

通过前者研究梳理发现，自变量组织嵌入网络结构特征对因变量合作创新绩效有影响，因此在假设中提出组织嵌入的网络结构能够通过影响知识溢出进而影响合作创新绩效，故而称知识溢出为中介变量。

2. 中介效应知识溢出的模型及检验

为研究组织嵌入网络位置嵌入性、网络中介性和网络可达性通过何种方式影响合作创新绩效，根据 Kenny（1986）提出的检验方法：假设所有变量已中心化，组织嵌入对合作创新绩效回归检验模型如图 7－4 所示，知识溢出示意图如图 7－5 所示。

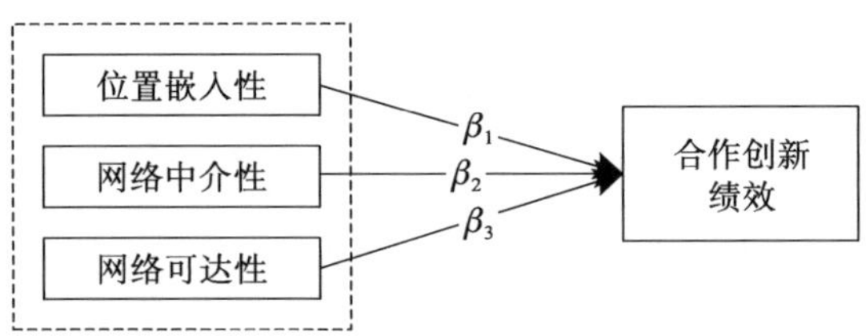

图 7－4 组织嵌入对合作创新绩效回归检验

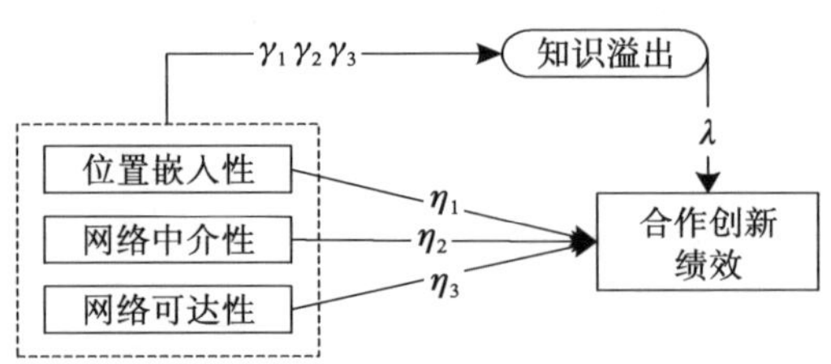

图 7－5 知识溢出中介变量示意图

$$P_{subgroup(\alpha)} = \beta_0 + \beta_1 Spe_{(\alpha)} + \beta_2 Snm_{(\alpha)} + \beta_3 Rh_{(\alpha)} + \sum_{i=4}^{5} \beta_i Controls_{(\alpha)} + \varepsilon_1 \tag{7-17}$$

$$RT_{(\alpha)} = \gamma_0 + \gamma_1 Sep_{(\alpha)} + \gamma_2 Snm_{(\alpha)} + \gamma_3 Rh_{(\alpha)} + \sum_{i=4}^{6} \gamma_i Controls_{(\alpha)} + \xi \tag{7-18}$$

$$P_{sugroup(\alpha)} = \eta_0 + \eta_1 Spe_{(\alpha)} + \eta_2 Snm_{(\alpha)} + \eta_3 Rh_{(\alpha)} + \lambda Rt_{(\alpha)} + \sum_{i=4}^{6} \eta_i Controls_{(\alpha)} + \zeta \tag{7-19}$$

首先，分析创新网络组织嵌入的位置嵌入性、网络中介性、网络可达性对创新绩效的效应系数 β_1、β_2、β_3 是否显著，显著则继续后续分析，不显著，则终止。其次，检验网络结构特征与知识溢出的系数 γ_1、γ_2、γ_3 是否显著；γ_1、γ_2、γ_3 显著则继续检验，否则终止，认为知识溢出不存在中介效应。检验知识溢出对创新绩效影响是否显著，λ 显著则继续检验，否则终止，认为知识溢出不存在中介效应。最后，研究组织嵌入特征对创新绩效影响 η_1、η_2、η_3 系数是否显著，α 和 λ 都显著，η_1、η_2、η_3 显著说明知识溢出存在中介效应，否则不存在中介效应。知识溢出的中介作用检验流程图如图 7-6 所示。

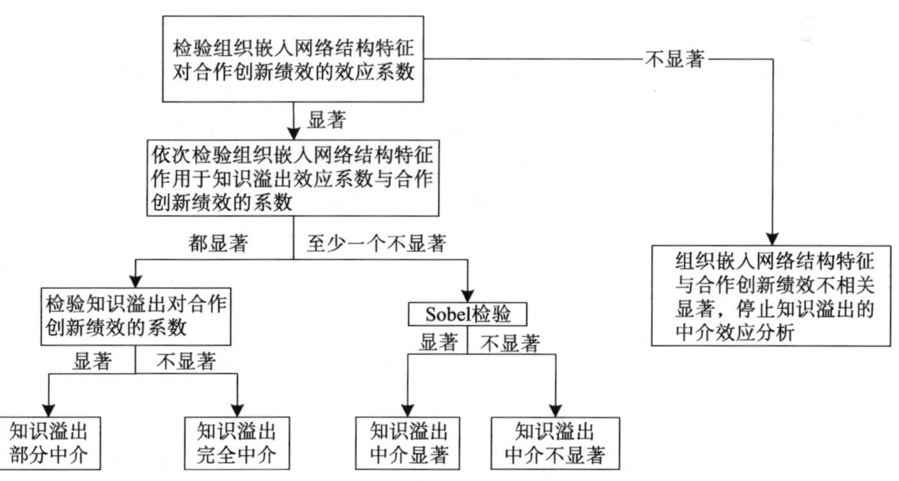

图 7-6　知识溢出的中介作用检验流程图

7.6 本章小结

本章通过梳理合作创新绩效的定义、创新绩效的测量及合作创新绩效的影响因素，发现合作行为、网络成员能力和成员关系对新兴技术创新网络中的合作创新绩效的影响。并从新兴技术创新网络组织嵌入的结构特征角度出发，发现高创新能力企业在网络中引起的依附效应可以提升网络的可达性，进而增强企业在网络内部的信息联系。然后将知识溢出作为组织嵌入对合作创新绩效影响的中介因素，将知识丰富度和创新主体的创新能力作为组织嵌入与合作创新绩效的调节因素，并通过阐述各要素对合作创新绩效的影响及其关系，来对上述多种因素对合作创新绩效的影响进行分析，进而针对新兴技术创新网络创新绩效的影响因素提出相应假设。在合作创新绩效影响因素分析中，通过 Python 对专利合作数据进行抓取，并进行数据清洗，通过不同方法对组织嵌入中的位置嵌入性、网络中介性、网络可达性、知识溢出、调节作用知识丰富度与创新能力等进行测度。最后基于新兴技术创新网络下组织嵌入对合作创新绩效影响的研究假设，对组织嵌入相关因素对合作创新绩效的影响进行回归分析，以了解创新能力与知识丰富度调节作用、知识溢出中介作用等对合作创新绩效的影响。

第 8 章

网络设计与实证分析

云制造于 2010 年由李伯虎院士首次提出，是在“制造即服务”理念的基础上，借鉴了云计算思想发展起来的一个新概念[141]。云制造是先进的信息技术、制造技术和新兴物联网技术等交叉融合的产品。其采取包括云计算在内的当代信息技术前沿理念，支持制造业在广泛的网络资源环境下，为产品提供高附加值、低成本和全球化制造的服务，覆盖了企业生产经营的所有活动和产品全生命周期的各个环节，以“按需服务”为核心，以资源的多粒度、多尺度访问为手段，通过网络媒介，提供通用、标准和规范的生产服务。将先进的信息化技术应用到制造业中，一方面可以通过对各种生产活动积累的数据进行分析与处理，将数据中挖掘的有效信息再次应用到制造活动中，用以提高制造效率和产品品质；另一方面可以将分散到全国各处的生产资源通过云技术集中管理运营，供不同的用户选择与调用，实现了“分布式资源的集中使用，集中型资源的分散服务”。为适应不断增长的消费需求，中国原油的进口量持续增加，汽车产业在能源利用方面迫切需要实现技术升级。相比于传统汽车，新能源汽车在能源利用方面可实现更高效率，因而新能源汽车已逐渐成为我国着力推动发展的战略性新兴产业，这就为新能源汽车的竞争力提出了更高的技术和成本要求。为解决当前存在的技术攻关困难、产品成本偏高等问题，新能源汽车企业在技术创新方面表现出较强的开放性和合作创新特征。因此，云制造服务网络能有效解决多类型的产品生产问题，通过分析云制造网络构成要素、体系架构，构建生产任务与资源匹配优化框架，得出云制造服务网络对于生产资源优化匹配具有必要性和可行性。

8.1 云制造服务网络的框架设计

20 世纪 90 年代后期，制造业信息化催生了网络化制造模式。网络化制造的各参与方的性质不同，通过运用计算机网络技术，联通若干参与方，进而集中使用、调度参与方资源，高效满足制造需求[142]。随着学者的大量研究、论证与实践，网络化制造在实际应用方面得到了进一步的发展，取得了现实的成果，如较为典型的 Web（1996）[143]、应用服务提供商（ASP）（2001）[144]及网格式制造（MGrid）（2004）[145]等多种以网络化制造思想发展而来的制造模式。其中，MGrid 和 ASP 已经初现了云制造服务的思想，结合 MGrid 的资源共享理念和 ASP 的企业信息化模式即形成了面向服务的新型网络制造模式——云制造。Moghaddam 等（2015）建立了一种基于本体的需求产品发现模型，在产品生产中引入云制造网络生产模式，为知识模型设计数据交换标准[146]。Davide 等（2015）认为云制造网络生产模式可使用户在产品生命周期内任一阶段提出的服务请求得到满足，结合蜂窝制造的思想构建了一个面向云制造（CMFG）网络制造服务的新平台，通过协作方式组织孤立的制造资源，提供高效、智能的制造服务[147]。Lane 等（2016）认为需求产品具有多样性、制造复杂度和难度高的特点，借助云计算阐述了云制造的产生背景和技术架构，明确划分了云制造体系，建立了由制造资源层、云制造平台服务层和服务需求层组成的，一种面向服务的云制造网络生产系统框架，该系统可依据工作负载调度生产任务[148]。Oliver 等（2018）认为随着科学技术的进步，客户期望在合理的时间和价位内获得个性化产品，产品需求的多样化使得产品的生产需要更高的成本和更多的时间，传统的标准大规模生产已不足以应对现代产品，云制造网络生产模式能有效应对制造业转型与需求产品优化生产，并阐述和构建了云制造网络生产模式的基本理论框架和体系结构[149]。在国内，各专家学者也对云制造进行了更加深入的分析和研究，云制造的概念和体系逐渐清晰和完善。李伯虎等（2012）在云制造概念的基础上，分析了云制造的典型特征，用虚拟技术将制造资源或能力进行标准化封装，优化制造资源和能力的提取与应用，增强了物联网与云计算的关联度，有效解决了网络化制造模式存在的服务效率、资源匹配等问题，能够快速响应用户的动态需求[150]。赵道致等（2015）深入分析物联网，认为物联网令所有的物体与通信网、互联网相连，使用户对产品生产的任一阶段都可以进行管理和监控，通过云制造网络下的制造资源虚拟化封装、互联网接入与物联网，提出一种基于网络服务的云制造设备方案[151]。黄海松等（2017）提出云制造的实质是一种非实体的定制化供应链线上到线下模式[152]。孙晓琳等（2018）针对单一服务商无法有效解决客户需求多样性的问题，提出了面向互联网的云网络服务合作机制，在提高云供应商合作效率的同时，合理满足客户个性化需求[153]。可见，云制造模式能较好地平衡企业与用户的供求关系，解决需求多样化导致的生产矛盾问题。

在云制造体系架构方面，盛磊等（2012）考虑了云制造平台之间的交互性和动态性，基于协同模式构建了云制造集成体系架构，有效识别和解决云制造系统实时的变化，提出了基于汽车开发的云制造体系结构和服务模式[154]。盛步云等（2015）应用云制造思想，从企业模式、云制造平台、信息技术角度，提出区域云制造平台和云安全策略，开发了面向中小企业云制造平台供需智能匹配引擎[155]。杜兰等（2019）建立了云制造环境下新产品开发知识管理系统，提出了基于双链架构的云制造平台系统架构，并初步证明了其适用性[156]。

对云制造资源方面，程臻和战德臣（2015）分析了云制造网络下的制造资源，按特点和供给需求等可分为软制造资源和硬制造资源，对云制造资源的封装和虚拟化进行了研究，提出了包含五层的云制造资源虚拟化框架，认为云制造平台应以总成本最小、质量最优的原则进行资源匹配[157]。汪勇等（2016）结合互联网技术，利用语义相似性和资源间属性关系，针对制造资源的接入和封装提出云制造设备服务，针对产品定制提出了一种基于改进遗传算法的资源匹配方案，在满足客户重点需求的同时，提高资源利用效率[158]。吴启迪等（2017）针对信息化时代特点，在数据挖掘技术的基础上，提出制造资源管理方式，为优化制造资源匹配和组合，构建了双层规划模型，有效解决了多目标优化问题[159]。吴燕霞等（2018）对云制造平台制造资源相关性、剩余资源整合进行了针对性的研究，提出云制造能够集中分散的资源和分散集中的资源[160]。

在云制造搜索匹配与组合服务优选方面，肖莹莹等（2015）提出了面向生产任务的全局优化框架，构建了基于云制造的多目标生产运输优化调度模型，并改进了混合蛙跳算法，以求解模型解决了因任务请求过多造成的云制造系统匹配不佳等问题[161]。郑炜等（2017）针对子任务较多情况下，云服务组合缺乏灵活性、解空间限制等问题，构建了以时间、成本、能耗和可靠性为目标的多目标优选模型，并应用双层蚁群算法求解[162]。章振杰等（2018）为使用户获得最优的服务体验，根据云制造服务特性，构建服务数据输入、分解、组合和输出模型，采用语义概念相似度和循环递归设计结构匹配算法实现所构模型，提出了一种基于局部搜索离散蜂群算法求解最优的服务组合执行路径[163]。任磊和任明仑（2018）考虑云制造平台资源动态性，阐释了云制造模式，并分析了相关联云制造资源之间约束关系，构建了非稳态云制造服务过程管理框架，将云制造制造资源匹配和组合化转为多目标优化问题，应用混沌控制优化算法求解该问题[164]。

因此，无论从云制造体系架构，还是从云制造资源搜索匹配与组合服务优选方面来看，云制造服务网络的框架设计都具有一定的必要性和可行性。

8.1.1 云制造服务网络构成要素

云制造服务网络实现了生产任务所需制造资源的整合，提供了标准、规范、可共享的制造模式，其构成要素包括三个部分，云制造资源需求方、云制造资源提供方和云制造平台方。资源需求方和资源提供方为云制造平台基本用户，云制造平台中的中心生产企业为云制造资源需求方。云制造运营方既可以是拥有技术的第三方企业，又可以是资源需求企业。云制造各要素之间相互关联、相互作用，共同构成了云制造服务网络。

1. 云制造需求方

制造需求方为云制造资源使用者，可以是个人或者企业，该方通过门户网站、终端等进入和使用云制造平台，并发布执行任务必需的制造资源需求申请，继而获得与申请相应的制造资源与服务。

2. 云制造资源提供方

云制造资源提供方即云制造资源拥有者，该方运用物联网、虚拟化等，对其所拥有的制造资源进行描述，为实现物理资源向虚拟制造资源映射奠定基础。通过封装接入云制造平台。

3. 云制造平台方

云制造平台方开发储存、计算和使用云制造资源的平台，通过云制造平台对制造资源相关数据进行处理，运营、维护云制造平台，负责用户基本信息的管理、资源更新和有效性检查等。

8.1.2　云制造服务网络体系架构

在云制造网络底层服务器基础上，根据云制造网络所需关键技术，设计云制造网络体系架构各个部分。云制造网络体系架构主要划分为用户层、应用层、服务流程层、支持系统层、虚拟化层和资源层。同时，云制造网络体系架构表现了云制造网络对生产任务的处理模式、云制造网络接入制造资源的过程以及生产任务与制造资源匹配的运行流程，云制造网络体系架构如图8-1所示。

1. 用户层

为用户提供进入各层云制造服务的接口，方便用户快速访问云制造系统，上传或获取云制造资源。云制造用户层包括云制造资源需求方和云制造资源提供方，包括企业、个人和其他组织等，用户只需访问云制造门户网站、各种用户界面（包括移动终端、PC终端、专用终端等），即可以进入和使用云制造资源匹配服务。

2. 应用层

为解码制造任务的应用工具，提供针对各领域制造服务的列表和相应的访问接口，为有效识别和分解生产任务提供支持。其主要是通过需求数据库和产品数据库解码制造任务，将按标准汇集的云制造资源按需匹配给

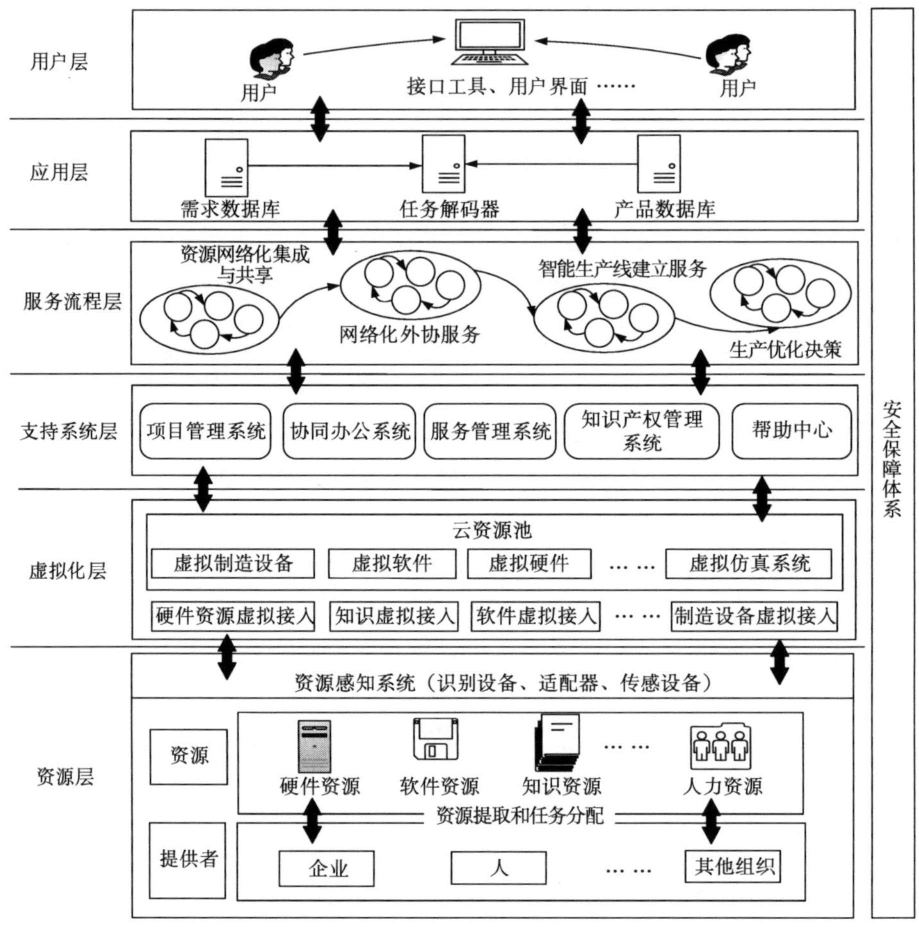

图 8－1 云制造网络体系架构

相应生产任务，形成一对一的映射关系，得到最终的云制造资源选择结果。

3. 服务流程层

是云制造网络体系架构的核心功能层。对云制造需求方而言，服务流程层为其需求申请提供云制造资源搜索、任务管理、优化匹配质量反馈等功能，形成一套资源匹配流程；对云制造资源提供方而言，服务流程层为其提供云资源的管理及其调配功能，形成一套资源管理流程；对云制造平台方而言，服务流程层提供了数据管理、用户管理和系统管理等，形成一套资源运维流程。

4. 支持系统层

支持系统层是云制造网络体系架构的基础设施，即为保障云制造平台正常运转的基础设施，包括云制造各阶段需要的软件系统，包括项目管理系统、协同办公系统、服务管理系统、知识产权管理系统和帮助中心系统等。

5. 虚拟化层

将云制造资源提供方上传的制造资源进行分类，然后通过对各种资源整理，利用相应虚拟化技术，例如，对硬件制造资源运用硬件资源虚拟接入，对设备资源运用设备设备虚拟接入等，对各类制造资源进行虚拟化封装，形成云制造资源池，储存在云制造平台上。

6. 资源层

制造资源所有权属于云制造资源提供方，通过资源感知系统，以及嵌入式终端技术和物联网技术，使各类制造资源通过网络得以互联互通，为云制造提供接口的支持，并以此接入虚拟化层，实现云制造资源提供方向云制造需求方提供有偿服务。

8.1.3　生产任务与资源服务的匹配目标

A 云制造平台在汽车产品生产任务中需完成各种复杂的部件生产任务，其生产任务具有单件小批量、产品配件繁多、可匹配性差等特点，且不具备单独完成汽车产品各部件生产任务的能力。因此，通过云制造平台为其匹配最优的生产资源，实现部件生产任务与资源的优化匹配，完成相应的部件生产任务，对于 A 云制造平台来说，发动机生产资源欠缺的情况尤其严峻。从发动机生产任务分解、云制造资源评价指标的建立、云制造资源匹配模型的构建三个阶段对 A 云制造平台发动机生产任务与资源匹配进行优化，旨在降低云制造资源匹配的难度，避免资源重复匹配导致浪费，提高发动机生产任务完成质量和效率，进而缩短汽车产品生产周期。

8.1.4 生产任务与资源服务的匹配框架

1. 生产任务的接收与生产资源的封装

在云制造网络下，生产任务与生产资源均具有多样性和复杂性，需要通过云制造平台进行分类识别和虚拟化封装，为生产任务与生产资源匹配奠定基础。资源需求方将缺乏生产资源而难以完成的生产任务直接发布至云制造平台，并根据预估规定云制造资源匹配的属性要求。通过云制造平台的需求数据库解码生产任务，识别和转换需求信息。资源提供方上传生产资源，并上传与生产资源相关的企业信息，包括可承受的服务极限、资源限制状况等，通过资源感知系统，虚拟化制造资源，封装在云制造资源池，等待云制造平台的调用。

2. 生产任务分解优化

生产任务通常具有复杂度高、规模大等特点，因此所需生产资源种类繁多，生产任务需要多个生产资源协同才能较好地被执行。生产任务具有对应的物料清单，生产产品的结构功能与物料清单具有映射关系。同时，生产任务具有特定的执行时序，可建立相应的任务流程图，由于紧前紧后工作的影响，任务之间具有关联关系。任务优化分解则需同时考虑任务的结构功能和关联关系，通过物料清单对任务进行初步分解，建立产品结构树，接着根据任务关联关系和约束关系建立相应的任务关联有向图和关联无向图，选择以关联关系进行聚类的算法形成粒度合适的生产子任务。

3. 云制造资源选择优化

生产任务分解优化后，形成了具有拓扑关系的子任务执行流程，同时子任务与云制造资源具有一对多的映射关系。云制造平台为各子任务搜索制造资源，使得每个子任务都具有云制造资源池与之对应。云制造资源选择优化首先根据资源需求方对云制造资源匹配的属性要求，选取云制造资源评价指标，建立云制造资源综合评价指标体系，然后根据子任务内部多个元任务之间的约束关系，聚合评价指标，构建生产任务与云制造资源匹配模型。最后充分考虑资源需求方需求，采用模糊数学评价方法，识别其模糊需求，综合历史数据、市场数据和需求信息对云制造资源进行综合评价分析，优选云制造资源，最终求解得到最优的任务—资源匹配结果。

A 云制造平台资源匹配优化需要云制造平台方、云制造资源提供方和云制造资源需求方三方主体参与，A 云制造平台生产任务与资源匹配优化框架如图 8－2 所示。

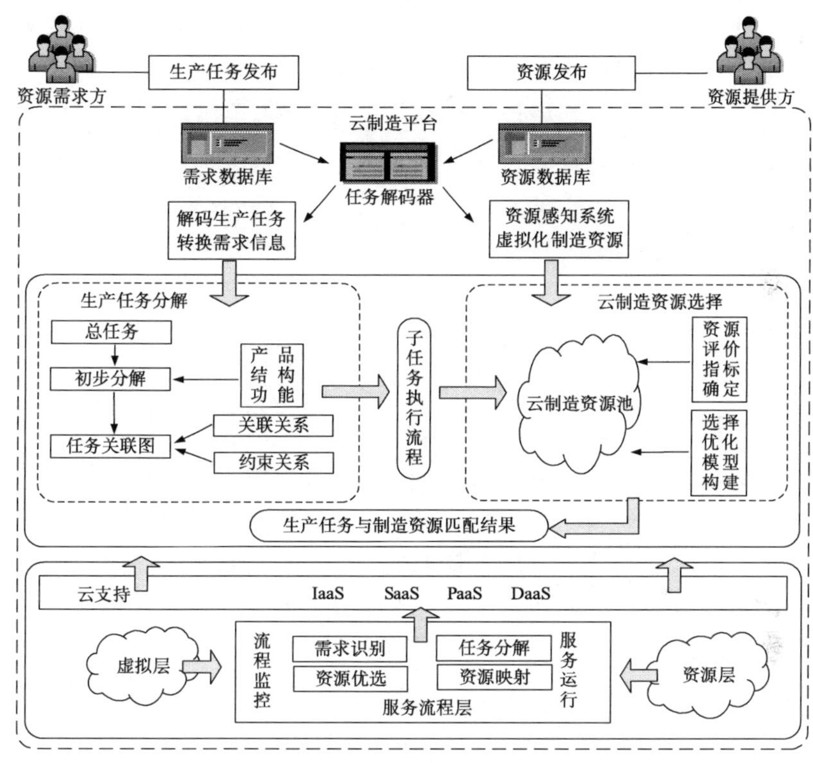

图 8－2　A 云制造平台生产任务与资源匹配优化框架

8.2 组织嵌入网络与资源匹配的仿真

8.2.1　仿真方法与目的

本书通过分析构建了云制造网络下生产任务与生产资源匹配的优化框

架，明确了优化节点，在此基础上依次构建了各节点的优化模型，包括云制造网络下A云制造平台生产任务分解优化模型和任务—云制造资源优化匹配模型，以达到生产资源优化匹配的目标。运用仿真法通过对A云制造平台发动机生产任务与云制造资源匹配的实例检验优化模型的有效性，并对优化前后的结果进行对比，分析其优化效果。常用的仿真软件有很多，如FlexSim、Arena、Wintness、MATLAB等，不同仿真软件的适用性不尽相同，因此需要确定该实例适用的仿真方法。FlexSim可用于对离散流程建模，其具有逼真的三维虚拟图像，一般用于工厂布局、工作流等流程的刻画；Arena是一款交互可视化仿真软件，可对复杂系统进行建模，并能较好地运用于有限资源的分配、利用等的研究，可以达到较理想的预测分析、财务分析等结果；Wintness是一款面向工业系统的仿真软件，可对工厂系统运行逻辑作较好的描述；MATLAB可将仿真结果以图形的方式进行显示，这样的描述方式更具可视性。因此，对A云制造平台发动机生产任务与云制造资源优化匹配的实例仿真，主要运用MATLAB进行相应的描述及实现，运用其仿真结果的可视性，直接将优化前后的结果进行呈现，通过分析比较优化方法，在生产任务与云制造资源匹配过程中提高了资源匹配的效率，最后基于生产任务与云制造资源匹配优化的过程，给出云制造网络下发动机生产任务与生产资源匹配优化的保障策略，以期得到可持续的发展。

8.2.2 仿真实验设计

选取A云制造平台复杂生产任务—发动机生产为例，在云制造网络下对发动机生产资源进行优化匹配，验证优化模型的可行性。发动机作为汽车的“心脏”，是汽车产品不可或缺的部件，直接影响汽车动力、经济和环保。对于提供整车产品的A云制造平台而言，因其产能负载及部分工艺问题，无法提供发动机生产所需的全部生产资源，且整车产品的需求量决定了发动机的需求量。发动机生产所需的资源繁多，且根据电源的不同，汽车发动机类型可分为柴油发动机、汽油发动机、电动汽车发动机和混合动力等，通过云制造网络可实现发动机与生产资源的优化匹配，满足A云制造平台对发动机生产资源的需求。

运用云制造网络下任务分解优化过程和数学模型，将发动机生产任务进行分解优化，并设A云制造平台的发动机需求为100件，即 $d = 100$ 。

发动机生产任务分解后，每个生产任务均具有候选云制造资源，在候选云制造资源中，分析各种云制造资源组合的成本 C 、时间 T 和质量 Q ，综合比较分析后，可得出目标函数最优的发动机生产资源匹配方案。规定运输车行驶速度在安全范围内，即 v =100km/h，且单位距离运输费用为 po =2.0 元／件 。发动机生产任务基本信息如表 8－1 所示。

表 8－1　　发动机生产任务基本信息

任务序号	任务内容	任务序号	任务内容
1	缸体制造	7	起动机制造
2	曲轴制造	8	燃料供给部件制造
3	活塞制造	9	动力轴承制造
4	冷却部件制造	10	润滑输送部件制造
5	点火部件制造	11	气体转换部件制造
6	继电器制造	—	—

A 云制造平台对发动机生产任务的需求属性如表 8－2 所示。

表 8－2　　发动机生产任务需求属性表

任务序号	单位成本 C（万元）	时间 T（h）	服务极限 L（%）	合格率 P（%）	资源等级 Ss
1	0.5，0.7	13，18	13，18	92，100	0.8，1
2	0.35，0.5	6，10	14，20	93，100	0.75，1
3	0.026，0.047	1，3	13，18	90，100	0.77，1
4	3.5，4.5	14，19	15，21	94，100	0.87，1
5	4.2，5.6	13，19	13，18	92，100	0.85，1
6	0.3，0.6	6，10	15，20	90，100	0.82，1
7	0.5，0.54	14，17	16，21	91，100	0.88，1
8	0.1，0.14	6，12	13，18	93，100	0.90，1
9	0.03，0.035	13，17	14，19	92，100	0.85，1
10	0.3，0.35	10，14	15，20	91，100	0.84，1
11	0.6，0.9	16，20	14，18	90，100	0.91，1

8.2.3　仿真结果分析

汽车发动机生产任务属于结构化明显的生产任务，在云制造平台历史数据库中，搜寻到同类发动机产品的生产任务，参考物料清单（BOM），依据任务的层级关系和内部结构关系分解为发动机生产任务，得到相应的发动机元任务层次结构以及发动机生产任务分解结构树，共有 15 个发动机生产元任务，如图 8－3 所示。

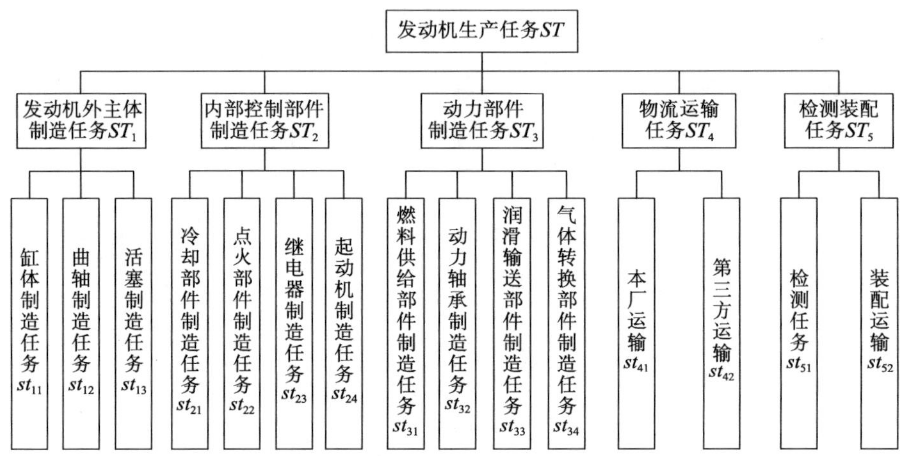

图 8－3　发动机生产任务结构树

根据发动机生产任务结构树和同类发动机的任务执行流程分析发动机生产元任务的执行次序，经过资源需求方确认后，构建发动机生产元任务的任务有向图，如图 8－4 所示。

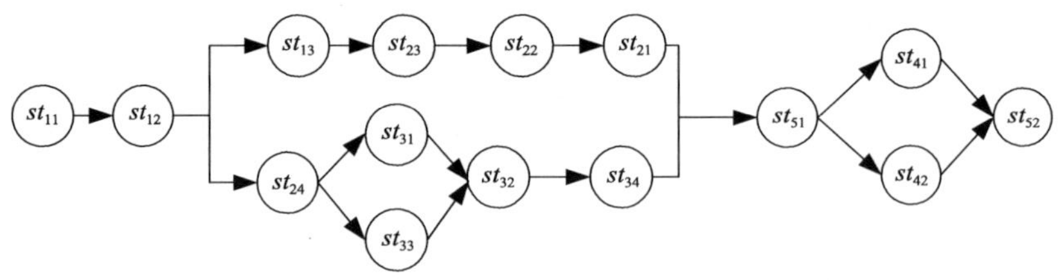

图 8－4　发动机生产元任务有向图

在发动机生产任务中，任务间存在着信息和物流的交互。因为个性化整车产品的需求量较小，使得与汽车配套的发动机需求量较小，在云制造网络下可根据需求量实时调配生产资源进行发动机的生产，任务间信息和物流的交互关系同等重要，因此 $\alpha = 0.5, \beta = 0.5$。运用（4－10）式—（4－15）式对数据进行处理，所有数据如表 8－3 所示。

表 8－3　　　　　发动机生产元任务间信息与物流关联度

发动机生产元任务对	信息关联度（h）	标准化	物流关联度（kg）	标准化	交互关联度
$st_{11}-st_{12}$	24	1	90	1	1
$st_{12}-st_{13}$	11	0.32	70	0.75	0.533
$st_{12}-st_{24}$	5	0	40	0.38	0.188
$st_{13}-st_{23}$	10	0.26	20	0.13	0.194
$st_{23}-st_{22}$	12	0.37	60	0.63	0.497
$st_{22}-st_{21}$	15	0.53	50	0.50	0.513
$st_{24}-st_{31}$	8	0.16	35	0.31	0.235
$st_{24}-st_{33}$	7	0.11	30	0.25	0.178
$st_{31}-st_{32}$	8	0.16	35	0.31	0.235
$st_{33}-st_{32}$	7	0.11	40	0.38	0.240
$st_{32}-st_{34}$	7	0.11	10	0	0.053
$st_{21}-st_{51}$	14	0.47	20	0.13	0.299
$st_{34}-st_{51}$	5	0	90	1	0.500
$st_{51}-st_{41}$	14	0.47	70	0.75	0.612
$st_{51}-st_{42}$	15	0.53	80	0.88	0.701
$st_{41}-st_{52}$	12	0.37	60	0.63	0.497
$st_{42}-st_{52}$	11	0.32	80	0.88	0.595

由表 8－3 计算得到的发动机生产元任务交互关联度，建立任务关联无向图，如图 8－5 所示。

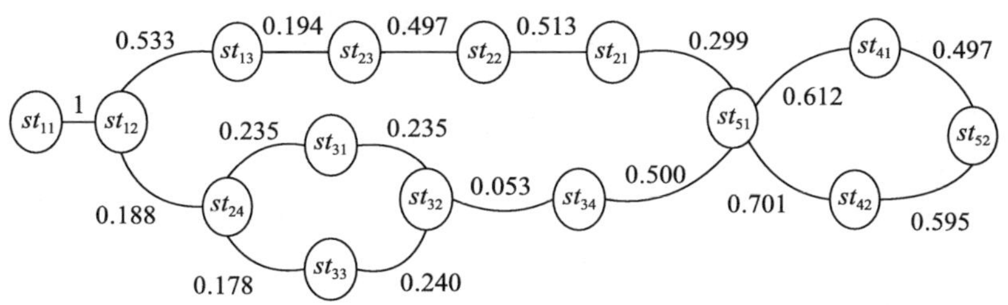

图 8－5　发动机生产元任务加权无向图

并根据发动机生产元任务关联无向图中元任务交互关联度，建立关联矩阵 $\boldsymbol{H}$。

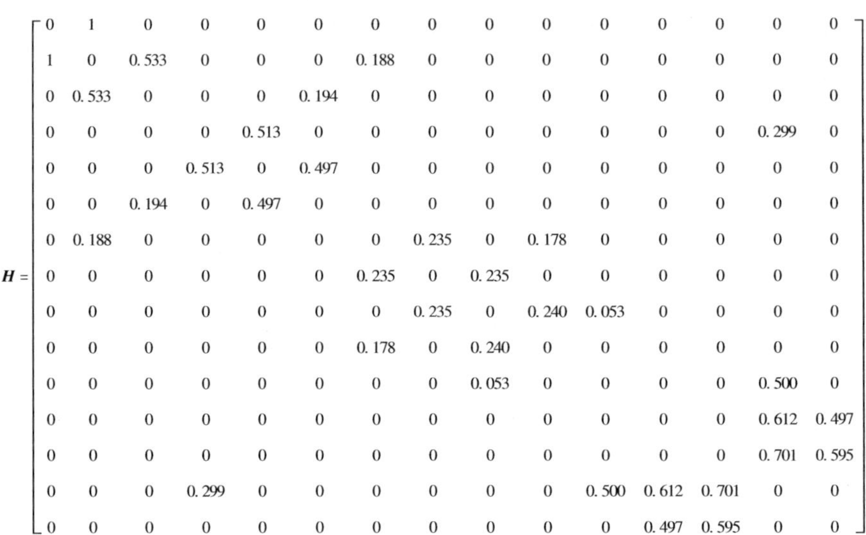

$$H=\begin{bmatrix}
0 & 1 & 0 & 0 & 0 & 0 & 0 & 0 & 0 & 0 & 0 & 0 & 0 & 0 & 0 \\
1 & 0 & 0.533 & 0 & 0 & 0 & 0.188 & 0 & 0 & 0 & 0 & 0 & 0 & 0 & 0 \\
0 & 0.533 & 0 & 0 & 0 & 0.194 & 0 & 0 & 0 & 0 & 0 & 0 & 0 & 0 & 0 \\
0 & 0 & 0 & 0 & 0.513 & 0 & 0 & 0 & 0 & 0 & 0 & 0 & 0 & 0.299 & 0 \\
0 & 0 & 0 & 0.513 & 0 & 0.497 & 0 & 0 & 0 & 0 & 0 & 0 & 0 & 0 & 0 \\
0 & 0 & 0.194 & 0 & 0.497 & 0 & 0 & 0 & 0 & 0 & 0 & 0 & 0 & 0 & 0 \\
0 & 0.188 & 0 & 0 & 0 & 0 & 0 & 0.235 & 0 & 0.178 & 0 & 0 & 0 & 0 & 0 \\
0 & 0 & 0 & 0 & 0 & 0 & 0.235 & 0 & 0.235 & 0 & 0 & 0 & 0 & 0 & 0 \\
0 & 0 & 0 & 0 & 0 & 0 & 0 & 0.235 & 0 & 0.240 & 0.053 & 0 & 0 & 0 & 0 \\
0 & 0 & 0 & 0 & 0 & 0 & 0.178 & 0 & 0.240 & 0 & 0 & 0 & 0 & 0 & 0 \\
0 & 0 & 0 & 0 & 0 & 0 & 0 & 0 & 0.053 & 0 & 0 & 0 & 0 & 0.500 & 0 \\
0 & 0 & 0 & 0 & 0 & 0 & 0 & 0 & 0 & 0 & 0 & 0 & 0 & 0.612 & 0.497 \\
0 & 0 & 0 & 0 & 0 & 0 & 0 & 0 & 0 & 0 & 0 & 0 & 0 & 0.701 & 0.595 \\
0 & 0 & 0 & 0.299 & 0 & 0 & 0 & 0 & 0 & 0 & 0.500 & 0.612 & 0.701 & 0 & 0 \\
0 & 0 & 0 & 0 & 0 & 0 & 0 & 0 & 0 & 0 & 0 & 0.497 & 0.595 & 0 & 0
\end{bmatrix}$$

依据4.4.3节任务聚类重组的算法步骤，首先将每一个发动机生产元任务都看作一个聚类的节点，得到若干发动机生产元任务构成的任务网络，计算其 B 值，得到原始 B 值。然后选取距离较近的且随机的两个发动机生产元任务进行聚类，聚类后可看作任务网络的一个节点，计算因两个发动机生产元任务聚类而导致 B 值的变化，所得 ΔB 的数值。直到整个发动机生产任务关联无向图聚类为一个图。运用MATLAB执行图聚类算法，得到发动机元任务聚类树。B 在MATLAB执行图聚类算法过程中的变化趋势如图8-6所示。

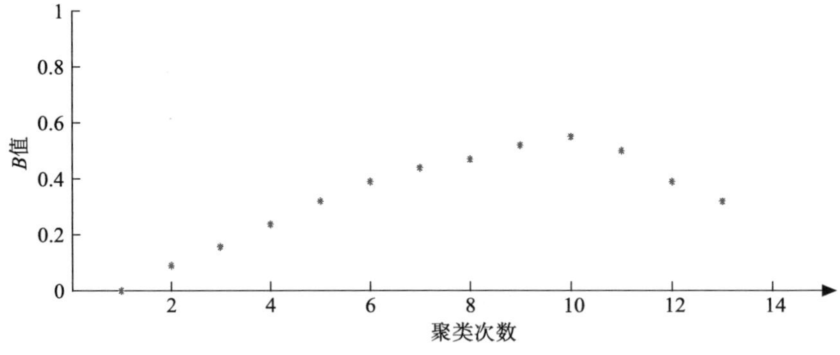

图8-6 发动机生产元任务聚类 B 值变化图

根据图8-6得出在第10次执行时到达图像定点，得到最大 B 值为0.5683，即算法在第10次执行时对应的结果为最优的发动机生产元任务聚类结果。因此，提取第 10 次聚类结果生成的发动机生产元任务聚类结果，如表 8－4 所示。

表 8－4　　发动机生产元任务聚类结果

子任务序号	元任务编号	任务名称
ST_1	$st_{11}, st_{12}, st_{13}$	缸体、曲轴、活塞制造
ST_2	$st_{24}, st_{31}, st_{32}, st_{33}$	起动机、燃料供给部件、动力轴承、润滑输送部件制造
ST_3	$st_{23}, st_{22}, st_{21}$	继电器、点火部件、冷却部件制造
ST_4	$st_{34}, st_{41}, st_{42}, st_{51}, st_{52}$	气体转换部件制造、部件运输、检测、装配

由表 8－4 第 10 次聚类结果生成的发动机生产元任务聚类结果，可得出第 10 次发动机生产元任务聚类时发动机生产元任务加权无向图被划分为 4 个图，即发动机生产元任务聚类为 4 个发动机生产子任务，如发动机生产任务的子任务 ST_1 发动机外主体生产任务是通过发动机生产元任务 st_{11}—st_{13} 组合而成，可表示为 $ST_1 = \{st_{11}, st_{12}, st_{13}\}$。其他发动机生产任务的子任务同样表示为 $ST_2 = \{st_{24}, st_{31}, st_{32}, st_{33}\}$，$ST_3 = \{st_{23}, st_{22}, st_{21}\}$，$ST_4 = \{st_{34}, st_{41}, st_{42}, st_{51}, st_{52}\}$，具体划分结果如图 8－7 所示。

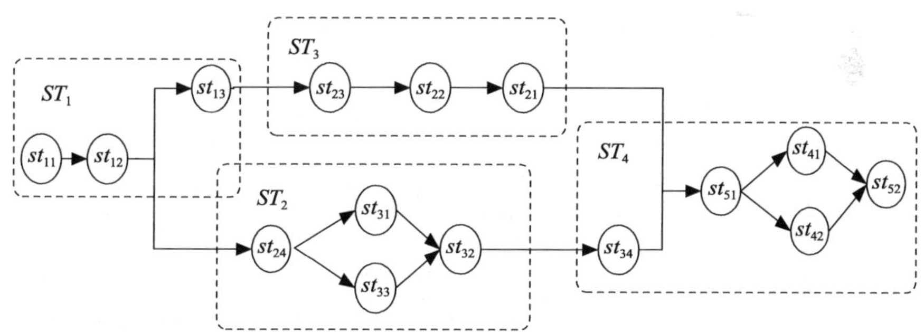

图 8－7　发动机生产元任务聚类图

由公式（4－1）—公式（4－9）计算各发动机生产子任务的内聚系数、耦合系数以及子任务粒度，对聚类结果进行内聚性和耦合性分析。由于发动机生产子任务 ST_1 的关联内聚系数 $\lambda_1 = 0.23$，$\eta_1 = 1$，其他发动机生产子任务的重用内聚系数均为 0，可得发动机生产任务内聚系数为 $\varphi_1 = \lambda_1 \cdot \eta_1 = 0.23$。因此，发动机生产任务分解方案的任务粒度系数 K 如（8－1）式所示。

$$K = \frac{\sum_{i=1}^{N} \varphi_i}{N} = \frac{0.23}{5} = 0.046 \tag{8-1}$$

任务粒度 G_N 与阈值相比较，阈值取值为云制造平台搜索同类任务的分解粒度，即0.02，如公式（8－2）所示。

$$G_N = K \times \frac{1}{N} = 0.046 \times \frac{1}{5} = 0.0092 < 0.02 \tag{8-2}$$

因此，任务粒度满足条件，所得结果处于历史执行的平均水平，且所得的发动机生产任务分解方案符合需求且有效。由表中8－2数据可以得出任务耦合系数为1.414（小于阈值20），即子任务间的关联度较低，任务间具有较低耦合性，同时证明了任务分解的合理性。通过以上步骤得到了发动机生产任务分解结果，接下来将各子任务作为一个整体，进入云制造资源选择环节。

由五种任务结构的评价指标聚合公式，计算各子任务需求评价指标数值，如表8－5所示。

表8－5　　　　发动机生产子任务需求属性表

子任务序号	成本 C（万元）	时间 T（h）	服务极限 L（%）	合格率 P（%）	资源等级 Ss
ST_1	87.6，12.47	20，31	13，18	77，100	0.77，1
ST_2	93，106.5	43，54	13，18	71，100	0.87，1
ST_3	800，1070	33，48	14，19	78，100	0.85，1
ST_4	30，50	10，14	15，20	92，100	0.91，1

云制造平台将分解后的发动机生产子任务发布入云制造资源池，通过云制造资源的空闲状态，已经基本搜索到了云制造资源，具体的数据可通过表8－1取得。由于候选的云制造资源众多，服务组合后的结果众多且各不相同，匹配度的计算方式相同，因此，以发动机生产子任务 ST_2 及其候选云制造资源为例进行演示，任务—云制造资源的相关参数如表8－6所示。

表 8-6 云制造资源相关参数

任务序号	任务内容	云制造资源	单位制造成本 c_m（万元）	单位库存成本 c_s（元）	单位物流成本 c_r（元）	单位制造时间 t_m(h)	物流距离 t_l(km)	服务能力 D_{is}	云制造资源匹配次数 nall	云制造资源匹配未达标次数 nqua	资源等级 Ss
7	起动机制造	MS_{71}	0.5	8	42	2.5	700	769	10	2	0.91
		MS_{72}	0.4	8	35	3	520	671	20	1	0.98
		MS_{73}	0.55	8	40	2.7	670	741	10	1	0.93
		MS_{74}	0.6	8	37	2	600	794	25	2	0.88
8	燃料供给部件制造	MS_{81}	0.12	12	80	5	500	469	10	1	0.97
		MS_{82}	0.15	12	82	2	650	513	20	1	0.82
		MS_{83}	0.13	12	85	3	700	495	50	3	0.91
9	动力轴承制造	MS_{91}	0.035	10	50	4	800	606	25	1	0.91
		MS_{92}	0.032	10	55	3	500	549	33	3	0.93
		MS_{93}	0.037	10	60	3.5	650	649	20	1	0.9
		MS_{94}	0.04	10	58	4.5	750	585	50	1	0.9
		MS_{95}	0.045	10	52	3.7	600	621	25	2	0.95
10	润滑输送部件制造	MS_{101}	0.38	7	25	3	600	595	11	1	0.92
		MS_{102}	0.4	7	23	4	500	552	20	3	0.81

根据任务结构可确定任务—云制造资源匹配的方案可达到120种，如图8-8所示。

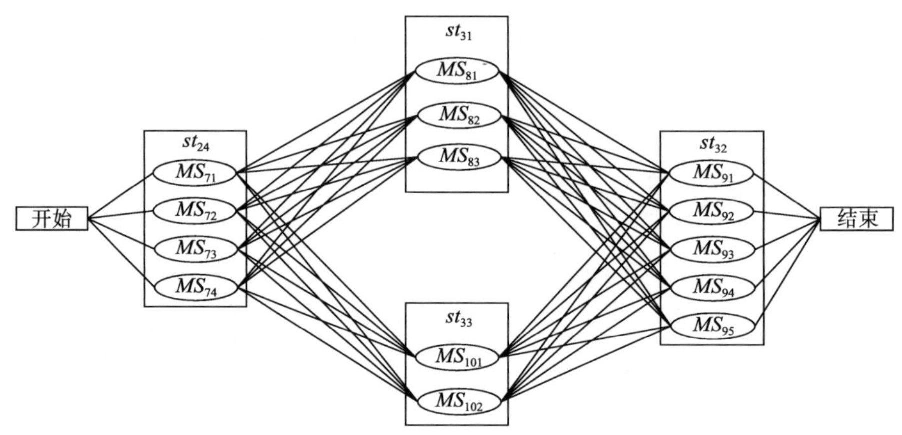

图8-8 任务—云制造资源匹配方案

依据云制造资源选择优化函数，运用MATLAB编程各任务—云制造资源匹配方案的时间、成本和质量值，由于时间和质量数值相对较小，为能较好地显示结果，将时间单位换算为天数，服务质量数值扩大10倍，如图8-9所示。

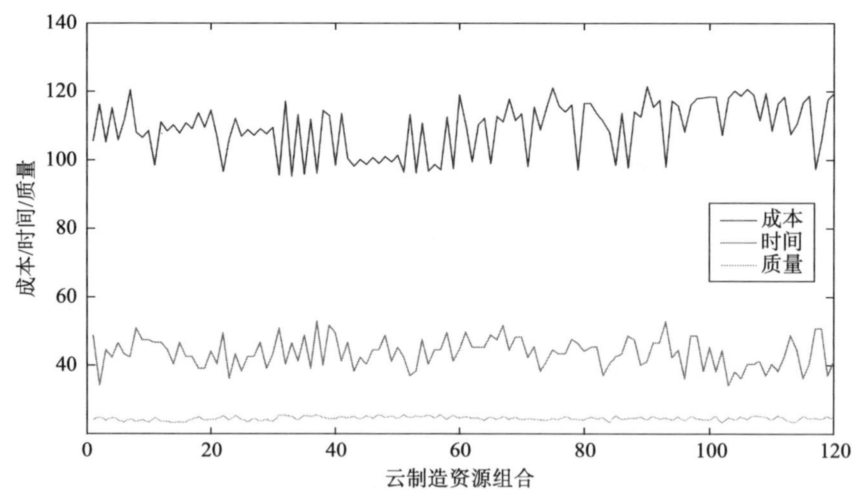

图8-9 云制造资源选择优化目标函数值

根据图8-9可以看出，不同的任务—云制造资源匹配方案的时间、成本和质量值存在较大差异，因此需要确定最优的任务—云制造资源匹配方案。

通过云制造平台搜索历史同类发动机生产任务—云制造匹配方案，得到最近三期成本数据，前三期及本期成本区间数如表 8－7 所示。

表 8－7　　前三期及本期各成本区间数

Δ	1	2	3	4
理想区间	[93，108]	[97，110]	[92，108]	[98，110]
需求区间	[93.5，106]	[94.3，106.9]	[92.1，109.2]	[93，106.5]
智推区间	[106.1，115]	[95.4，129.5]	[92.6，112]	[95，122]
供应区间	[94，120]	[96，130]	[93.3，110]	[95.3，121.5]

运用基于三角模糊数及 GIOWA 算子的区间型需求决策算法求解理想值，将表 8－7 中各条件下成本区间数转化为三角模糊数，如表 8－8 所示。

表 8－8　　前三期及本期各成本区间三角模糊数

Δ	1	2	3	4
理想区间	[93，100.5，108]	[97，103.5，110]	[92，100，108]	[98，104，110]
需求区间	[93.5，99.8，106]	[94.3，100.6，106.9]	[92.1，100.7，109.2]	[93，99.8，106.5]
智推区间	[106.1，110.6，115]	[95.4，112.5，129.5]	[92.6，102.3，112]	[95，108.5，122]
供应区间	[94，107，120]	[96，113，130]	[93.3，101.7，110]	[95.3，108.4，121.5]

将表 8－8 的数值带入公式（5－26）—公式（5－31），计算得出三个成本区间在各历史时期的左精度、中间精度和右精度，同时可得出相应精度诱导的二维数组，所得结果如表 8－9 所示。

表 8－9　　各成本区间诱导二维数组部分数据

诱导二维数组	1	2	3
$<\tilde{\gamma}_{1\Delta}, x_{1\Delta}>$	<0.995，93.5>	<0.972，94.3>	<0.998，92.1>
$<\tilde{\xi}_{1\Delta}, y_{1\Delta}>$	<0.993，99.75>	<0.972，100.6>	<0.994，100.65>
$<\tilde{\eta}_{1\Delta}, z_{1\Delta}>$	<0.982，106>	<0.972，106.9>	<0.989，109.2>
$<\tilde{\gamma}_{2\Delta}, x_{2\Delta}>$	<0.859，106.1>	<0.984，95.4>	<0.993，92.6>
$<\tilde{\xi}_{2\Delta}, y_{2\Delta}>$	<0.900，110.55>	<0.914，112.45>	<0.977，102.3>

续表

诱导二维数组	1	2	3
$<\tilde{\eta}_{2\Delta}, z_{2\Delta}>$	<0.935, 115>	<0.914, 129.5>	<0.963, 112>
$<\tilde{\gamma}_{3\Delta}, x_{3\Delta}>$	<0.989, 94>	<0.990, 96>	<0.986, 93.3>
$<\tilde{\xi}_{3\Delta}, y_{3\Delta}>$	<0.935, 107>	<0.908, 113>	<0.984, 101.65>
$<\tilde{\eta}_{3\Delta}, z_{3\Delta}>$	<0.889, 120>	<0.908, 130>	<0.981, 110>

以下以第一期（$\Delta = 1$）左端点的组合成本供应值 $\hat{x}_1$ 为例，演示组合供应值的计算过程如下：

$$\begin{aligned}\hat{x}_1 &= f_v(<\tilde{\gamma}_{11}, x_{11}>, <\tilde{\gamma}_{21}, x_{21}>, <\tilde{\gamma}_{31}, x_{31}>)\\ &= f_v(<0.995, 93.5>, <0.859, 106.1>, <0.989, 94>)\\ &= (\sum_{s=1}^{3} w_s g_{s1}{}^{\lambda})^{1/\lambda}\\ &= (93.5^{\lambda} w_1 + 94^{\lambda} w_2 + 106.1^{\lambda} w_3)^{1/\lambda}\end{aligned}$$

由于三角模糊供应区间中点值恰为最可能值，最可能值为最重要的一个，因此赋予最高的权重，而三角模糊组合供应区间左端点与实际区间左端点的灰色关联度越大，越易接近资源需求者的偏好，因此左端点较右端点要赋予较高权重，以此确定偏好系数为 $\alpha = 1/12$，$\beta = 5/6$，$\theta = 1/12$，取 $\lambda = 1$，由公式（5－35）建立基于三角模糊数及 GIOWA 算子的 11 组合供应模型，求解得到组合供应模型的最优权系数，如表 8－10 所示，则理想成本区间［96.3，112.4］，由公式（5－36）计算实际区间与需求区间的灰色关联度 $r = 0.6359 > 0.5$，因此所得结果满足需求。

表 8－10　　最优权系数值

参数取值	w_1	w_2	w_3
$\lambda = 1$, $\alpha = 1/12$, $\beta = 5/6$	0.8671	0.1643	0.00001

筛选出位于供应区间内满足理想成本区间的云制造资源组合，并得到 70 种符合条件的组合方式，如图 8－10 所示。

运用编程计算各组合方式的时间和质量，并对所得数据运用公式（5－37）—公式（5－38）进行标准化处理，然后按约定的比重 3:2 对质量和时间赋权，由公式（5－39）得到综合质量和时间的评价值，如图 8－11 所示。

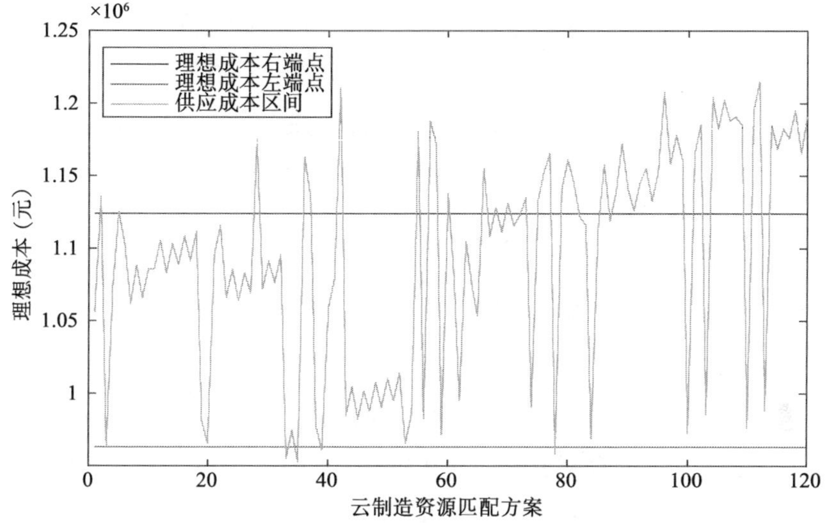

图 8－10　云制造资源成本及理想成本区间

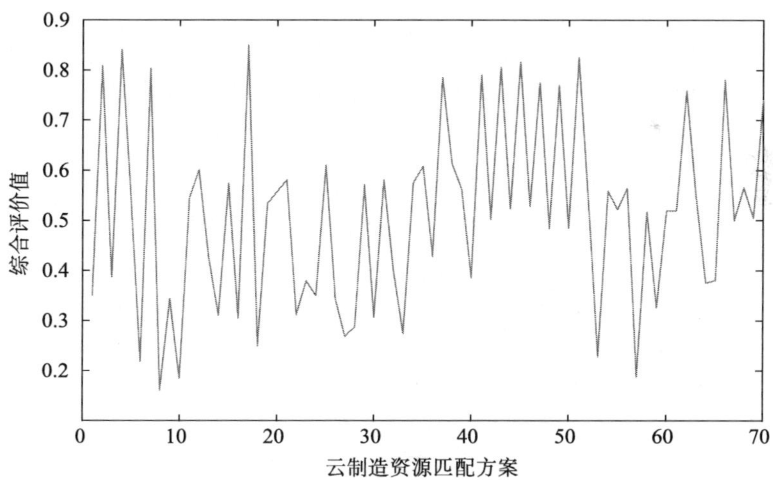

图 8－11　任务—云制造资源匹配综合评价

由于目标函数属于代价函数，因此图 8－11 最低点对应的结果即最优的云制造资源匹配方案，即：MS_{72} － MS_{83} － MS_{91} － MS_{102} 。

8.2.4　优化效果比较

由表 8－4 和表 8－5 中的数据，采用公式（5－24）进行灰色关联分析，将智推成本区间、成本供应区间和算法所得区间分别与 A 云制造平台进行发动机产品评估所限定的需求成本区间进行对比，结果如表 8－11 所示。

表 8－11　　任务—云制造资源匹配综合评价

关联度	需求区间	计算区间
智推区间	0.52	0.58
供应区间	0.32	0.43
计算区间	0.64	—

通过表 8－11 可知，首先，智推区间虽然与需求区间关联度较高，但是相较于计算区间仍然处于劣势。其次，从计算区间的分布来看，算法所得区间包含于供应区间，且两者的关联度极低，却与需求区间、智推区间有着较高的关联度，说明此算法很好地筛选了供应区间，减少了数据量，提高了后续计算的精度。

为了分析不同方法得到的成本区间与实际区间的关联度，选择区间相似度指标，如公式（8－3）所示，分别计算各区间与实际区间的相似度，得到曲线（见图 8－12）。可以看出，曲线均为单调曲线，体现了随着前期数据对模型的训练，精度逐渐提高。由变权组合模型得到的曲线，即计算区间曲线高于智推曲线，表明组合成本区间的方法比单一确定成本区间的方法精度更高。同时，需求区间和计算区间与实际区间的相似度较高，说明此方法满足了资源需求方需求。横向对比常用的熵值法，所得曲线虽较智推曲线精度更高，但其仍低于本方法，这是由于基于熵值法的组合供应算法更多是根据前期数据对未来价格趋势进行判断，所得的组合权系数较为客观，忽视了资源需求方的需求。而本方法不仅考虑了客观的成本变动趋势，还综合了资源需求方需求，因此本方法具有更优的稳定性，更适用于解决此类问题。

定义 4：设 $A=[a_l,a_r]$ 和 $B=[b_l,b_r]$ 在实数集 **R** 上的两个区间模糊数，其中，$0\leqslant a_l\leqslant a_r$，$0\leqslant b_l\leqslant b_r$，$a$ 和 b 的相似度如（8－3）式所示。

$$S_{(A,B)}=\frac{a_l\cdot b_l+a_r\cdot b_r}{(a_l)^2+(a_r)^2+(b_l)^2+(b_r)^2-a_l\cdot b_l-a_r\cdot b_r}\qquad(8-3)$$

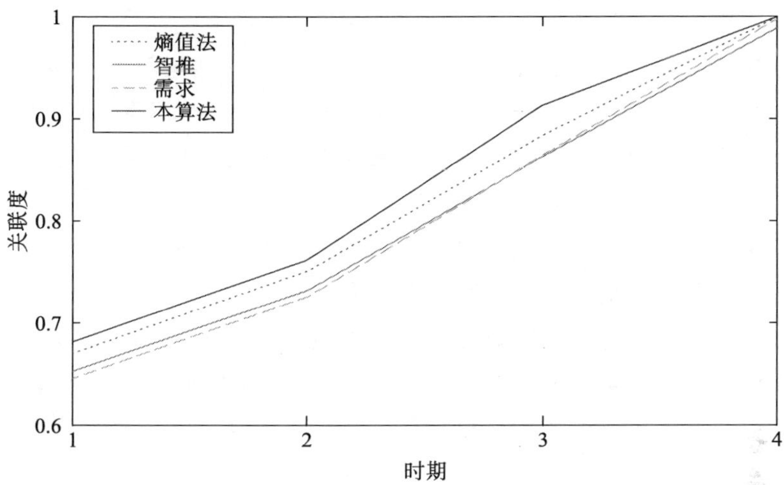

图 8-12　各方法所得区间与实际区间的对比

通过上述计算可知，资源需求方的不确定性需求使得发动机生产资源匹配方案更具多样性与复杂性，引入云制造，通过云制造网络，可快速寻求所需的生产资源，弥补自身服务能力不足，运用基于三角模糊、GIO-WA 算子的区间型组合供应算法求解资源需求方模糊需求，使得筛选后的云制造资源匹配方案所执行的任务既符合资源需求方偏好又贴合实际。与常用的熵值法和单一决策算法进行对比，发现所提算法可在较短时间内为资源需求方的生产任务寻求最优的云制造资源匹配方案，且精度更高。因此，区间型组合供应算法可很好地解决资源需求方模糊需求下，缺乏生产资源造成生产任务难以完成的问题，以此提升云制造网络的运作效率与应用效果。

8.3 组织嵌入网络与业务流程的仿真

业务流程优化理论的核心观点是将企业业务流程作为研究对象，以建立和企业资源系统相互融合的标准流程为目标，分析企业现有业务流程，保留其先进的部分，改进调整不合理的部分，使优化后业务流程能够满足企业的管理要求。流程优化通过梳理、改进、完善现有工作流程来保持企业竞争优势，目的是使企业的成本、质量、服务和速度等取得显著改善，最大限度地适应以顾客、竞争、变化为特征的现代经营环境，实现企业战略目标，提升企业核心竞争力。业务流程优化理论具有很强的生命力，被广泛用于各个行业。它是一种温和灵活的竞争策略，强调从整体持续改善的角度来看待流程优化。根据很多企业进行流程优化的实例来看，并不是只要进行业务流程优化就一定能取得惊人的成绩，优化是否能成功还得视企业的实际情况而定。在对业务流程进行优化时，应以现实情况为基础，以此保障流程优化的可行性。在对 A 云制造平台的业务流程进行优化之前，应先对业务流程的优化过程进行设计，于是应该先明确业务流程优化设计的原则与目标。优化设计应该遵循业务流程优化理论中的优化原则，其目标要求具有可实践性。A 云制造平台的业务流程非常复杂，是个比较庞大的系统，对于流程中存在的部分弊端有时难以发现，利用建模方法将整个业务流程系统分解为单个元素，然后利用严谨的逻辑关系来对流程进行抽象化描述，以此来实现对 A 云制造平台业务流程的高度还原。建立业务流程模型，能很直观地描述业务流程的运行状况，同时可以借助一些相关分析对流程进行分析，查找出其存在的问题，并进行解决，以此优化业务流程。

8.3.1 仿真实验设计

本书已经构建了 A 云制造平台制造业务流程的鲁棒优化模型，现在运用仿真法检验优化模型的有效性，并分析其优化效果。本书选取 A 云制造平台阀门制造过程为例来检验鲁棒优化模型的可行性。阀门种类多，需求量也相对较大，利用 3D 打印可实现产品的定制，满足客户的个性化需求。将客户需求阀门制造过程进行任务分解，将其制造过程分为 5 个部分，即阀体制造 $Task_1$、阀门内件制造 $Task_2$、紧固件制造 $Task_3$、装配测试和清理 $Task_4$、喷漆及总装 $Task_5$。现在设定客户需求阀门 100 件，即 $d_c^0=100$，在阀门的制造过程中，制造任务 $Task_2$ 与 $Task_3$ 由于制造内容互不干扰，可同时进行，经过删选，每个任务均有 3 个候选服务商可选择，制造流程如图 8－13 所示。在众多的服务供应商组合中，通过分析各种组合的总成本 C、交付时间 T 和服务质量 Q 及综合比较分析后，可得出不同目标函数最优的阀门制造流程，客户可根据自身需求，选择适合的制造流程。经过相关数据处理分析，可得到各个候选服务商的信息，如表 8－12、表 8－13 所示。规定货车行驶速度在安全范围内，即 $v=100\text{km/h}$，且产品零部件的单位距离运输费用 $\rho=2.0$ 元/件。

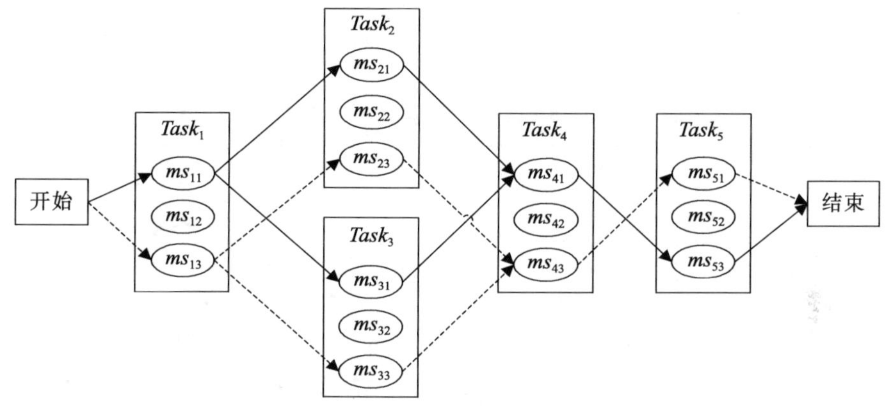

图 8－13　服务型制造流程

表 8－12　　制造子任务与候选服务供应商的数据源

任务序号	任务内容	候选供应商	单位成本 C_{ij}（元）	加工时间 t_{ij}（min）	服务质量 Q_{ij}	供应能力 G_{ij}（件）
$Task_1$	阀体制造 MS_1	ms_{11}	35	6.3	0.66	143
		ms_{12}	30	5.9	0.5	131
		ms_{13}	32	6.5	0.68	118
$Task_2$	阀门内件制造 MS_2	ms_{21}	22	5.0	0.7	126
		ms_{22}	18	5.6	0.65	104
		ms_{23}	19	4.9	0.75	112
$Task_3$	紧固件制造 MS_3	ms_{31}	23	4.6	0.48	118
		ms_{32}	18	6.8	0.73	105
		ms_{33}	21	5.1	0.7	121
$Task_4$	装配测试和清理 MS_4	ms_{41}	15	3.7	0.6	125
		ms_{42}	16	3.0	0.8	109
		ms_{43}	14	4.2	0.6	120
$Task_5$	喷漆及总装 MS_5	ms_{51}	9	3.7	0.6	145
		ms_{52}	11	3.5	0.5	147
		ms_{53}	10	3.6	0.7	102

表 8-13　　候选服务商之间的距离　　单位：km

供应商距离	ms_{21}	ms_{22}	ms_{31}	ms_{32}	ms_{33}	ms_{51}	ms_{52}	ms_{53}
ms_{11}	71	59	56	78	72	0	0	0
ms_{12}	38	49	85	62	69	0	0	0
ms_{13}	83	95	91	112	102	0	0	0
ms_{41}	65	95	65	69	79	92	67	52
ms_{42}	85	79	71	60	93	101	112	92
ms_{43}	73	66	78	74	105	65	110	75

8.3.2　仿真结果分析

根据已知条件，可知当生产 100 件产品时，供选择的 3 个供应商均满足供应能力要求。根据相关数据，运用 MATLAB 软件计算得出各种组合情况的总成本、总交付时间和总体服务质量（流程的总体服务质量数值相对来说较小，为能较好地显示，将其数值扩大 1000 倍），如图 8-14 所示。

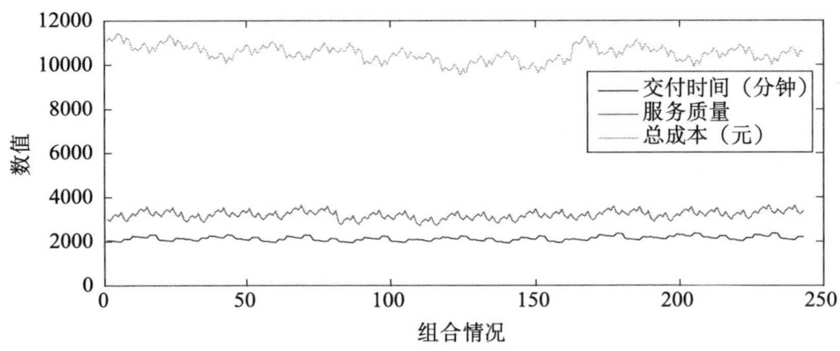

图 8-14　服务供应商组合情况

根据运算结果可知，总成本、交付时间和服务质量 3 个目标是独立存在的，他们不可能同时达到最优，因此，需要按照顾客的偏好来选择顾客满意的制造流程。结果显示，若想实现总成本最低，即 $C_{min}=9532$ 元，则可选择流程为 $ms_{12}\rightarrow(ms_{22},ms_{32})\rightarrow ms_{43}\rightarrow ms_{51}$；若想总时间最短，即 $T_{min}=1953$ 分钟，流程为 $ms_{12}\rightarrow(ms_{23},ms_{31})\rightarrow ms_{42}\rightarrow ms_{53}$；若想总服务质量最佳，即 $Q_{max}=3.66$，流程为 $ms_{13}\rightarrow(ms_{23},ms_{32})\rightarrow ms_{42}\rightarrow ms_{53}$。

8.3.3　流程优化效果比较

由于客户需求的不确定性，假定客户需求波动分别为1%、3%、5%，则偏差值分别为 $d_c^1 = 1$, $d_c^2 = 3$, $d_c^3 = 5$ ，在集合 **W** 条件下，最坏情况为 $d_c = 105$ 。在需求发生变化后，由于某些供应商的供应能力不足，如 $ms_{22} = 104 < 105$ ，即需求超出供应能力，其无法再继续提供服务，如果继续按照原来的流程进行生产，则供应商 ms_{22} 无法按照要求完成任务，可能给整个生产流程带来损失。因此，在需求量发生变动后，需要重新设计流程。利用鲁棒优化模型进行求解，得出需求量变化后的运算结果，将其3个优化目标与确定条件下的流程组合情况进行对比，对比结果如图8－15、图8－16所示。由成本对比图可知，当顾客的需求量增加5%后，完成任务的总成本提升，但是最低成本供应商组合不同，因此，当顾客需求量增加且想维持成本最低时，根据其需求量的不同，其生产流程会发生改变。同理，在顾客需求增加5%后，总交付时间与总体服务质量也会发生变化，如图8－16、图8－17所示。

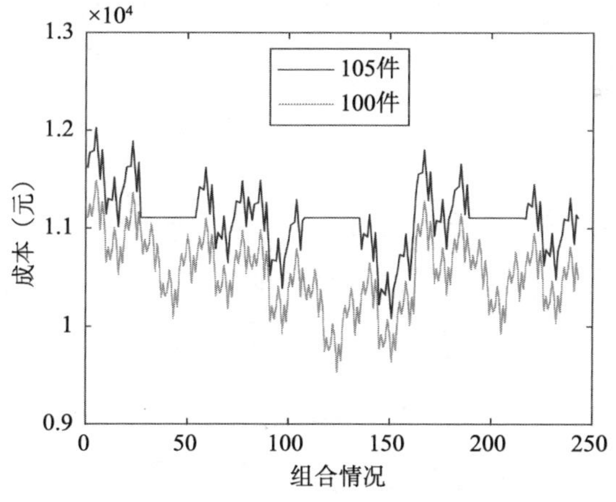

图8－15　总成本对比

在盒式集合下，当需求量增加5%后，利用鲁棒优化模型求得结果如下。当总成本、交付时间和总体服务质量3个优化目标为最优时，其流程分别为：实现成本最小 $C_{\min} = 10084$ 元，流程为 $ms_{12} \rightarrow (ms_{23}, ms_{32}) \rightarrow ms_{43} \rightarrow ms_{51}$ ；交付时间最短 $T_{\min} = 2041.5$ 分钟，流程为 $ms_{12} \rightarrow (ms_{23}, ms_{31}) \rightarrow ms_{42} \rightarrow ms_{52}$ ；整体服务质量最好 $Q_{\max} = 3.56$ ，流程为 $ms_{13} \rightarrow (ms_{23}, ms_{32}) \rightarrow ms_{42} \rightarrow ms_{51}$ 。采用鲁棒优化，客户需求量在一定范围内无论如何变化，均

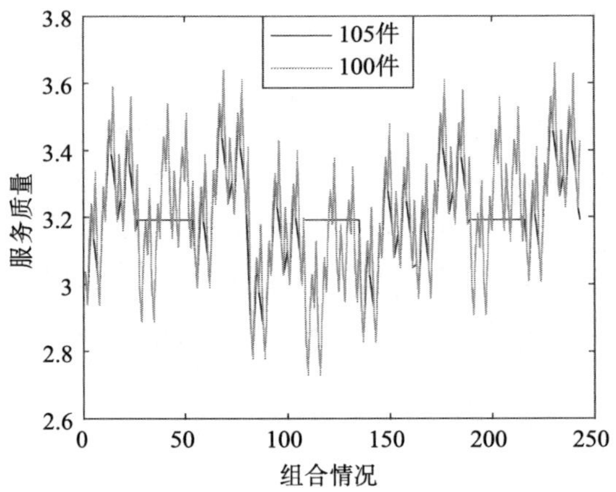

图 8-16 服务质量对比

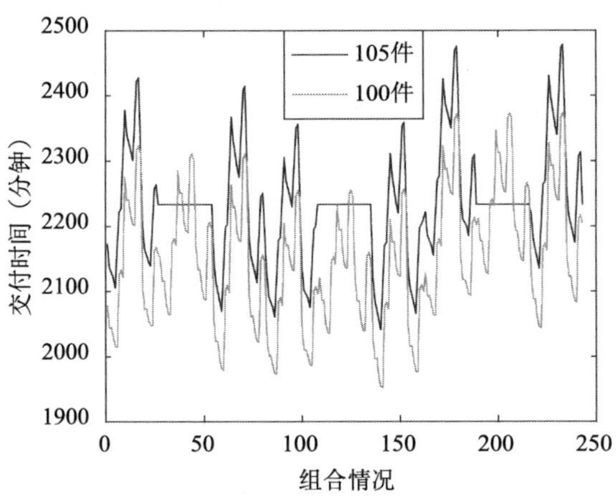

图 8-17 交付时间对比

可快速地求得最优流程。当需求量增加 5% 时，其成本偏差系数 δ_C = 5.8%，交付时间偏差系数 δ_T = 4.5%。服务质量偏差系数 δ_Q = −2.7%，偏差系数均较低，说明优化效果较好，因此，证明鲁棒优化能解决因客户需求不确定而使服务型制造网络流程呈现动态性的问题。

由上述计算可知，需求量不确定性增加了服务型制造网络流程的复杂性，情景法可较好地描述需求的不确定性，结合鲁棒优化方法可解决流程的不确定性问题。当需求发生变化时，服务型制造网络鲁棒优化模型可在短时间内为客户寻求最优流程，因此，鲁棒优化可很好地解决需求不确定性给流程造成的动态性问题，以此提升服务型制造网络的服务效率。

8.4 需求不确定下平台流程的优化

在 A 云制造平台的业务流程中，制造流程是重要的一部分，对制造流程的优化也是整个业务流程优化的关键。为实现 A 云制造平台整个业务流程的优化，现对其制造流程进行优化。A 云制造平台的制造流程具有动态性特点，因为客户需求产品的类型、数量等存在不确定性，且客户对于产品的价格、交付时间和质量有不同的要求。在客户需求不确定这样一个背景下，在 A 云制造平台业务流程的优化过程中，首先要对客户需求进行分析，而后针对客户需求不确定性对其业务流程进行优化，以满足客户需求且提升自身竞争力。在这个追求差异化的时代，客户的需求对固有流程的不确定性给制造平台带来的效益产生影响，为提升经济效益，A 云制造平台需要根据顾客的不同需求来设计其生产制造流程，在整个流程的设计与实施过程中，要对流程进行不断的优化，以期达到提升制造平台核心竞争力的目标。

8.4.1　客户需求不确定性分析

平台在服务客户时，会面临不同顾客差异化需求，顾客需求的不确定性给其生产流程带来了很大的不确定性。研究需求不确定环境下的流程优化问题，对于不确定性的描述要恰到好处，现在对于需求不确定性的描述方法主要有：区间法、模糊法、分布法和情景法。区间法只是提供一个数据的范围，可能丢失其他有用的信息；模糊法计算方法十分复杂，并且放大了问题的不确定性；分布法需要知道分布概率，这就需要对大量的历史数据进行分析估计；结合前面对需求不确定的描述，运用情景法可较为准确地描述需求的不确定性，把握其不确定性的范围，并进行优化研究。

供应商的供应能力与客户的需求无关，其供应能力有限，也就是其服务能力有限。经过分析，运用不确定集合来描述需求的不确定性，于是可以假设客户需求 d_c 有 $s(s=1,2,\cdots,S)$ 个情景集，并且可用有限集合描述

为 $\boldsymbol{D} = \left\{ d_c \mid d_c = d_c^0 \pm \sum_{s=1}^{S} \omega_c^s d_c^s, \omega_c \in W \right\}$ 。其中，d_c^0 表示顾客 c 的平均需求量，为一个已知的常数；d_c^s 表示在情景 s 下的顾客 c 的需求量与平均值之间的偏差，标志着客户不同程度的需求，令 $d_c^s = \rho \times d_c^0$ ，通过 ρ 值的变化表示不同的不确定性；ω_c 表示与偏差相对应的权重；W 表示一个有界闭区间。不同类型的权重向量与不同的有界闭集合相对应，本书将对一种集合进行研究，盒式集合为 $\boldsymbol{W} = \{\omega_c \mid -1 \leqslant \omega_c^s \leqslant 1, s = 1,2,\cdots,S\}$ 。

8.4.2　模型的假设

针对客户需求的变化，利用鲁棒优化理论，运用盒式不确定集合表示需求的不确定性，以此为基础建立制造平台生产流程的鲁棒优化模型。为了方便求解，运用了对偶理论对模型进行简化，将约束条件中的不确定量转换为确定量的形式，进而把优化模型转化为线性模型进行求解。

假设1：制造平台对于客户的需求未知，但其能满足客户需求。针对不同任务，完成某一任务的候选供应商集合为 $\boldsymbol{MS_i}$ ，且集合 $\boldsymbol{MS_i}$ 中候选供应商有 k_i 个。每个候选供应商的供应能力不完全相同，假定供应商的供应能力为 $G_{ij}(i = 1,2,\cdots,n; j = 1,2,\cdots,k_i)$ ，客户可根据自身需求选择相应供应商提供所需的服务。两个供应商之间的距离为 $L_{(ij,i^*j^*)}$ ，即供应商 ms_{ij} 与供应商 $ms_{i^*j^*}$ 之间的距离。假定运输车辆的单位距离运输费用为 $p_{(ij,i^*j^*)}$ ，行驶速度为匀速 v 。

假设2：假设第 c 个顾客的需求为 d_c ，对于同一类型的服务，每个顾客只需要一个供应商进行服务，令所有的顾客需求集合为 $\boldsymbol{U_d} = \{d_c \mid c \in N^*\}$ ，供应商的配送中心为 O，则 $U = \boldsymbol{U_d} \cup \{O\}$ 表示顾客需求点和配置中心的集合。

假设3：顾客对于每一任务的完成情况进行满意度打分。每一任务的完成质量根据以往使用过某一特定供应商 ms_{ij} 完成任务 $Task_i$ 的顾客对完成情况进行直接打分，经过综合统计后得到的结果，其取值范围为［0，1］。

假设4：不考虑库存成本和货损成本。

决策变量 x_{ij} 为0—1的变量，某一任务 $Task_i$ 由供应商 ms_{ij} 完成时，x_{ij} 为1，否则为0；$y_{(ij,i^*j^*)}$ 为0—1的变量，当产品或部件从供应商 ms_{ij} 运输到供应商 $ms_{i^*j^*}$ 时，$y_{(ij,i^*j^*)}$ 为1，否则为0。

8.4.3　模型构建及求解

对制造平台业务流程进行优化的目的是为客户提供更及时有效的服务，满足用户对于产品多样化的需求。这里主要考虑总成本、交付时间和服务质量三个方面的优化，以此建立优化模型。

1. 总成本

总成本包括产品生产加工的所需成本和将产品或部件等运输到下一任务地点所产生的运输费用。对于同一加工要求，不同的服务供应商的加工费用可能不同。在服务型制造的背景下，各服务供应商分布范围较广，不同区域在运输费用上可能存在差异。总成本计算如（8－4）式所示。

$$C = \min d_c \left[\sum_{i=1}^{n} \sum_{j=1}^{k_i} x_{ij} C_{ij} + \sum_{(i,i^*=1)}^{n} \sum_{(j,j^*=1)}^{k_i} L_{(ij,i^*j^*)} \times p_{(ij,i^*j^*)} \right] \tag{8-4}$$

公式（8－4）中，C_{ij} 表示供应商 ms_{ij} 完成任务 $Task_i$ 所需费用。

2. 交付时间

交付时间为供应商完成任务 $Task_i$ 的时间和运输时间。由于供应商自身能力与设备的不同，不同供应商在完成相同任务时所花费的时间不完全相同；运输时间是指从任务 $Task_i$ 所在地到达下一任务所在地的运输时间。一般情况下，制造流程会出现分支现象，因此对于交付时间的计算可分为两个部分，第一部分为串行流程，任务一个接一个地完成；第二部分为并行流程，两个或者两个以上的任务在同一时间进行。交付时间式（8－5）式所示。

$$T = \min(T_{串行} + T_{并行}) \tag{8-5}$$

$$T_{串行} = d_c \sum_{i=1}^{n} \sum_{j=1}^{k_i} x_{ij} t_{ij} + \sum_{(i,i^*=1)}^{n} \sum_{(j,j^*=1)}^{k_i} \frac{L_{(ij,i^*j^*)}}{v} \tag{8-6}$$

$$T_{并行} = \max\left[d_c x_{ij} t_{ij} + \frac{L_{(ij,i^*j^*)}}{v} \right] \tag{8-7}$$

公式（8－6）、公式（8－7）中，t_{ij} 表示供应商 ms_{ij} 完成任务 $Task_i$ 所需时间。

3. 服务质量

服务质量是指供应商在完成任务时，客户对其在加工工艺、精度等方面好坏程度的评价。根据以往客户对供应商的评价，经过统计分析后得出客户对供应商服务质量的评价分数，其分数范围为［0，1］。

$$Q = \max \sum_{i=1}^{n} \sum_{j=1}^{k_i} x_{ij} Q_{ij} \tag{8-8}$$

公式（8－8）中，Q_{ij} 表示供应商 ms_{ij} 在完成任务 $Task_i$ 时的服务质量。

综合考虑上述的目标函数，A 云制造平台流程优化模型如下：

$$C = \min d_c \left[\sum_{i=1}^{n} \sum_{j=1}^{k_i} x_{ij} C_{ij} + \sum_{(i,i^*=1)}^{n} \sum_{(j,j^*=1)}^{k_i} L_{(ij,i^*j^*)} \times p_{(ij,i^*j^*)} \right] \tag{8-9}$$

$$T = \min(T_{串行} + T_{并行}) \tag{8-10}$$

$$T_{串行} = d_c \sum_{i=1}^{n} \sum_{j=1}^{k_i} x_{ij} t_{ij} + \sum_{(i,i^*=1)}^{n} \sum_{(j,j^*=1)}^{k_i} \frac{L_{(ij,i^*j^*)}}{v} \tag{8-11}$$

$$T_{并行} = \max \left[d_c x_{ij} t_{ij} + \frac{L_{(ij,i^*j^*)}}{v} \right] \tag{8-12}$$

$$Q = \max \sum_{i=1}^{n} \sum_{j=1}^{k_i} x_{ij} Q_{ij} \tag{8-13}$$

s. t.

$$\sum_{i=1}^{n} x_{ij} d_c \leqslant G_{ij}, \forall j, d_c \in D \tag{8-14}$$

$$\sum_{j}^{k_i} x_{ij} = 1, i \in n \tag{8-15}$$

$$\sum_{i}^{n} \sum_{j}^{k_i} y_{(ij,i^*j^*)} = x_{ij}, \forall i^*, j^* \tag{8-16}$$

$$\sum_{i^*}^{n} \sum_{j^*}^{k_i} y_{(ij,i^*j^*)} = x_{i^*j^*}, \forall i, j \tag{8-17}$$

$$Y = [y_{(ij,i^*j^*)}] \in \Gamma \tag{8-18}$$

$$x_{ij} = \begin{cases} 1, \text{任务 } Task_i \text{ 由供应商 } ms_{ij} \text{ 完成} \\ 0, \text{否则} \end{cases} \tag{8-19}$$

$$y_{(ij,i^*j^*)} = \begin{cases} 1, \text{产品或部件从供应商 } ms_{ij} \text{ 运输到供应商 } ms_{i^*j^*} \\ 0, \text{否则} \end{cases} \tag{8-20}$$

$$L_{(ij,i^*j^*)}, p_{(ij,i^*j^*)}, v, C_{ij}, t_{ij}, Q_{ij} \geqslant 0 \tag{8-21}$$

公式（8－9）—公式（8－13）为制造平台业务流程优化目标函数；公式（8－14）为供应能力约束，任意供应商满足客户需求量总和不超过该供应商的最大供应能力；公式（8－15）表示某一需求任务 $Task_i$ 只能由某一供应商来进行服务；公式（8－16）和公式（8－17）表示需求守恒，即产品的某一需求任务 $Task_i$ 在某个供应商完成后必须离开该供应商；公式（8－18）避免循环，其中 $\boldsymbol{\Gamma} = \left\{ y_{(ij,i^*j^*)} \middle| \sum_{i,i^* \in R} \sum_{j,j^* \in R} y_{(ij,i^*j^*)} \leqslant |R| - 1, R \in \{1,2,\cdots,n\} \right\}$；公式（8－19）、公式（8－20）为决策变量约束，公式（8－21）为非负约束。

通过上述模型可知，对于需求的不确定性，主要体现于需求量 d_c 。在约束条件（8－14）中有对需求的约束，于是本书对约束条件（8－14）进行研究，然后建立相应的鲁棒优化模型。

前面已经构建了优化模型，为解决客户需求不确定性给流程带来的动态性问题，在盒式集合 $\boldsymbol{W} = \{\omega_c \mid -1 \leqslant \omega_c^s \leqslant 1, s = 1,2,\cdots,S\}$ 条件下，可得制造平台业务流程优化模型中约束条件（8－14）对应的鲁棒方程，如式 8－22 所示。

$$\sum_i x_{ij} d_c^o \pm \sum_i x_{ij} \sum_s |d_c^s| \leqslant G_{ij} \tag{8-22}$$

证明：对于所有的 d_c（$d_c \in D_W$），约束条件（8－14）均成立。根据上述描述，则可知当最坏情况 $\max\limits_{d_c \in D_{W_1}} (\sum_i x_{ij} d_c) \leqslant G_{ij}$ 成立时，约束条件依然成立。

根据 $d_c = d_c^0 \pm \sum_{s=1}^{S} \omega_c^s d_c^s$ ，求解 $\max(\sum_i x_{ij} d_c)$ 相当于求解 $\sum_i x_{ij} d_c^0 \pm \sum_i x_{ij} (\max \sum_s \omega_c^s d_c^s)$ 。因为 x_{ij} 为决策变量，故可将其作为已知量进行分析，于是，将上面求解问题转化为 $\max\limits_{\omega_c^s \in W_1} \sum_{s=1}^{S} \omega_c^s d_c^s$ ，等价于方程组 $\max \sum_{s=1}^{S} \omega_c^s d_c^s$ ，$-1 \leqslant \omega_c^s \leqslant 1$ ，其对偶方程为 $\min \sum_s (\alpha_s + \beta_s) \alpha_s - \beta_s = d_c^s (s = 1,2,\cdots,S)$ ，$\alpha \geqslant 0$ ，$\beta \geqslant 0$ 。现可得对偶方程的最优值为 $\sum_s |d_c^s|$ ，根据弱对偶定理可知，原问题的最优解等于对偶问题的最优解，即可得 $\max \sum_{s=1}^{S} \omega_c^s d_c^s = \sum_s |d_c^s|$ ，问题得证。

综上所述，可建立不确定集合 **W** 下的企业业务流程鲁棒优化模型为

$$C = \min\left(d_c^0 \pm \sum_{s=1}^{s} \omega_c^s d_c^s\right)\left[\sum_{i=1}^{n}\sum_{j=1}^{k_i} x_{ij}C_{ij} + \sum_{(i,i^*=1)}^{n}\sum_{(j,j^*=1)}^{k_i} L_{(ij,i^*j^*)} \times p_{(ij,i^*j^*)}\right] \tag{8-23}$$

$$T = \min(T_{串行} + T_{并行}) \tag{8-24}$$

$$T_{串行} = \left(d_c^0 \pm \sum_{s=1}^{s} \omega_c^s d_c^s\right)\sum_{i=1}^{n}\sum_{j=1}^{k_i} x_{ij}t_{ij} + \sum_{(i,i^*=1)}^{n}\sum_{(j,j^*=1)}^{k_i} \frac{L_{(ij,i^*j^*)}}{v} \tag{8-25}$$

$$T_{并行} = \max\left[\left(d_c^0 \pm \sum_{s=1}^{s} \omega_c^s d_c^s\right)x_{ij}t_{ij} + \frac{L_{(ij,i^*j^*)}}{v}\right] \tag{8-26}$$

$$Q = \max\sum_{i=1}^{n}\sum_{j=1}^{k_i} x_{ij}Q_{ij} \tag{8-27}$$

$$\sum_{i} x_{ij}d_c^o \pm \sum_{i} x_{ij}\sum_{s} |d_c^s| \leqslant G_{ij}, \forall j \tag{8-28}$$

$$\sum_{j}^{k_i} x_{ij} = 1, i \in n \tag{8-29}$$

$$\sum_{i}^{n}\sum_{j}^{k_i} y_{(ij,i^*j^*)} = x_{ij}, \forall i^*, j^* \tag{8-30}$$

$$\sum_{i^*}^{n}\sum_{j^*}^{k_i} y_{(ij,i^*j^*)} = x_{i^*j^*}, \forall i, j \tag{8-31}$$

$$Y = [y_{(ij,i^*j^*)}] \in \Gamma \tag{8-32}$$

$$x_{ij} = \begin{cases}1, 任务\ Task_i\ 由供应商\ ms_{ij}\ 完成\\0, 否则\end{cases} \tag{8-33}$$

$$y_{(ij,i^*j^*)} = \begin{cases}1, 产品或部件从供应商\ ms_{ij}\ 运输到供应商\ ms_{i^*j^*}\\0, 否则\end{cases} \tag{8-34}$$

$$L_{(ij,i^*j^*)}, p_{(ij,i^*j^*)}, v, C_{ij}, t_{ij}, Q_{ij} \geqslant 0 \tag{8-35}$$

当约束条件（8－14）被约束条件（8－22）代替后，目标值（8－23）与（8－24）将会变大，为表示优化模型的最优值与确定环境下最优值之间的偏差，进而采用偏差系数进行描述。

$$\delta = \frac{\alpha - \beta}{\beta} \times 100\% \tag{8-36}$$

公式（8－36）中：β 表示确定性条件下的目标函数值；α 表示不确定性条件下的鲁棒优化目标函数值。

8.5
新能源汽车产业新兴技术网络实证

8.5.1　新兴技术创新网络组织嵌入现状

回溯新能源汽车产业的发展历史，新能源汽车是传统汽车产业在新能源电池技术快速发展的背景下催生出的新兴技术产品。从发展脉络上看，新能源汽车产业的兴起得益于传统汽车产业，但其最终目的是替代传统汽车，这就为新能源汽车的竞争力提出了技术和成本要求。为解决当前存在的技术攻关困难、产品成本偏高等问题，新能源汽车企业在技术创新方面表现出较强的开放性和合作创新特征。技术创新的主体是企业，创新网络核心企业在技术创新过程中会经历由独立创新向合作创新的发展过程，然后与特定企业形成创新网络——新能源汽车专利合作网络。整个网络的结构特征包括网络规模、关系数、密度、网络中心度和聚集系数等指标。其中，网络规模是指网络中所有节点的数量，关系数是指节点间的所有连线，密度是指节点间联系的紧密程度，网络中心度是指节点在网络中心位置的程度，它是“能力”的定量表示，具体包括程度中心性、中间中心性和邻近中心性，聚集系数则是指网络中节点的聚集程度。

在新能源汽车联合申请专利中，若按申请人类别对技术合作模式进行划分，共分为七种模式，包括：企业与企业（I－I）合作、企业与大学（I－U）合作、企业与研究所（I－R）合作、大学与大学（U－U）合作、大学与研究所（U－R）合作、研究所与研究所（R－R）合作以及企业、大学和研究所（I－U－R）共同合作。这里所探讨的合作创新绩效包含上述七种专利合作模式。将关系矩阵数据输入到 UCINET 6.0 中计算得出各项网络特征指标。然后，将数据按照特定格式输入到绘图软件 NetDraw 软件中，绘制出新能源汽车产业创新网络图谱。鉴于篇幅限制，根据创新网络规模的变化趋势，本书仅展示 2004—2008 年、2009—2013 年和 2014—2018 年 3 个观测期的创新网络图谱，如图 8－18 所示。网络中的节点分别代表不同的专利申请组织，节点的大小表示该节点的度数中心度，节点的颜色是按照 k - core 进行划分的聚类结果，表示节点在网络中的中心程度。节点间的连线表示专利申请企业间的技术合作关系。新能源汽车领域的专利合作网络内部的连线表示相同专利有多个企业合作并以权重来表示专利的合作次数。除此之外，为更系统地展现各主体间的合作状况，还对各个节点间的合作强度、合作属性进行了展示。

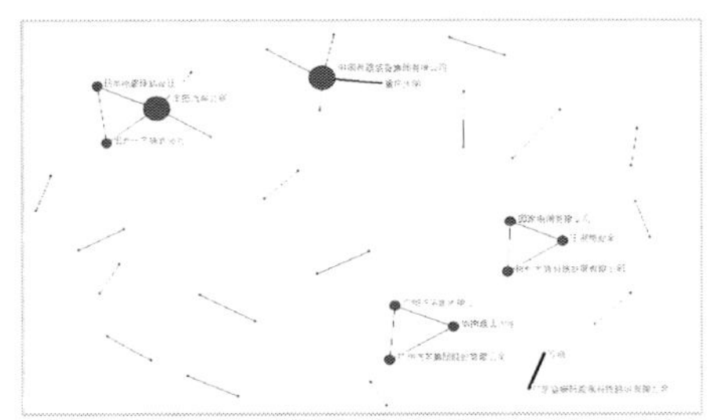

(a) 第一观测期（2004—2008年）

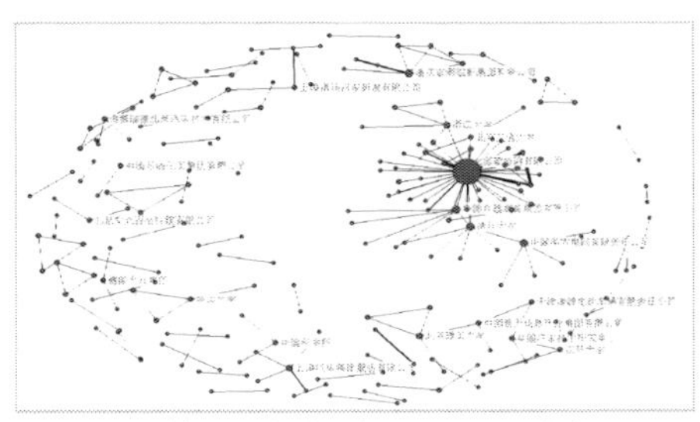

(b) 第二观测期（2009—2013年）

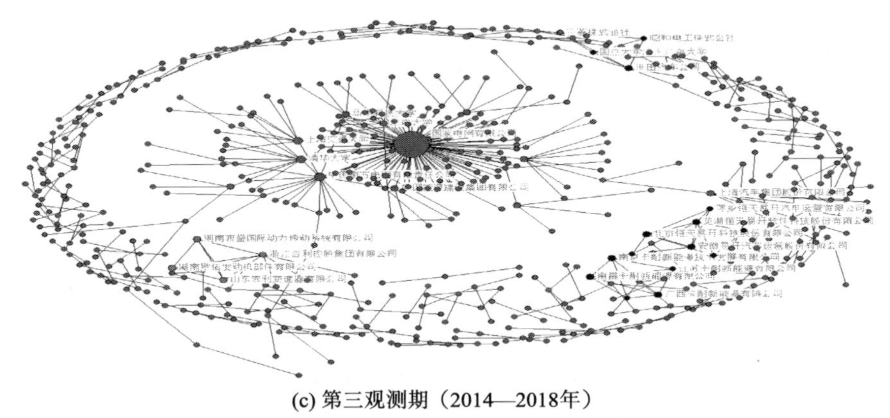

(c) 第三观测期（2014—2018年）

图 8 - 18　中国新能源汽车技术专利合作创新网络图

由表 8 - 14 可知，新能源汽车合作创新网络规模由第一观测期到第三个观察期，从 48 个增加到 600 个，这表明越来越多的创新实体逐渐倾向于通过合作专利申请的方式参与新能源汽车研发活动。第一观测期到第三观测期的合作创新网络中的网络连接次数增长了约 15.4194 倍，说明合作创新网络中的企业间具有较强的合作联系。通过对合作创新网络进行密度分析，计算出第一观测期合作创新网络的整体网络密度为 0.0275。第二观测期合作创新网络的整体网络密度为 0.0076。而第三观测期合作创新网络的整体网络密度为 0.0027，数值均相对较低，且随着网络规模的扩大，整体网络密度也在不断降低，这说明新能源汽车合作创新网络整体中各创新主体间联系相对较少，网络中的资源与信息等流动速度较慢，这意味着新能源汽车行业合作创新网络整体结构较为松散，成员合作程度较低。三阶段观测期的度中心势为 0.0188、0.0156、0.0170，说明合作创新整体网络节点度中心度差异性先减小，后少量增加，但总体仍在减小。中间中心势为 0.0055、0.0618 和 0.0974，合作创新网络中的创新主体控制其他成员能力的不均匀分布状况在不断增加，这意味着网络中集权性在不断增强。通过上述分析可知，新能源汽车合作创新网络中的成员存在明显的“抱团”现象，进而产生了一定的“组织嵌入”现象。

表 8-14　新能源汽车行业各阶段合作创新整体网络结构特征

结构特征参数	第一观测期	第二观测期	第三观测期
网络规模	48	218	600
网络连接次数	62	358	956
网络密度	0.0275	0.0076	0.0027
度中心势	0.0188	0.0156	0.0170
中间中心势	0.0055	0.0618	0.0974
组织嵌入数量	4	32	76
最小网络规模	3	3	3
最大网络规模	5	40	108
平均网络规模	4	5	5

由表 8-14 可知，第一观测期仅出现 4 个嵌入组织，且每个组织嵌入的数量较少。第三观测期合作网络出现 76 个凝聚嵌入组织，并且出现“多核心”主体，之后又以多个核心主体为中心产生了凝聚组织嵌入。如以国家电网企业为核心的凝聚组织嵌入，该种组织嵌入网络结构呈现星形状，这表明在该组织嵌入网络中，核心节点获取资源的能力较其他资源强。第三观测期随着合作网络中创新主体的增加，不仅存在以核心节点为中心的凝聚组织嵌入，还存在非核心成员共同构成的合作创新网络，如由丰田汽车企业、三菱株式会社等构成的合作创新网络（如图 8-18 中黑色节点所示），该网络中各成员的中心度及中间中心性较为均匀，各成员在网络中均占据重要的位置。通过分析可知，新能源汽车合作创新整体网络中凝聚式组织嵌入结构具有多样化的特性。

8.5.2 新能源汽车合作创新绩效现状

新的科学技术、资金策略、合作模式推动了新能源汽车产业的发展。在合作创新模式下，新能源汽车产业嵌入组织越来越多，产业嵌入组织成员彼此交互，创新网络不断凝聚，合作关系不断深化，创新主体也相应增加，创新尺度覆盖面扩大，创新网络结构形态多样，新能源汽车产业创新网络逐渐完善。

新能源汽车行业的合作专利申请状况能够在一定程度上反映相关企业对知识产权保护的基本态度。合作专利申请数量的变化可反映其技术合作与创新绩效水平。根据1994—2018年新能源汽车领域合作申请专利情况（见图8－19），可以发现在这25年中，新能源汽车领域的合作专利申请数量呈逐渐上升的趋势，这表明该领域的技术创新水平正在不断提高。

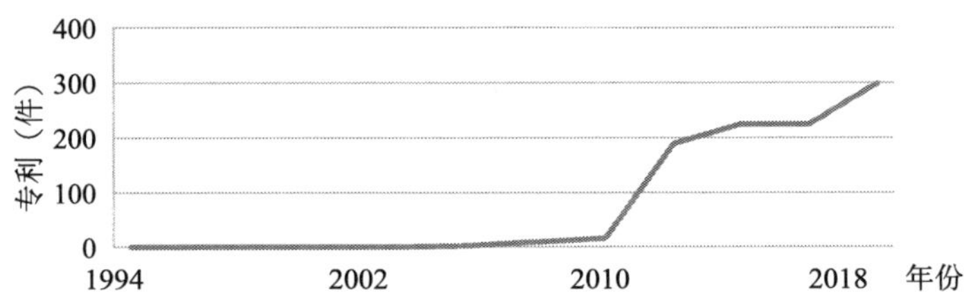

图8－19 1994—2018年新能源汽车领域的合作申请专利数量

1994—2005年，新能源汽车领域的合作专利申请数量呈缓慢上升态势，表明新能源汽车领域的技术创新水平相对较弱；在此期间，前4年的合作专利申请量为0，2004年新能源汽车领域的合作专利申请量为5，这是这12年间专利申请数量的最大数值。此外，这12年中新能源汽车领域的合作专利申请数量为每年平均1.1件。自2005年以来，受各国科技政策支持的影响，国际新能源汽车迅速发展。在此过程中，中国在新能源汽车领域也取得了飞速发展。2006—2018年，新能源汽车行业的合作专利申请量呈快速上升趋势，这意味着在该时期新能源汽车行业的技术合作与创新水平显著提升。2006年，新能源汽车行业的合作专利申请量仅为6个，2016年这个数值达到282个。在这11年中，合作专利新能源汽车行业的平均应用值为10.6个，年均增长率为66.7%。2014年，由于中国对新能源汽车领域的规划和政策发生调整，新能源汽车领域的合作专利申请量呈小幅下降趋势。2018年中国新能源汽车领域的合作专利申请数量再次上涨。总的来看，在这 25 年中，中国新能源汽车领域的合作专利申请数量整体呈现出逐步增长的趋势，这反映出新能源汽车领域的技术创新水平正在不断提高。

8.5.3　合作创新绩效影响的实证检验

8.5.3.1　组织嵌入对合作创新绩效的影响检验

已知模型 1 为初始模型，仅添加了控制变量，由回归结果可知：网络密度、网络规模与合作创新绩效估计系数显著（$\beta = 4.904$，$p < 0.001$）（$\beta = 4.857$，$p < 0.001$），两者都对合作创新绩效产生了积极影响；组织间关联度系数显著（$\beta = -4.614$，$p < 0.001$），说明组织嵌入内部凝聚更有利于合作创新。该模型的拟合优度 $R^2 = 0.930$，说明该模型总体拟合效果较好。模型 2、模型 3、模型 4 分别为加入自变量网络位置嵌入性、网络中介性、网络可达性的回归结果，结果表明，自变量的估计系数都是显著的（$\beta = 1.259$，$p < 0.05$）（$\beta = 1.078$，$p < 0.05$）（$\beta = 6.084$，$p < 0.05$）。且在加入新自变量后，原自变量估计系数仍然显著，说明在不考虑其他因素时，自变量对合作创新绩效均能起到正向促进作用。模型的拟合优度 R^2 分别为 0.940、0.948、0.954，模型拟合效果都非常好，假设 H1a、H1b 和 H1c 得到验证。

8.5.3.2　知识溢出的中介作用检验

研究假设 H3a、H3b 和 H3c 提出，知识溢出在组织嵌入关系嵌入性、网络中介性和网络可达性与合作创新绩效的关系中均起到中介作用。通过表 8－15 的模型 9 可以发现，在保证控制变量不发生变化的情况下，知识溢出对组织嵌入式合作创新绩效具有明显的积极影响（$\beta = 0.056$，$p < 0.05$），且调整后的拟合优度 $\overline{R}^2 = 0.951$，说明模型整体回归效果较好，因此假设 H2 得到验证：组织内部成员间的知识溢出确实对合作创新的绩效产生积极影响。在模型 7 中，组织的嵌入式关系与知识溢出之间的关系在中介变量估计系数的作用下十分显著（$\gamma_1 = -9.606$，$p < 0.05$），这说明高度的组织嵌入位置嵌入性不利于知识溢出，加入中介变量后，组织嵌入位置嵌入性结构对合作创新绩效的系数仍然显著（$\eta_1 = 2.367$，$p < 0.001$），说明知识溢出在组织嵌入网络嵌入性与合作创新绩效中确实起

到中介作用，因此可以验证假设 H3a。模型 8 中组织嵌入网络中介性对中介变量知识溢出的估计系数显著（$\gamma_2=4.567$，$p<0.1$），说明组织嵌入网络中介性越离散，越有利于网络内成员的资源整合。加入中介变量后，组织嵌入网络中介性对合作创新绩效估计系数仍然显著（$\eta_2=1.224$，$p<0.001$），但相对于原系数减小，说明知识溢出在网络中介性与合作创新绩效中起到部分中介作用，假设 H3b 得到验证。模型 8 中组织嵌入网络可达性对中介变量知识溢出的估计系数显著（$\gamma_3=35.822$，$p<0.05$），这说明组织嵌入网络可达性对成员间知识溢出起正向影响作用。加入中介变量后，组织嵌入网络中介性对合作创新绩效估计系数仍然显著（$\eta_3=4.074$，$p<0.05$），但相对于 β_3 有所减少，这表明知识溢出在网络可访问性和合作创新绩效中扮演着中介角色，假设 H3c 得到验证。

表 8－15　　中介效应估计结果

—	模型 7	模型 8	模型 9
	Patents	*SRT*	*Patents*
SPE	1.828*** (3.01)	−9.606** (−2.69)	2.367*** (3.73)
SNM	1.480*** (3.26)	4.567* (1.71)	1.224*** (2.72)
RH	6.084** (2.20)	35.822** (2.20)	4.074** (2.45)
SD	−2.747 (−1.08)	51.224*** (3.43)	−5.621* (−2.02)
NS	−1.365 (−0.80)	−1.727 (−0.17)	−1.268 (−0.78)
SR	−3.470 (−1.67)	−14.307 (−1.17)	−2.667 (−1.32)
SRT	— —	— —	0.056** (2.13)
cons	−9.590 (−1.25)	−102.327** (−2.27)	−3.848 (−0.49)
N	45	45	45
R^2	0.954	0.829	0.959

续表

—	模型 7	模型 8	模型 9
	Patents	*SRT*	*Patents*
Adj_R^2	0.947	0.802	0.951
F	131.713***	30.776***	123.997***

注：* 为 $p<0.1$；** 为 $p<0.05$；*** 为 $p<0.001$。

8.5.3.3　调节作用检验

1. 创新能力的调节作用

假设 H4a、H4b、H4c 提出创新能力在组织嵌入网络位置嵌入性、网络中介性、网络可达性和合作创新绩效中起着积极的调节作用，模型 5 是加入调节变量引入的创新能力的回归结果。加入调节变量创新能力之后，调节变量单独对因变量合作创新绩效的影响系数为 0，且不显著，说明在组织嵌入合作创新网络中，创新能力对合作创新绩效没有直接影响。位置嵌入性与创新能力交互项不显著，表明创新能力并不能调节位置嵌入性对合作创新绩效的影响，假设 H4a 未能通过。网络中介性与创新能力交互项系数显著为正（$\beta=0.001$，$p<0.1$），表明创新能力在组织嵌入网络结构与合作创新绩效中具有正向调节作用（见图 8－20），随着网络中介性的增强，创新能力的调节作用也在加强，其总体影响效应为 3.375＋0.001SNM，假设 H4b 得到验证。而网络可达性与创新能力的交互项系数不显著，因此假设 H4c 未能通过。模型 5 拟合优度 $R^2=0.963$，模型总体说服力较强。

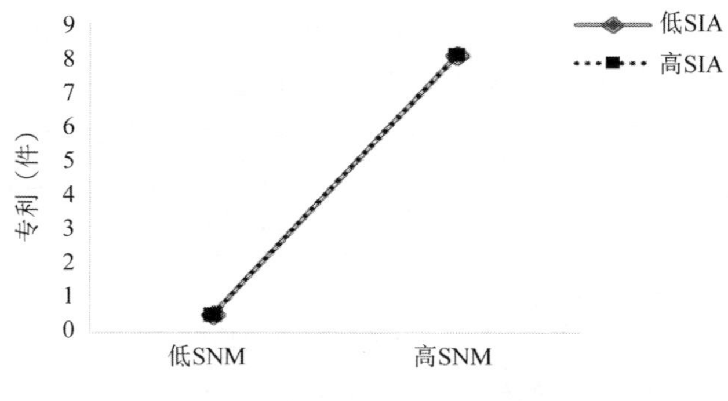

图 8－20　创新能力调节作用

2. 知识丰富度的调节作用检验

网络中介性与知识丰富度交互项系数显著为负（$\beta = -0.212$，$p < 0.001$），创新能力对合作创新绩效的总体影响效应为“4.912 - 0.212SNM”，说明网络中介性随着知识丰富度的增加对专利的影响会逐步减弱，假设 H5b 未通过检验；而网络可达性与知识丰富度的交互项系数不显著，说明知识丰富度在网络可达性与合作创新绩效间未起到调节作用，因此假设 H5c 未能通过。模型 6 的拟合优度 $R^2 = 0.981$，模型总体拟合优度很好。研究假设 H5a、H5b、H5c 提出知识丰富度在组织嵌入网络位置嵌入性、网络中介性、网络可达性对合作创新绩效起到正向调节作用。模型 6 为引入调节变量知识丰富度的回归结果，加入调节变量后，调节变量对因变量合作创新绩效的影响系数越大（$\beta = 0.924$，$p < 0.1$），说明组织嵌入网络内部知识越丰富，越有利于合作创新。位置嵌入性与知识丰富度交互项系数显著（$\beta = 0.278$，$p < 0.1$），说明知识丰富度能够对位置嵌入性与合作创新绩效的关系起到正向调节作用，具体总体效应为“1.712 + 0.286 SPE”，位置嵌入性会随着知识丰富度的增加对专利数的正向影响逐步加大，且在高位置嵌入性时，知识丰富度的作用能力更强，因此假设 H5a 通过检验（见图 8 - 21）。

8.5.3.4　稳健性检验

为保证回归结果的稳定性，本书进一步采用变量替换法对组织嵌入网络结构特征对合作创新绩效的回归结果、知识丰富度与创新能力的调节效应、知识溢出的中介效应进行了稳定性检验。回归检验采用组织嵌入网络专利数作为合作创新绩效的衡量指标。

合作专利数量可以体现出创新的广度，而合作申请专利的被引用量可以体现出创新的深度，也可以反映出组织嵌入网络的合作创新绩效。因此，稳定性检验采用组织嵌入网络中合作专利的被引用数量作为被解释变量。这里选取组织嵌入网络中合作专利授权后 5 年时间内被全世界范围引用数量，再对组织嵌入网络中所有合作申请专利被引用数量求和，进而得出组织嵌入网络专利被引用数量，之后对其分别进行调节效应与中介效应的稳定性检验。由表（8 - 16）可知：自变量位置嵌入性、网络中介性、网络可达性与新变量网络专利被引次数均呈现正向影响关系（$\beta = 1.287$，$p < 0.001$）（$\beta = 1.063$，$p < 0.05$）（$\beta = 5.124$，$p < 0.1$），估计

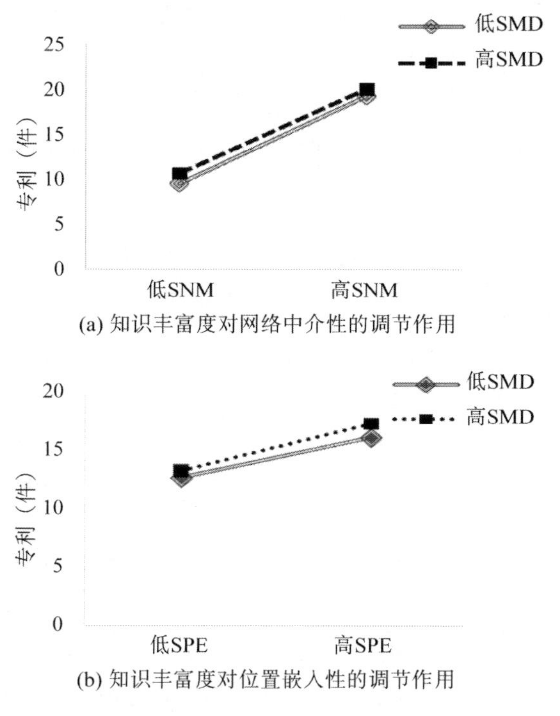

(a) 知识丰富度对网络中介性的调节作用

(b) 知识丰富度对位置嵌入性的调节作用

图 8－21　知识丰富度对调节作用

系数均显著；模型 14 与模型 15 分别加入调节变量创新能力与知识丰富度，其表现结果与原来的回归结果一致，网络中介性与创新能力交互项系数显著为正（$\beta=0.001$，$p<0.1$），如表 8－16 所示，这表明创新能力对合作创新绩效的总体影响效应不变；在位置嵌入性与知识丰富度的关系上，位置嵌入性与知识丰富度交互项系数显著（$\beta=0.269$，$p<0.1$），说明知识丰富度仍然对位置嵌入性与合作创新绩效的关系具有正向调节作用，具体总体效应改变为“1.851＋0.269 SPE”，网络中介性与知识丰富度交互项系数显著为负（$\beta=-0.210$，$p<0.05$），表明创新能力对合作创新绩效的总体影响效应改变为“2.507－0.210 SNM”，模型总体 R^2 十分显著，说明调节效应具有稳健性。在表 7－3 中，中介变量知识溢出对合作创新绩效的估计系数显著（$\beta=0.025$，$p<0.05$），模型 16 中组织嵌入网络嵌入性关系、网络中介性、网络可达性对中介变量知识溢出估计系数十分显著（$\gamma_1=-9.606$，$p<0.05$）（$\gamma_2=4.567$，$p<0.1$）（$\gamma_3=35.822$，$p<0.05$），如表 8－17 所示，说明自变量的位置嵌入性、网络中介性、网络可达性对知识溢出仍然起到相应作用。加入中介变量后，组织

嵌入网络位置嵌入性、中介性对合作创新绩效估计系数仍然显著（η_1 = 2.636，$p<0.001$）（η_2 = 1.293，$p<0.001$），这说明知识溢出在网络中介性与网络可达性与合作创新绩效中仍起到一定的中介作用，而网络可达性对合作创新绩效不再显著。因此，可以认定该回归模型整体上具有稳定性。

表 8-16　　调节效应稳健性检验

—	模型 10	模型 11	模型 12	模型 13	模型 14	模型 15
	Patents	*Patents*	*Patents*	*Patents*	*Patents*	*Patents*
SD	5.004***	-0.250	-4.249*	-2.947	-2.562	-3.007
	(5.95)	(-0.12)	(-1.71)	(-1.17)	(-0.91)	(-1.50)
NS	4.882***	4.297***	0.669	-0.990	-3.862	-5.972***
	(23.56)	(15.14)	(0.46)	(-0.59)	(-1.62)	(-2.84)
SR	-4.585**	-4.475**	-2.679	-3.341	-3.370	-1.763
	(-2.04)	(-2.15)	(-1.28)	(-1.63)	(-1.65)	(-1.10)
SPE	—	1.287***	2.277***	1.910***	1.925***	1.851***
	—	(2.79)	(3.89)	(3.18)	(2.77)	(3.79)
SNM	—	—	1.063**	1.401***	3.675***	4.859***
	—	—	(2.51)	(3.13)	(2.77)	(3.71)
RH	—	—	—	5.124*	3.494	2.507
	—	—	—	(1.88)	(1.27)	(1.16)
SIA	—	—	—	—	0.001	—
	—	—	—	—	(0.23)	—
SPE × SIA	—	—	—	—	0.000	—
	—	—	—	—	(0.66)	—
SNM × SIA	—	—	—	—	0.001*	—
	—	—	—	—	(1.72)	—
RH × SIA	—	—	—	—	0.002	—
	—	—	—	—	(0.48)	—
SMD	—	—	—	—	—	0.944*
	—	—	—	—	—	(1.90)
SPE × SMD	—	—	—	—	—	0.269***
	—	—	—	—	—	(4.05)

续表

—	模型 10	模型 11	模型 12	模型 13	模型 14	模型 15
	Patents	Patents	Patents	Patents	Patents	Patents
SNM × SMD	—	—	—	—	—	-0.210 **
	—	—	—	—	—	(-2.72)
RH × SMD	—	—	—	—	—	0.214
	—	—	—	—	—	(0.41)
cons	30.990 ***	32.968 ***	47.693 ***	39.233 ***	52.835 ***	63.846 ***
	(12.70)	(13.92)	(7.61)	(5.18)	(4.92)	(7.37)
N	45	45	45	45	45	45
R^2	0.933	0.944	0.951	0.956	0.965	0.981
Adj_R^2	0.928	0.938	0.945	0.949	0.954	0.976
F	189.198 ***	167.422 ***	152.981 ***	136.303 ***	93.219 ***	176.407 ***

注：* 为 $p<0.1$；** 为 $p<0.05$；*** 为 $p<0.001$；表中结果为标准化系数。

表 8-17　　知识溢出的中介效应稳健性检验结果

—	模型 15	模型 16	模型 17
	Patents	SRT	Patents
SPE	1.910 ***	-9.606 **	2.636 ***
	(3.18)	(-2.69)	(4.59)
SNM	1.401 ***	4.567 *	1.293 ***
	(3.13)	(1.71)	(3.24)
RH	5.124 *	35.822 **	-0.359
	(1.88)	(2.20)	(-0.12)
SD	-2.947	51.224 ***	-6.578 **
	(-1.17)	(3.43)	(-2.66)
NS	-0.990	-1.727	-0.498
	(-0.59)	(-0.17)	(-0.33)
SR	-3.341	-14.307	-4.279 **
	(-1.63)	(-1.17)	(-2.32)
SRT	—	—	0.025 ***
	—	—	(3.36)
cons	39.233 ***	-102.327 **	50.975 ***
	(5.18)	(-2.27)	(6.73)

续表

—	模型 15	模型 16	模型 17
	Patents	*SRT*	*Patents*
N	45	45	45
R^2	0.956	0.829	0.966
Adj_R^2	0.949	0.802	0.960
F	136.303***	30.776***	150.063***

注：* 为 $p<0.1$；** 为 $p<0.05$；*** 为 $p<0.001$；表中结果为标准化系数。

8.5.3.5 结果分析与讨论

实证研究结果表明，组织嵌入作为新能源汽车合作创新网络的重要团体组织，其结构构成及链接方式与网络合作创新绩效存在正向影响。具体实证检验结果如表 8－18 所示。组织嵌入网络位置嵌入性、网络中介性与网络可达性均对合作创新绩效产生了正向影响作用；知识溢出在组织嵌入网络结构与合作创新绩效的关系检验中起到中介作用；创新能力能够对网络中介性与合作创新绩效的关系起到正向调节作用，而在位置嵌入性与网络可达性对合作创新绩效的调节作用则并不明显；知识丰富度在位置嵌入性与合作创新绩效关系中起到正向调节作用，在网络中介性与合作创新绩效之间的关系中，它不仅没有发挥积极的调节作用，且不利于合作创新绩效的提高，网络可达性对合作创新绩效的调节作用并不显著。替换被解释变量，再次对组织嵌入网络结构特征与合作创新绩效影响进行分析可以发现，新能源汽车合作创新中的组织嵌入网络结构特征仍会对合作创新绩效起到正向影响作用。

表 8－18 实证检验结果

序号	假设	假设内容	结果
1	H1	组织嵌入凝聚性结构对合作创新绩效产生正向影响作用	通过
2	H1a	组织嵌入内部位置嵌入性对合作创新绩效具有正向影响作用	通过
3	H1b	组织嵌入内部网络中介性对合作创新绩效具有正向影响作用	通过
4	H1c	组织嵌入内部网络可达性对合作创新绩效具有正向影响作用	通过
5	H2	知识溢出与组织嵌入合作创新绩效存在正向影响关系	通过
6	H3a	知识溢出在组织嵌入位置嵌入性结构与合作创新绩效中起中介作用	通过

续表

序号	假设	假设内容	结果
7	H3b	知识溢出在组织嵌入网络中介性结构与合作创新绩效中起中介作用	通过
8	H3c	知识溢出在组织嵌入网络可达性结构与合作创新绩效中起中介作用	通过
9	H4a	创新能力正向调节组织嵌入位置嵌入性结构与合作创新绩效的关系	不通过
10	H4b	创新能力正向调节组织嵌入网络中介性与合作创新绩效的关系	通过
11	H4c	创新能力正向调节组织嵌入网络可达性与合作创新绩效的关系	不通过
12	H5a	知识丰富度正向调节组织嵌入位置嵌入性与合作创新绩效的关系	通过
13	H5b	知识丰富度正向调节组织嵌入网络中介性与合作创新绩效的关系	不通过
14	H5c	知识丰富度正向调节组织嵌入网络可达性与合作创新绩效的关系	不通过

8.5.4　新兴技术创新网络合作绩效提升策略

8.5.4.1　构建网络主体进入策略

促进新能源汽车企业在产业链层面加强技术创新合作，在中国新能源汽车产业的创新网络结构中，只有部分产业链企业与汽车制造商建立了合作关系。在技术创新过程中，绝大多数创新实体都并未将市场视为技术创新网络的一部分。面对该现状，国内大型新能源汽车企业应当依靠其资本和资源优势，吸引产业链中上下游企业组建或加入技术创新网络。在技术创新网络的建构过程中，应当重视市场在引导网络合作创新活动开展中的重要作用。使网络内成员在市场需求的导向下加强有关技术合作和信息沟通，进而提升关键信息与知识在网络内的流通情况。在产业链不同规模企业的合作中，不仅应重视信息沟通方式的优化，还应从合作路径角度入手对新兴技术创新网络的企业合作路径及结构进行改善和调整。进而提升技术合作网络的整合度，加强网络内部企业的技术交流，提升不同规模企业的合作水平。

发挥装备制造业基础优势，重点进行生产端建设。当前新能源汽车在应用端的状况较为乐观，特别在公共用车领域近年来占比得到了显著提升，这意味着市场和消费者对于新能源汽车的认可度正在不断提升。与之相适应的，企业在进行技术开发时应将建设重点放在生产端方面，应当重视依托现有的制造业生产基础，发挥资源与产能优势，提升新能源汽车的制造工厂、零部件开发、制造组织嵌入等全方位多角度的研发合作，通过供应链合作的形式使全国各主要新能源汽车生产企业、研发机构建立紧密联系。在进行网络建构时应当首先考虑网络核心企业的地理位置，并在此基础上鼓励多主体进行跨区域的技术合作。具体而言，可以通过鼓励地处北京、上海、浙江等企业资源相对丰富的地区的企业与其他地区的企业开展合作，鼓励网络核心主体与其他网络主体进行跨网络合作等方式。在多维度充分合作的基础上不断提升网络的整合程度与抗毁能力，并不断吸取内外部知识与技术资源，进而为网络内多主体的技术合作创造更加有力的网络环境。

8.5.4.2 强化网络领导能力策略

重视对标志性企业的塑造，通过技术引进和政策扶持形成新能源汽车行业的龙头企业，进而带动和促进新能源汽车企业群体发展壮大。以核心企业促进网络中多数企业合作技术创新，增加整个网络技术创新效率，提升网络技术创新发展速度。对于合作网络的稳定发展而言，风险企业的管理至关重要，合理发挥风险企业对于合作创新的促进作用，降低重大风险对合作可持续性影响，可以使新兴技术合作创新网络得以更长久的维系。通过对新能源汽车创新网络中核心节点进行分析可以发现，整个新能源汽车技术网络中的核心主体对网络整体创新绩效的提升具有促进作用。因此，在政策层面应当尤其重视加强对核心创新主体的政策支持，通过补贴支持、政策标准放宽等手段降低核心新能源汽车企业关键研发项目的阻力，同时随着产业规模的不断扩大逐步对产业政策进行调整，使其从补贴驱动型转变为技术驱动型和市场驱动型。

本书通过对新能源汽车行业在专利合作方面的现状进行分析，发现在该行业中企业的合作与创新意识相对较为淡薄，对于知识产权的保护意识有待提高。由于新兴技术创新领域中产生的技术创新类型相对较为复杂，这些创新成果大多数都隶属于特定的团队或组织，而其为了保证自己在竞争中的优势地位，往往会限制创新成果的传播，这给新能源汽车企业的合作创新带来了不小阻力。在大多数情况下，由于企业对技术合作交流较为敏感，所以合作创新的情况也不甚理想。同时，由于创新网络各主体间的联系较为松散，所以企业在进行技术创新时难以获得知识和技术支持的情况也较为常见，这严重限制了创新网络结构中创新实体的发展。因此，行业协会应在合作网络密度调整中发挥自己的作用，使各创新实体间的联系更紧密，增加合作创新网络中的知识流，并继续在合作创新网络中建立系统的知识网络。其具体可通过建立合作平台以帮助建立各种创新实体之间的联系，通过建立合作关系，充分发挥知识与技术在企业间的纽带作用，并保持各种创新实体之间的联系。与此同时，行业协会还可通过帮助处于松散网络结构中的主体建立更加紧密的联系，促进其在新能源汽车领域的技术创新。

8.5.4.3　建立多方知识网络策略

构建知识网络可以加强科研机构与传统汽车制造商之间的合作。当前我国专业研发机构在创新网络中所占的比例相对较小，技术研发对企业的依赖程度较强，且专业研发机构与企业的合作水平也相对较低。对此，我国应当吸收国外先进经验，通过完善创新体系和加强知识积累，帮助中国内部企业和机构建立合作与创新关系。在知识网络建构方面，首先要加强科研机构企业技术联系的紧密程度，通过共同开展技术创新，建构知识网络。其次要提升企业对先进知识与经验的吸收、借鉴能力，提升知识网络的作用与效率。科研机构应注重技术研究，通过与企业的合作来加强自身与企业之间的关系，而企业应注重资本投资，并通过与科研机构的合作来改善自身的技术，帮助改善现有的新兴技术创新网络，提升组织网络的合作创新绩效。

8.5.4.4　合作绩效提升的保障对策

1. 提升企业信息化水平

新兴技术创新网络下创新资源优化匹配涉及互联网、物联网等信息技术，这就要求资源提供方必须加强信息化建设，提高资源提供方信息化水平，为开展新兴技术创新网络下的资源优化匹配做好保障工作和技术支持。新能源汽车云制造平台架构的各个层级都离不开信息技术，信息技术需要信息化人才。因此，对于网络服务平台引入，设计之始或明确网络构建任务之前，首要任务是引进信息化人才，成立云制造技术团队。云制造技术团队成员应该明确关键任务角色，明确各自的职责和指标，合理创建Tag、Branch，规范使用相关工作效率的协作工具，提升资源提供方的信息技术水平。同时，云制造技术团队负责持续改进云制造技术，监督云制造的运行。

然而，创新网络尚缺少完整地跟踪资源优化匹配后的生产效果，各阶段应该有相应的控制系统，对优化效果的评价不能仅从结论出发，应对各环节进行监控，从而掌握优化的各环节的情况，及时完成查漏补缺的工作。因此，需要对资源提供方内各个作业地点安装电子视频跟踪系统，这不仅有助于管理人员随时了解每个员工的工作状态，同时还可以得知整体的进度，提高优化的进度。

新兴技术创新网络充分运用了互联网、物联网和虚拟技术，同时为生产任务的顺利执行，以及评估生产任务与云制造资源匹配的效果，企业引进了 RFID 技术，因此急需组建相关技术团队，跟进优化的各个环节。还需拟定 RFID 技术对生产车间的识别和监控作用，对于重点优化对象给予特殊关注，充分落实各阶段的优化任务，内部部门扬长避短、通力协作，使 RFID 技术成功引入企业生产中，保证企业高效产出。

2. 加强员工的技能培训

在新兴技术创新网络下，云制造平台资源优化匹配的关键是设计和搭建云制造平台，涉及互联网、物联网等信息技术，因此，注意提高员工的技术水平、拥有核心技术人员是资源提供方持续发展的关键环节。创新网络用户的引入也是保证资源优化匹配的关键，只有在参与用户足够多的情况下，才能更好地掌握市场情况，筛选制造资源。为了保证资源优化匹配方案的有效性，需要注重资源提供方员工的培训，让员工了解优化的原因、目的及意义，从而让员工认识到优化的必要性，逐步消除不适，进而提高员工的操控水平，减少资源优化匹配环节的失误。

通过新兴技术创新网络进行资源匹配，实现了新能源汽车复杂部件的一体化生产，让员工快速适应先进信息技术，改变传统的生产思维观念，减少因员工技能不足导致资源优化匹配方案的实施受阻，使培训员工掌握科学的操作方法。可通过与同行资源提供方交流和沟通，分享员工培训理念，或通过专门的培训机构，根据不同员工工种、岗位和职责要求，设计培训内容，开展具体培训。此外，应转变以往 PPT 模板式的理论培训，进行实地调研，开展形式多样的培训，提高员工培训的质量，保证员工经过培训后能更优地开展工作，进而提高企业的产出效率。

企业应着眼于企业未来的发展，不局限于短期的利益，积极与同行沟通，建立互助交流的平台，共享培训理念。培训的内容应联系实际，针对工作内容进行必要的轮岗实训。培训方式应灵活、内容应丰富，针对先进设备的操作员工进行专门的讲解和实操展示，确保专门员工能独立开展工作。对员工开展思想教育工作，一些老员工难以适应新鲜事物，接受能力较弱，短时间难以转变思想和工作方式，因此针对这部分老员工，企业应着手开展思想教育工作，减少优化方案实施过程中的阻力因素。

3. 建立相关管理制度

在新兴技术创新网络下，制造平台资源优化匹配要取得理想的效果，离不开强有力的制度保障。应完善评估制度，制造平台资源优化匹配是一个系统性的优化工作，涉及范围广，难以一蹴而就地完成，因此需要制订详细的推进计划，明确各阶段应完成的优化目标，再制订相应的优化内容和步骤，确定负责的部门，及时对各阶段的优化情况与进展作记录，实时地进行评价与调整。在评估制度的基础上建立健全信息反馈制度，一线的工作员工是最能及时发现问题的群体，应该建立便捷的渠道，及时地将优化实施效果或问题向领导汇报，这样不仅可以让组织有计划地安排工作，也可以加快优化的进程。

为了保证优化方案的顺利实施，及时察觉问题点，应实行项目责任管理制度，每位员工各担其职，树立员工的工作责任感，保证每个环节均有责任关系人，各环节的优化质量由责任关系人统筹，下属员工在所属的职责范围内具有相应的权利。制造平台应建立清晰的考核标准，对表现好的员工进行奖励，其他员工因此对自己有清晰的认识和定位，及时改正，以提高员工的责任感和积极性。

完善评估制度和信息反馈制度，实行考核制度。新兴技术创新网络下制造平台生产任务与制造资源匹配优化是对资源匹配整体优化而言，重点优化任务分解节点和云制造资源选择节点，优化任务重、工作量大，很难一蹴而就，因此需要在优化工作开展前明确各部门职责、评估工作绩效，对各阶段的优化情况和进展及时记录。考核制度用以规范员工工作状态，帮助员工清晰地定位工作内容，考核结果与薪资和晋升挂钩，配以物质奖励和培训奖励，可以提高员工工作积极性。

8.6 本章小结

本章以新能源汽车云制造为例，首先，阐述云制造网络构成要素、云制造网络体系架构及运行模式，构建了云制造网络下生产任务与资源匹配优化的具体框架，得到了云制造平台的生产任务与资源匹配优化方案体系。其次，对生产资源优化匹配模型和算法的实例进行仿真，通过分析在云制造网络下云制造平台发动机生产任务的基本信息，将复杂的发动机生产任务合理地分解为云制造网络可执行的发动机生产子任务。再次，根据云制造资源匹配优化，建立云制造资源评价指标体系，以成本、时间和质量为云制造资源匹配优化目标，为发动机生产子任务匹配生产资源，最终确定最优的云制造资源匹配方案。接着构建了生产业务流程的多目标鲁棒优化模型，运用对偶理论对模型进行求解，以阀门制造为例，对模型进行了检验。最后，介绍了新能源汽车新兴技术合作创新网络和合作创新绩效现状，分析了中国新能源汽车产业新兴技术合作创新网络中组织嵌入网络结构特征对合作创新绩效的影响。组织嵌入中网络位置嵌入性、网络中介性与网络可达性均对合作创新绩效产生了正向影响；知识溢出在组织嵌入网络结构与合作创新绩效的关系检验中起中介作用；创新能力对网络中介性与合作创新绩效的关系具有正向调节作用；知识丰富度在位置嵌入性与合作创新绩效关系中起到正向调节作用。本书针对中国新能源汽车产业新兴技术创新网络提出了强化网络主体、推动产业链各新能源汽车企业合作，强化创新主体间互动、增加知识在合作创新网络中的流动和构建合作创新网络中的知识网络等优化策略，并为保证 A 云制造平台在云制造网络下资源优化匹配的可持续发展，从企业、员工和制度等方面提出了云制造资源优化匹配的保障策略。

参考文献

[1] 周文辉，王鹏程，杨苗．数字化赋能促进大规模定制技术创新 [J]．科学学研究，2018，36（8）：1516—1523.

[2] HUNT J D，ZAKERI B，FALCHETTA G，et al. Mountain gravity energy storage：a new solution for closing the gap between existing short - and long - term storage technologies [J]. Energy，2020，190.

[3] SALAZAR - CEREZO S，KUN R S，DE VRIES R P，et al. CRISPR/Cas9 technology enables the development of the filamentous ascomycete fungus Penicillium subrubescens as a new industrial enzyme producer [J]. Enzyme and Microbial Technology，2020，133.

[4] LUBIK S，LIM S，PLATTS K，et al. Market - pull and technology - push in manufacturing start - ups in emerging industries [J]. Journal of Manufacturing Technology Management，2013，24（1）：10 - 27.

[5] 杨越，曾立，孟斌斌，等．新兴领域知识、技术、产业军民融合发展机理研究 [J]．公共管理学报，2020，17（1）：121—131.

[6] 朱桂龙，黄妍．产学研合作对共性技术研发创新影响的实证检验：以生物技术领域为例 [J]．科技进步与对策，2017，34（11）：47—54.

[7] 张维冲，王芳，赵洪．多源信息融合用于新兴技术发展趋势识别：以区块链为例 [J]．情报学报，2019，38（11）：1166—1176.

[8] 李新宁．战略性新兴产业技术创新治理："死亡之谷"的视角 [J]．西安财经学院学报，2019，32（6）：58—65.

[9] 许倩，曹兴．新兴技术企业创新网络知识协同演化的机制研究 [J]．中国科技论坛，2019（11）：85—92.

[10] TURKENBURGW C. The innovation chain：polices to promote ener-

gy innovation [M]. New York: The UN Publications, 2016: 137 -172.

[11] FOXON T J. Inducing innovation for a low - carbon future: driver, barriers and policies [R]. London: Carbon Trust, 2005.

[12] 余泳泽，武鹏，林建兵. 价值链视角下的我国高技术产业细分行业研发效率研究 [J]. 科学学与科学技术管理，2010，31 (5): 60—65.

[13] 姜南. 专利密集型产业创新效率体系评估研究 [J]. 科学研究，2014，32 (7): 1003—1011.

[14] 余泳泽，刘大勇. 创新价值链视角下的我国区域创新效率提升路径研究 [J]. 科研管理，2014，35 (5): 27—37.

[15] 王黎萤，王佳敏，虞微佳. 区域专利密集型产业创新效率评价及提升路径研究：以浙江省为例 [J]. 科研管理，2017，38 (3): 29—37.

[16] FREEMAN C. Networks of innovators: a synthesis of research issues [J]. Research Policy, 1991, 20 (5): 499 -514.

[17] 高霞，陈凯华. 合作创新网络结构演化特征的复杂网络分析 [J]. 科研管理，2015，36 (6): 28—36.

[18] 彭华涛，SADOWSKI B. 开放式创新网络形成及演化的探索性案例研究 [J]. 科研管理，2014，35 (8): 51—58.

[19] 蒋同明，刘世庆. 基于自组织理论的区域创新网络演化研究 [J]. 科技管理研究，2011，31 (7): 23—26.

[20] 于明洁，郭鹏，张果. 区域创新网络结构对区域创新效率的影响研究 [J]. 科学学与科学技术管理，2013，34 (8): 56—63.

[21] 王月琴，许治. 产业创新网络中企业技术学习研究 [J]. 中国软科学，2017，32 (6): 120—128.

[22] 曹霞，刘国巍. 产学研合作创新网络规模、连接机制与创新绩效的关系研究：基于多主体仿真和动态系统论视角 [J]. 运筹与管理，2015，24 (2): 246—254.

[23] 陈伟，张永超，田世海. 区域装备制造业产学研合作创新网络的实证研究：基于网络结构和网络聚类的视角 [J]. 中国软科学，2012 (2): 96—107.

[24] 王静，王海龙，丁堃，等. 新能源汽车产业政策工具与产业创

新需求要素关联分析［J］. 科学学与科学技术管理，2018，39（5）：28—38.

［25］李佳，王宏起，李玥，等. 大数据时代区域创新服务平台间科技资源共享行为的演化博弈研究［J］. 情报科学，2018，36（1）：38—44.

［26］洪志生，薛澜，周源. 战略性新兴产业运营模式创新类型及策略研究［J］. 科技进步与对策，2015，32（13）：52—58.

［27］WASSERMAN S，FAUST K. Social network analysis：methods and applications［M］. Cambridge：Cambridge University Press，1994.

［28］万炜，曾德明，冯科，等. 产业创新网络派系演进及其对技术创新的影响［J］. 湖南大学学报：自然科学版，2013，40（11）：120—124.

［29］PROVAN K G，SEBASTIAN J G. Network within networks：service link overlap，organizational cliques，and network effectiveness［J］. Academy of Management Journal，1998，41（4）：453－463.

［30］WATTS D J，STROGATZ S H. Collective dynamics of small－world's networks［J］. Nature，1998，393：440－442.

［31］BAUM J，COWAN R，JONARD N. Network－independent partner selection and the evolution of innovation networks［R］. Working Papers of BETA，2009.

［32］PORTER F，MASON A，ONNELA D，et al. Communities in Networks［J］. Notices of the AMS，2015，56（9）：1082－1097.

［33］SYTCH M，TATARYNOWICZ A. Exploring the locus of invention：the dynamics of network communities and firms' invention productivity［J］. Academy of Management Journal，2014，57（1）：249－279.

［34］KNOKED S. Playing well together creating corporate social capital in strategic alliance networks［J］. American Behavioral Scientist，2009，52（12）：1690－1708.

［35］张曼，营利荣. 战略性新兴产业集群创新网络形成机制研究：基于灰靶双边匹配的决策方法［J］. 工业技术经济，2017，36（11）：88—95.

［36］BAPTISTA R. Do innovations diffuse faster within geographical clusters? [J]. International Journal of Industrial Organization, 2000, 18 (3): 515 -535.

[37] 王松, 盛亚. 不确定环境下集群创新网络合作度、开放度与集群增长绩效研究 [J]. 科研管理, 2013, 34 (2): 52—61.

[38] RAFFAELLA T, et al. Industrial symbiosis, networking and innovation: the potential role of innovation poles [J]. Sustainability, 2017, 9: 169.

[39] 于晓丹, 汪克夷, 钟琦. 专业技术孵化器对高新技术产业集群作用模式研究: 以大连市为例 [J]. 科技进步与对策, 2009, 26 (22): 90—94.

[40] 陈伟, 周文, 郎益夫. 集聚结构、中介性与集群创新网络抗风险能力研究: 以东北新能源汽车产业集群为例 [J]. 管理评论, 2015, 27 (10): 204—217.

[41] SRAI J S, HARRINGTON T S, TIWARI M K, et al. Characteristics of redistributed manufacturing systems: a comparative study of emerging industry supply networks [J]. International Journal of Production Research, 2016, 54 (23): 6936 -6955.

[42] 戴勇, 朱桂龙, 刘荣芳. 集群网络结构与技术创新绩效关系研究: 吸收能力是中介变量吗? [J]. 科技进步与对策, 2018, 35 (9): 16—22.

[43] PETTY W S. A treatise of taxes and contributions [M]. Berkeley: University of Califomia Press, 1662.

[44] BLUMENBACH J F. The anthropological treatises of johann friedrich blumenbach [M]. Nabu Press, 2010.

[45] SAMUELSON PA. Foundations of economic analysis [M]. Cambridge: Harvard University Press, 1948.

[46] KOOPMANS T, BECKMANN M. Assignment problems and the location of economic activities [J]. Econometrica, 1957, 25 (1): 53 -76.

[47] 厉以宁. 市场经济大辞典 [M]. 北京: 新华出版社, 1993.

[48] POWERS B, MCDOUGALL F, PATRICIA P. University start - up formation and technology licensing with firms that go public: a resource - based view of academic entrepreneurship [J]. Journal of Business Venturing, 2005, 20 (3): 291 -311.

[49] 杨育，李云云，李斐，等．产品协同创新设计任务分解及资源分配［J］．重庆大学学报，2014，37（1）：31—38.

[50] 凡少强，王国胤，李美争．改进的知识特征驱动的任务分解模型［J］．计算机科学，2014，41（3）：91—95.

[51] 易树平，谭明智，郭宗林，等．云制造平台中的制造任务分解模式优化［J］．计算机集成制造系统，2015，21（8）：2201—2212.

[52] 任南，陈淑媛，潘微微．基于模糊动态聚类分析的产业链任务组合［J］．系统工程，2016，34（11）：154—158.

[53] 荣垂田，李银银，冯林静，等．基于多核的细粒度并行的集合相似连接［J］．计算机学报，2017，40（10）：2320—2337.

[54] 李洋，贾梦迪，杨文彦，等．基于树分解的空间众包最优任务分配算法［J］．软件科学，2018，29（3）：824—838.

[55] 李芮萌，杨乃定，张延禄，等．基于知识互补性的复杂产品R&D网络形成模型构建与仿真［J］．科技管理研究，2019，39（22）：155—162.

[56] COFFEY E B J, HERHOLZ S C. Task decomposition: a framework for comparing diverse training models in human brain plasticity studies [J]. Frontiers in Human Neuroscience, 2013, 7: 1-6.

[57] SMIRNOVA G, et al. To the problem of dynamic modeling and management in an integrated environment of the industrial cluster [J]. IFAC-PapersOnLine, 2015, 48 (3): 1230-1235.

[58] KARL F, REINHART G. Reconfigurations on manufacturing resources: identification of needs and planning [J]. Production Engineering, 2015, 9 (3): 393-404.

[59] GAWALI M B, SHINDE S K. Task scheduling and resource allocation in cloud computing using a heuristic approach [J]. Journal of Cloud Computing, 2018, 7 (1): 4.

[60] ARI A, GUEROUI A, TITOUNA C, et al. Resource allocation scheme for 5G C-RAN: a swarm intelligence based approach [J]. Computer Networks, 2019, 165: 106957.

[61] MARCON D S, NEVES M C, OLIVEIRA R R, et al. PredCloud: providing predictable network performance in large-scale OpenFlow-enabled

cloud platforms through trust - based allocation of resources [J]. Computer Communications, 2016, s 91 -92: 44 -61.

[62] GOULD O, SIMEONE A, COLWILL J, et al. Optimized assembly design for resource efficient production in a multiproduct manufacturing system [J]. Procedia CIRP, 2017, 62: 523 -528.

[63] THEKINEN J, PANCHAL J H. Resource allocation in cloud - based design and manufacturing: A mechanism design approach [J]. Journal of Manufacturing Systems, 2017, 43: 327 -338.

[64] TOMARCHIO O, CALCATERRA D, MODICA G D. Cloud resource orchestration in the multi - cloud landscape: a systematic review of existing frameworks [J]. Journal of Cloud Computing, 2020, 9 (1): 49.

[65] 蒋南云，张琳，张英豪，等. 基于 Jackson 排队网络的出厂检验环节资源匹配优化 [J]. 工业工程与管理，2016，21 (1)：67—71.

[66] 汪勇，徐琼，张凌，等. 基于遗传分层序列法的云制造资源优化匹配 [J]. 统计与决策，2016 (20)：80—83.

[67] 段世霞，张金茹. 基于改进遗传算法的多项目资源均衡匹配研究 [J]. 工业技术经济，2017，36 (10)：96—102.

[68] 吴悦文，吴恒，任杰，等. 面向大数据分析作业的启发式云资源供给方法 [J]. 软件学报，2020，31 (6)：1860—1874.

[69] KONG Y, ZHANG M. A belief propagation - based method for task allocation in open and dynamic cloud environments [J]. Knowledge - Based Systems, 2016, 115: 123 -132.

[70] PAPRTTI A, MENGHI R, DOMIZIO G D, et al. Resources value mapping: a method to assess the resource efficiency of manufacturing systems [J]. ApplieEnergy, 2019, 249: 326 -342.

[71] CHIDA T, KAIHARA T, KOKURYO D, et al. Stability analysis on resource matching in crowdsourced manufacturing [J]. Procedia CIRP, 2019, 81: 405 -410.

[72] SHERZER E, LEVY H. Resource allocation in the cloud with unreliable resources [J]. Performance Evaluation, 2020, 137.

[73] 李益兵，宋东林，王磊. 基于混沌遗传算法的集团分布式制造工序资源匹配 [J]. 控制与决策，2019，34 (6)：1178—1186.

［74］陈友玲，王龙，刘舰，等．基于 i－NSGA－II－JG 算法的云制造资源服务组合优选［J］．计算机集成制造系统，2019，25（11）：2892—2904.

［75］王闯，江平宇，杨小宝．智能车间 RFID 标签有效识别及制造信息自动关联［J］．中国机械工程，2019，30（2）：149—158.

［76］王明微，张树生，周竞涛．面向服务型制造的协同业务流程构建框架［J］．计算机集成制造系统，2010，16（11）：2537—2543.

［77］吴国秋．服务型制造企业业务流程设计与优化［D］．沈阳工业大学，2012.

［78］何瑛．基于云计算的企业集团财务流程再造的路径与方向［J］．管理世界，2013（4）：182—183.

［79］赵思萌，李宗平．基于 Petri 网的铁路物流中心卸车业务流程优化［J］．交通运输工程与信息学报，2018，16（3）：109—113.

［80］林杭，洪国彬，游小玲．基于随机 Petri 网的家具 O2O 物流流程分析与优化研究［J］．科技与经济，2018，31（5）：71—75.

［81］王薇薇，洪跃，张在房．服务型制造混合供应链的稳定性及弹性评估［J］．计算机集成制造系统，2018，24（1）：203—212.

［82］TONMESSEN，T. Process improvement and the human factor［J］. Total Quality Management，2000，11（4－6）：773－778.

［83］DAYAL U. Business process optimization［C］. International Conference on Control & Automation. IEEE，Cyprus，2004：2.

［84］HUSSEIN F，WALID A，HECHER G，et al. Computer modeling and simulation of bakeries' production planning［J］. International Journal of food engineering，2009，5（2）：45－49.

［85］BAI J，PAN J. The optimization and simulation of automobile production line based on flexsim［C］. International Conference on Management & Service Science. IEEE，China，2011：1－3.

［86］FOEHR M，KOHLEIN A，ELGER J，et al. Optimization of the information chain within the engineering process of production systems［C］. SystemsConference（SysCon）. 2013 IEEE International. IEEE，2013.

［87］TREBUNA D，PETER F，KLIMENT B，et al. Optimization and elimination of bottlenecks in the production process of a selected company［J］.

Trapped Mechanics and Materials, 2014, 611 (14): 370 -375.

[88] DEBEVEC M, SIMIC M, HERAKOVIC N. Virtual factory as an advanced approach for production process optimization [J]. International Journal of Simulation Modelling, 2014, 13 (1): 66 -78.

[89] FRAZZON E M, ALBRECHT A, HURTADO P A. Simulation - based optimization for the integrated scheduling of production and logistic systems [J]. IFAC - Papers OnLine, 2016, 49 (12): 1050 - 1055.

[90] OZER M, ZHANG W. The Effects of Geographic and Network Ties on Exploitative and Exploratory Product Innovation [J]. Strategic Management Journal, 2015, 36 (7): 1105 - 1114.

[91] DAGNINO G B, LEVANTI G. Inter organizational Network and Innovation: ABIBLIO metric study and proposed research agenda [J]. Journal of Business & Industrial Marketing, 2015, 30 (3 -4): 354 -377.

[92] WATTS D J, STROGATZ S H. Collective dynamics of small - world's networks [J]. Nature, 1998, 393 (6684): 440 -442.

[93] NEWMAN M, MOORE C, WATTS D J. Mean - Field solution of the small - world network mode1 [J]. Physical Review Letters, 2000, 84 (14): 3201.

[94] GIRVAN M, NEWMAN M. Community structure in social and biological Networks [J]. 2001.

[95] PALLA G, DERANYI L, FARKAS I. Uncovering the overlapping community structure of complex networks in nature and society [J]. Nature, 2005, 435 (7043): 814.

[96] 宋晶，陈菊红，孙永磊．不同地域文化下网络搜寻对合作创新绩效的影响 [J]. 管理科学，2014, 27 (3): 39—49.

[97] 王丽平，何亚蓉．互补性资源，交互能力与合作创新绩效 [J]. 科学学研究，2016, 34 (1): 132—141.

[98] 李晨蕾，柳卸林，朱丽．国际研发联盟网络结构对企业创新绩效的影响研究：基于社会资本视角 [J]. 科学学与科学技术管理，2017, 38 (1): 52—61.

[99] 赵炎，冯薇雨，郑向杰．联盟网络中派系与知识流动的耦合对企业创新能力的影响 [J]. 科研管理，2016, 37 (3): 51—58.

[100] 迟嘉昱，孙翎，刘波．网络位置，技术距离与企业合作创新：基于2003—2013企业专利合作数据的研究［J］．科技管理研究，2015，35（22）：22—25.

[101] MYERSON F，ROGER B. Graphs and cooperation games［M］. Mathematics of Operations Research，1977，2（3）：225—229.

[102] ARRANZ N，ARRIYABE J. Can innovation network projects result in efficient performance?［J］. Technological Forecasting & Social Change，2012，79（3）：485-497.

[103] GEBREEYESUS M，MOHNEN P. Innovation performance and embedded in networks：evidence from the ethiopian footwear cluster［J］. World Development，2013，41（3）：302-316.

[104] 周晓阳，王钰云．产学研协同创新绩效评价文献综述［J］．科技管理研究，2014，34（11）：45—49.

[105] 许露元，邬忠全．产业集群跨国网络结构与绩效研究：以广西与越南制造业集群为例［J］．外国经济与管理，2019，41（1）：102—111.

[106] 奉小斌．集群新创企业平行搜索对产品创新绩效的影响：管理者联系的调节作用［J］．科研管理，2017，38（10）：22—29.

[107] FAN P. Catching up through developing innovation capability：evidence from China's telecommunications-equipment Industry［J］. Technovation，2006（3）：359-368.

[108] 曹兴，王栋娜，张伟．战略性新兴产业自主技术创新影响因素及其绩效分析［J］．科学决策，2014（12）：36—47.

[109] 王海军，于兆吉，温馨，等．"产学研+"协同创新绩效评价研究：来自海尔的多案例验证［J］．科研管理，2017，38（S1）：633—640.

[110] 王昊，陈菊红，姚树俊，等.SE利益相关者价值共创分析框架研究［J］．软科学，2021，35（3）：108—115.

[111] LUOMA-AHO V，PALOVIITA A. Actor-networking stakeholder theory for today's corporate communications［J］. Corporate Communications：An International Journal，2010，15（1）：49-67.

[112] 简兆权，令狐克睿，李雷．价值共创研究的演进与展望：从

"顾客体验"到"SE"视角［J］. 外国经济与管理，2016，38（9）：3—20.

［113］蒋开东，詹国彬. 共生理论视角下高校协同创新模式与路径研究［J］. 科研管理，2020，41（4）：123—130.

［114］欧忠辉，朱祖平，夏敏，等. 创新生态系统共生演化模型及仿真研究［J］. 科研管理，2017，38（12）：49—57.

［115］朱卫东，张超，吴勇，等. 员工与股东的劳资共生演化动力模型研究：基于增加价值与利益相关者理论［J］. 管理科学学报，2019，22（2）：112—126.

［116］吴洁，彭晓芳，盛永祥，等. 专利创新生态系统中三主体共生关系的建模与实证分析［J］. 软科学，2019，33（7）：27—33.

［117］波兰尼. 大转型［M］. 刘阳，冯钢，译. 杭州：浙江人民出版社，2007.

［118］GRANOVETTER M. Economic action and social still：the problem of embeddedness［M］. 2008.

［119］曹德骏，左世翔. 新经济社会学市场网络观综述［J］. 经济学家，2012（1）：97—104.

［120］MOBLEY W H，GRICTH R W. Review conceptual analysis of the employee process［J］. Psychological Bulletin，1979（86）：493－522.

［121］伍晶，张建，聂富强. 网络嵌入性对联合风险投资信息优势的影响［J］. 科研管理，2016，37（4）：144—151.

［122］钱锡红，杨永福，徐万里. 企业网络位置、吸收能力与创新绩效：一个交互效应模型［J］. 管理世界，2010（5）：118—129.

［123］BURTON J P，HOLTOM L B C. The influence of motivation to attend，ability to attend，and organizational commitment on different types of absence behaviors［J］. Journal of Managerial Issues，2002，11（2）：181－197.

［124］党兴华，常红锦. 网络位置、地理临近性与企业创新绩效：一个交互效应模型［J］. 科研管理，2013，34（3）：7—13.

［125］赵炎，郑向杰. 网络聚集性、连通性与企业知识创新：基于中国10个高科技行业的联盟关系网络分析［J］. 科学学与科学技术管理，2013，34（3）：23—32.

[126] 伯特. 结构洞：竞争的社会结构 [M]. 任敏，李璐，林虹，译. 上海：格致出版社，2008.

[127] ZAHEER A, GULATI R, NOHRIA N. Strategic networks [J]. Strategic Management Journal, 2000 (21): 203 - 215.

[128] 孙笑明，崔文田，王乐. 结构洞与企业创新绩效的关系研究综述 [J]. 科学学与科学技术管理，2014 (11)：142—152.

[129] HOCHBERG Y V, LU L Y. Whom you know matters: venture capital networks and investment performance [J]. Journal of Finance, 2007, 62 (1): 251 - 301.

[130] 曹洁琼，其格其，高霞. 合作网络"小世界性"对企业创新绩效的影响：基于中国 ICT 产业产学研合作网络的实证分析 [J]. 中国管理科学，2015，23 (S1)：657—661.

[131] SCHILLING M A, PHELPS C. Inter firm collaboration networks [J]. Management Science, 2007 (14): 88 - 93.

[132] 赵炎，王琦. 联盟网络的小世界性对企业创新影响的实证研究：基于中国通信设备产业的分析 [J]. 中国软科学，2013，4：108—116.

[133] ARROW K J. The economic - implications of learning by doing [J]. Review of Economic Studies, 1962, 29 (80): 155 - 173.

[134] JAFFE A, LERNER J. Reinventing public R&D: patent policy and the commercialization of national laboratory technologies [J]. The Rand Journal of Economy, 2001, 32 (1): 167 - 199.

[135] LEIGHT W, JEROME F. Innovation in social networks: knowledge spillover is not enough [J]. Knowledge Management Research&Practice, 2013, 11 (4): 422 - 431.

[136] 杨特，赵文红，周密. 网络规模对创业资源获取的影响：创业者先前经验调节作用 [J]. 科技进步与对策，2018，35 (2)：1—9.

[137] DESPRES C, HILTROP J. Human resource management in the knowledge age [J]. Science & Technology Management Research, 1995, 17 (1): 9 - 23.

[138] DIMMOCK J A, GROVE J R, EKLUND R C. Team identification: new dimensions and their relationship to Inter group bias [J]. Group Dynam-

ics: Theory, Research&Practice, 2005, 9 (2): 75 -86.

[139] 郑向杰. 合作网络“小世界性”对企业创新能力的影响：基于中国汽车行业企业间联盟网络的实证分析 [J]. 科技进步与对策, 2014, 31 (13): 40—44.

[140] 王晓娟. 我国民营科技企业管理创新的必然性 [J]. 湘潮：理论版, 2010, 13 (10): 31—45.

[141] 李伯虎, 张霖, 王时龙. 云制造—面向服务的网络化制造新模式 [J]. 计算机集成制造系统, 2011, 16 (1): 1—7.

[142] 范玉顺. 网络化制造的内涵与关键技术问题 [J]. 计算机集成制造系统, 2003, 9 (7): 576—582.

[143] SMITH C S, WRIGHT P K. CyberCut: a world wide web based de - sign - to - fabrication tool [J]. Journal of Manufacturing Systems, 1996, 15 (6): 432 -442.

[144] BRANDL F, DENNIS A. Manufacturing in the clouds [J]. Control Engineering, 2008, 55 (7): 28.

[145] ARNUM P V. Optimizing a supply network: and the role of external manufac - turing [J]. Pharmaceutical Technology, 2011, 48 (4): 12 - 16.

[146] MOGHADDAM M, SILVA J R, NOF S Y, et al. Manufacturing - as - a - service—from e - work and service - oriented architecture to the cloud manufacturing paradigm [J]. IFAC - PapersOnLine, 2015, 48 (3): 828 -833.

[147] DAVIDE T, GABRIELE A, ANDREA A. An applicative method to evaluate the geometric correspondence of a manufactured sweep object to its CAD model by means of point cloud manipulation [J]. Procedia Manufacturing, 2015, 2: 258 -262.

[148] LANE T, DIRK S. Software - defined cloud manufacturing for industy4. 0 [J]. procedia CIRP, 2016, 52: 12 -17.

[149] OLIVER F, NICHOLAS W, LAURA P, et al. Cloud manufacturing as a sus - tainable process manufacturing route [J]. Journal of Manufacturing Systems, 2018, 47: 53 -68.

[150] 李伯虎, 张霖, 任磊. 云制造典型特征, 关键技术与应用 [J]. 计算机集成制造系统, 2012 (7): 1345—1356.

[151] 赵道致，杜其光，徐春明．物联网平台上两制造商间的制造能力共享策略［J］．天津大学学报（社会科学版），2015，17（2）：97—102.

[152] 黄海松，姚立国，田野．云制造环境下农机供应链云制造平台架构研究［J］．科技管理研究，2017，37（2）：182—185.

[153] 孙晓琳，金淳，马琳，等．云制造环境下基于本体和模糊 QoS 的供应商匹配方法［J］．中国管理科学，2018，26（1）：128—138.

[154] 盛磊，林宏权，刘继红．面向区域产业集群的云制造平台架构与模式研究［J］．科技管理研究，2012，32（11）：206—209.

[155] 盛步云，张成雷，卢其兵，等．云制造平台供需智能匹配的研究与实现［J］．计算机集成制造系统，2015，21（3）：822—830.

[156] 杜兰，陈琳琳，戴丽丽．基于区块链的云制造平台系统架构模型［J］．信息技术与网络安全，2019（1）：101—105.

[157] 程臻，战德臣．云制造环境下的云企业资源优化匹配［J］．高技术通讯，2015，25（5）：453—462.

[158] 汪勇，徐琼，张凌，等．基于遗传分层序列法的云制造资源优化匹配［J］．统计与决策，2016（20）：80—83.

[159] 吴启迪，王中杰．大数据驱动的智能云制造：以起重机为例［J］．系统仿真技术，2017，13（2）：79—82.

[160] 吴燕霞，贾国柱，栾世超，等．基于云制造的资源优化匹配模型［J］．系统工程，2018，36（3）：122—128.

[161] 肖莹莹，李伯虎，庄长辉，等．面向用户多品种定制的分布式供应链调度［J］．计算机集成制造系统，2015，21（3）：800—812.

[162] 郑炜，王时龙，康玲，等．基于双层蚁群算法的云制造服务组合研究［J］．计算机集成制造系统，2017，23（10）：2269—2278.

[163] 章振杰，张元鸣，徐雪松，等．基于动态匹配网络的制造服务组合自适应方法［J］．软件学报，2018，29（11）：3355—3373.

[164] 任磊，任明仑．基于学习与协同效应的云制造任务动态双边匹模型［J］．中国管理科学，2018，26（7）：66—73.

[165] 单子丹，项朝霞，陈琳．多重驱动模式下开放式知识网络的时空演化模型及治理策略［J］．计算机集成制造系统，2020，26（8）：2202—2215.

[166] 单子丹，李雲竹，盛晨辉．云制造模式下差异化产品多时序生产优化［J］．计算机集成制造系统，2021，27（6）：1681—1692.

[167] 单子丹，邹映，李雲竹．基于云计算的服务型制造网络流程优化与决策模型［J］．计算机集成制造系统，2019，25（12）：3139—3148.

[168] 单子丹，邹映，陈晓利．双元惯例下动态异质性网络与开放式知识创造：策略选择及路径演化［J］．科学学与科学技术管理，2018，39（4）：88—99.

[169] 单子丹，高长元，陈晓利．开放式知识交换路径的识别及网络效应分析—基于技术创新网络视角［J］．科研管理，2017，38（12）：58—69.

[170] 单子丹，陈晓利．移动社交平台中知识获取行为与获取绩效的关系研究［J］．情报理论与实践，2017，40（3）：53—59.